司法学研究丛书

# 审判管理研究

SHENPAN GUANLI YANJIU

崔永东/主编

人民出版社

# 司法学研究丛书编委会名单

编委会主任：何勤华　杜志淳

编委会副主任：王秀红　崔永东

主　编：崔永东

编　委（按姓氏拼音首字母排序）：

# 目　　录

# 审判管理改革与司法职权配置(代序)

崔永东*

中共十八届四中全会之后,司法改革已经成为"法治中国"建设的核心问题,而司法管理体制与机制的改革则成了其中的重要内容。笔者认为,后者的改革旨在解决司法管理权与司法权之间的冲突问题。所谓"司法管理权",是司法机关管理者对司法机关就人财物和司法活动进行管理的权力,包括案件审批权、委员会(审委会、检委会等)议决权、办案流程及信息管理权、考评奖惩权、指导监督权等等。司法管理权是一种近似于行政权的权力,可称之为"类行政权",它的行使有可能与司法权发生冲突,这是由两种权力的不同性质所致。那么,如何解决这种冲突呢? 我们认为,主要途径在于:(1)合理配置司法管理权,尤其是防止其越位干预司法权的正常运行,使其居于辅助司法权运行的地位上;(2)通过各种司法管理的措施、诉诸自律与他律相结合的方式,促使司法主体独立公正地行使司法权。

司法管理体制与机制改革必然涉及司法权如何配置的问题。司法权的配置既包括"内部配置关系",也包括"外部配置关系"。司法权的"外部配置关系"是指其与立法权、行政权之间的配置关系。在宪政框架下,完善我国权力的分立和制约制度势在必行。首先,从宪政层面上,重新确立司法权在我国国家权力结构中的定位,使司法权真正独立于立法权、行政权,司法权只受宪法的制约;其次,要从制度上保障法院、检察院独立行使职权,即从组织上、经费上、用人制度和职位保障方面改革现有的司法体制,消除司法的地方化和行政

---

* 崔永东,华东政法大学司法学研究院院长、科学研究院副院长、教授和博导。

化,切实保障司法机关和法官的独立。只有通过权力再分配,才能实现司法资源的合理配置。而在权力的再分配过程中,虽然司法机关与立法机关、行政机关之间在权力关系的调整上会表现为互有交叉,但总体趋势上是司法机关的权力将适度扩大。在扩权的同时,司法权也将受到更有效的监督与约束①。

　　司法权的"内部配置关系"既指司法系统内审判权、检察权、侦查权之间的配置关系,也指法院、检察院内部司法权的配置关系。《中共中央关于全面推进依法治国若干重大问题的决定》(以下简称《决定》)对上述两种职权配置关系均有涉及,如第四章"保证公正司法,提高司法公信力"中的第二节"优化司法职权配置"中指出:"健全公安机关、检察机关、审判机关、司法行政机关各司其职,侦查权、检察权、审判权、执行权相互配合、相互制约的体制机制。"这就是讲侦查权、检察权和审判权之间的配置关系,根据四中全会的决定,上述三种权力的配置须"以审判为中心",而过去的三权配置实际上是"以侦查为中心",况且过去三权之间强调互相配合而忽视"互相制约",导致检察权、审判权对侦查权的制约形同虚设,这是造成出现"呼格案""赵作海案""佘祥林案"等众多冤假错案的重要原因之一。

　　《决定》又指出:"完善司法体制,推动实行审判权和执行权相分离的体制改革试点。完善刑罚执行制度,统一刑罚执行体制。改革司法机关人财物管理体制,探索实行法院、检察院司法行政事务管理权和审判权、检察权相分离。最高人民法院设立巡回法庭,审理跨行政区域重大行政和民商事案件。探索设立跨行政区划的人民法院和人民检察院,办理跨地区案件。"上述说法实际上既包括了司法职权的内部配置,也包括了司法职权的外部配置;前者是指司法权"去行政化",后者是指"去地方化"。

　　在法院系统内,司法权即审判权,司法管理权即审判管理权。在中国当前法院系统的权力结构中,审判权与审判管理权是两项非常重要的权力,后者是一种"类行政化"权力,主要包括指导权、考评权、奖惩权、监督权和审判资源分配权等等,掌管和行使上述权力者是法院的院级领导及各庭庭长等等。从某种意义上说,目前的审判管理权已经对审判权的合理配置构成严重障碍,它已经异化为一种高于法官审判权的"审判权",或者说是主宰甚至取代了审判

① 参见陈文兴:《司法公正与制度选择》,中国人民公安大学出版社2006年版。

权。因此,审判管理权对审判权的独立运行构成了不良影响,并影响到司法的公正和效率。这就是最高人民法院致力于审判权运行机制改革的原因所在。

# 一、审判权配置与运行中存在的问题: 审判管理权的过度扩张

目前,审判权配置与运行机制中存在的最突出的问题是所谓"行政化",而其主要表现之一是多主体、层级化、复合式的定案机制。据统计,我国法院系统的正式和非正式的层级大约有九个:主审法官、审判长、主管庭长、庭长、审判长联席会议、庭务会、主管院长、院长、审委会。虽然并非每一案件都要经过上述层级审批,但实际上有许多案件经历了上述"流程"。上述层级均代表一级审判主体,都有审判话语权,而且层级越高则话语权越大。多层级的介入,导致各审判主体职责不明,一旦出现错案,则难以划分责任,错案追究也就不易实施。而且,案件经过层层把关、层层审批才结案,此种做法与行政机关的运作模式几乎等同。

另外,上述定案机制还导致审判分离,即"审者不判,判者不审",主审法官只是一个案件的承办人,他无权作出判决,而有权作出判决的审委会成员又往往不亲自参与审理。况且,审委会成员多为法院掌管一定行政权力的院、庭长,这就使审委会的案件决定权带有了较强的"行政化"色彩。

正如有文章指出的,法院内部合议庭、庭务会、院庭长和审判委员会之间构成了类似于行政科层的层级化设置,各层级具有明确的从属关系,而且这种从属管理的效应往往体现在案件的实体裁判过程中。这种模式导致主审法官只是一个案件的具体承办人。

当然,出现上述情况,与我国法律的相关规定也有关系。根据相关法律,独立行使审判权的审判主体是法院而非法官,因此,这就为院、庭长利用其行政权威干预法官办案提供了"合法"依据。他们利用审判委员会制度、案件审批制度、请示汇报制度等等全面介入案件的审判过程,并将自己的意志贯彻到案件的实体裁判过程中,使审判权运行机制体现了一种"类行政权"运行机制的特点,导致司法权与行政权的混淆、审判权与审判管理权的融合,从而严重影响了司法的公正与效率,因此改革成为势所必然。

## 二、审判权与审判管理权的合理配置与良性运行

中共十八届三中全会提出了"深化司法体制改革"的号召,并要求法院系统进行"由审理者裁判,由裁判者负责"的审判方式改革。可以预见,未来的审判权运行机制将逐步从"法院独立行使审判权"转向为"法官独立行使审判权"。而引导这一转向的过程也就是一个审判权配置与运行机制逐渐"去行政化"的过程。

审判权配置与运行机制的去行政化需要逐步弱化法院行政领导及审判委员会的裁判主体地位,并相应强化法官的裁判主体地位。要调整审委会的职能,加强其对审判工作的宏观指导作用,淡化其对案件的决定功能。要明确法院内部审判权与审判管理权、审判事务与行政事务的界限,实行分类管理。要严格限制院庭长行使审判管理权的行为,除非其亲自参与审理案件,不得直接或间接干预案件的处理。要减少并逐步取消院庭长审批案件,减少并逐步取消下级法院就案件处理情况向上级法院的请示汇报,维护法定审级的严肃性。要在制度上明确法官享有独立审判权,建立严格的错案责任追究制,实现权责一致。要建立独立于公务员系列的法官队伍,提高法官队伍的职业化水平,以法官等级作为法官级别高低的唯一标准,提升法官的法律权威意识,淡化其行政权威意识。

我们看到,一些地方法院在这方面进行了有益的改革尝试。如成都市中级法院的"两权"——审判权与审判管理权改革,强调限制院庭长对审判权的干预,明确两种权力的职责和界限,形成了两种权力既有效结合又互相制约的运行机制。佛山中院通过实行审判长负责制,取消庭长的案件审批权,"还权"于合议庭,各成员平等参与办案,同票同权,裁判文书共同签署后直接对外发布;审委会讨论案件的范围受到严格限制,重大、疑难、复杂案件才能上审委会,而且仅讨论法律适用问题。虽然上述改革还只是法院系统司法改革的初级阶段,但其昭示的意义和方向值得肯定。

应当指出,审判权配置与运行机制的改革必然涉及审判管理机制的改革问题。一种激进的观点认为,目前的审判管理改革迫切需要完全废除审判管理权,因为其"行政化管理特色"严重妨碍了法官独立行使审判权。此种观点

有失偏颇。其实，允许法官独立行使审判权与审判管理权的存废是两个层面的问题，换言之，合理的审判管理权与法官独立行使职权并不矛盾，影响法官独立审判的是不合理的审判管理权。

我们认为，目前法院系统的审判管理权运行机制确实存在严重弊端，它一头独大，主宰甚至取代了审判权。因此，有必要对审判管理进行改革，但改革的目的并不是完全废除审判管理权，而是使其合理化。其实，即使在西方法治发达国家的法院系统，也同样存在审判管理活动以及审判管理权，不过其审判管理强调协调、服务和监督，而不是主宰和干预审判权的独立运行。

还需指出，在目前我国法官队伍整体素质偏低的情况下，骤然废除审判管理权，可能会为权钱交易的司法腐败行为打开方便之门，并损害司法公正。任何权利都应当受到监督制约，审判权也不例外，如果剔除审判管理权的不良因素，发挥其服务与监督的功能也是可取的。

笔者认为，审判权配置与审判管理改革是一个"渐进的工程"，不能一蹴而就，而是应当分步实施。第一步：关键在于理顺"两权"（审判管理权与审判权）关系，实现"两权平衡"。具体做法是：大大压缩审判管理权的运行空间，同时扩充审判权的独立运行空间（审判权配置要向主审法官大幅扩权），逐渐达到两权之间的平衡。第二步：在法院系统建立一种新的权力结构——以审判权为主（审判权配置以主审法官为中心），以审判管理权为辅。这是一种合理的权力结构。在该权力结构下，审判管理权只是一种附属性权力，其功能在于服务、监督审判权。在此基础上形成的审判权运行机制才是良性的。

# 论审判管理科学化

江必新 *

"创新和加强审判管理,既是重要司法理念问题,也是重要司法实践问题"。① 前最高人民法院院长王胜俊多次强调要深化审判管理的研究、改革和实践,逐步建立科学、完备、有效的审判管理体系,从而将审判管理体系的科学化放在非常重要的位置。然而长期以来,中国并没有建立完整意义上的审判管理制度。20 世纪 90 年代中后期,一些法院率先对审判流程管理进行了有益探索,开启了审判管理改革的先河。之后,各地法院进行了多方面的审判管理实践,②经过十余年的改革和发展,中国审判管理工作虽日益呈现出新的气象,但是学术界、实务界对审判管理的认识仍然存有较多的争议或不同看法,"目前全国法院审判管理工作的主要问题就是'不尽科学'、'很不统一',甚至是'一任领导一个风格、一个法院一套模式'"。③ 与世界上其他国家相比,中国的审判管理有其独特的内涵。在欧美一些西方国家,审判管理的内容更多是法官对案件的管理,而中国的审判管理更多的是对法官的管理、对法官审判行为的管理。故为实现"管理出公正、管理出效率、管理出廉洁",亟须对审判管理进行深入系统的科学化淬炼。

---

* 江必新,最高人民法院党组副书记、副院长。
① 王胜俊:《创新和加强审判管理　确保司法公正高效》,最高人民法院办公厅编:《大法官论审判管理》,法律出版社 2011 年版。
② 笔者在担任湖南省高级人民法院党组书记、院长期间,曾经比较系统地探讨审判管理问题,并开展了多方面的审判管理实践活动。
③ 张军:《规范统一审判管理　促进法院科学发展》,最高人民法院办公厅编:《大法官论审判管理》,法律出版社 2011 年版。

# 一、科学认识和评价审判管理

司法审判活动与人类社会其他有组织的活动一样,都需要进行管理。"审判管理如何进行"是当前摆在人民法院面前的重大课题。但从具体实践来看,中国各地法院的做法不尽相同,甚至差别很大。其原因除实际情况不同外,也与各地对审判管理的理解不同有关。整体上看,目前对于审判管理的理论研究仍处于探索阶段,还不够系统,在一些问题上远未达成共识,甚至对于审判管理的基础性理念都有着不同的看法。理论是实践的先导,审判管理如要实现科学化,前提是对审判管理本身要有正确的认识和评价。

## (一) 对审判管理的认识、评价存在的分歧

对当前实施的审判管理,理论界和实务界存在不同看法和评价:

第一,根本否定说。认为审判不需要管理。因为,审判权是一种独立判断权,如果审判权的运行受制于管理者,屈从于管理者的意志,审判权的公正性就很难得到保障。在西方发达国家仅存在法官对案件的管理,并不存在着法院院长、庭长对法官审判的管理。司法公正高效的前提条件是要保证法官独立办案,而非科学的审判管理制度却极易损害法官独立,故不宜强调审判管理。

第二,相对合理说。认为审判管理尽管不科学,但在目前特殊情况下,具有相对的合理性,可以采用,但是随着法治的进步、条件的具备及环境的改善,审判管理要逐步走向消亡或被取消。"可以预见的是,随着我国法官素质不断提高、法律法规及其体系的日趋完善、社会法治环境逐步优化,审判权依靠自身实现正当有序运行是完全可能的,与此同时,'审判管理权'必将逐步失去其作为控制、规范审判权行使必须权力的地位,从而渐渐回归二者的应然状态。"[1]

第三,强化说。认为在中国目前的司法现状下,审判管理不仅不能削弱,

---

[1]  孙辙、朱千里:《积极主动或谦抑克制:"审判管理权"的正确定位与行使》,《法律适用》2011 年第 4 期。

而且要强化。相当一些法院的院庭长都持这种观点。理由是,现在审判权力在法官,案件在法院,最终的压力在院长身上,特别是法院每年的工作报告如在人大不能通过,院长包括分管院长要承担相应责任。既然要求不能直接参与实际裁判的院庭长负责任,如不强化审判管理,就很难实现公正和效率的要求。而且,与国外基本是法官独立行使审判权而非法院作为一个整体来行使审判权不同的是,中国法律规定的是法院独立审判,而不是法官独立审判,所以院庭长进行审判管理亦有法律依据。国内一些知名学者如梁慧星、朱苏力、王卫国等也认为审判管理有其存在的必要性,尤其在现实国情条件、现实司法状况下,加强审判管理尤为重要,只要遵循科学规律、运用科学方法,审判管理大有可为。[①]

### (二) 理性看待审判管理

理性看待审判管理需要注意以下几点:

第一,应当辩证地全面地看待审判管理,既应看到其积极作用、积极功能,也应看到其有一定的行政化成分,有产生消极作用的可能和危险。只有进行科学的设定和理性控制限制其消极影响或负面作用,才有可能兴利除弊、顺利实现预定的管理目标。在中国当前司法国情下,面对越来越重的执法办案任务,面对越来越高的司法期待和要求,面对越来越大的社会责任,相对于通过立法手段逐步完善法律制度,从根本上制约和规范审判权的行使而言,审判管理具有力度大、见效快的特点,能够在短期内收到较好的管理成效,在目前来说至少是利大于弊。鉴于行政管理具有积极性、能动性、效率性与科层性等方面的优势,审判管理既要保留行政具有的优势,又必须做到行政权对审判权的支持性、服务性与附随性,在保持法官应有的独立性和保障法官依法公正行使职权之间保持平衡。

第二,从世界范围来看,强调法官的独立性是现代司法制度的一个很重要的内容,法官的独立性可以说是现代司法的核心价值,但后现代司法的核心价值已经发生了转移,强调法官的公正、效率和责任,法官的责任逐步成了后现

---

① 参见四川省高级人民法院研究室:《创新和加强审判管理是社会管理创新的重要内容——"审判管理理论与实务"论坛综述》,《人民法院报》2010 年 10 月 20 日第 8 版。

代司法的一个很重要的价值。"从总体上说,当今世界法院管理模式的发展趋势是强化法院管理自治性以保障在司法独立、司法公正的前提下最大限度提高法院的效率。法院管理价值目标是司法公正和效率……"①与此相关,在西方发达国家也改变了对审判质量、效率没有制度约束的状况,逐步出台了一些如绩效评估等管理措施和对法官进行管理的约束性规定。如美国为解决因管理方面的缺陷导致的司法拖延问题,在20世纪80年代至90年代掀起了一场司法管理运动;英国通过司法改革和立法,逐步建立了系统完善的审判流程管理制度,②并派设专员来专门管理地方法院的审判效率、质量及司法政策等。

第三,恰当评估审判管理的作用,不要盲目人为地扩展其空间,更要注意寻求确保司法公正高效廉洁的根本治理之策。虽然建立科学完备的审判管理制度,是中国司法改革中无法回避而必须认真作出回答的问题,但是,约束法官的最好的主体和路径是诉讼当事人以及诉讼程序本身的监督。西方发达国家虽然并没有像中国那样对法官设置众多的监督管理制度,但是其司法的公正与廉洁却是举世瞩目的,其成功之道核心靠四条:一是高薪制。很多国家以使法官生活安定富裕,不致发生贪赃枉法、营私舞弊为由,规定给予法官高薪待遇。这种"以俸养廉"的优厚待遇为法官在职务上保持独立性创造了必要的条件,促使法官更负责任地秉公执法而不敢有所懈怠、不敢丢掉职位。二是法官高素质化。正如哈耶尼所说,"对正义的实现而言,操作法律的人的质量比其操作的法律的内容更为重要",③法官的职业特征和角色定位要求法官必须高素质化。既然法官是一个少而精的群体,举手投足都可能被媒体所关注、被公众所注视,从而必然要受到社会各方面的监督。三是当事人的监督。当事人的监督具有及时性、对称性、有效性、现场性等特点,其实质上是以诉讼权利监督制约审判权力。在西方发达国家,当事人监督被认为是最好的、最有效的监督。而在中国,由于对当事人监督的法律保障欠缺、监督权利失衡等原因,导致当事人的诉讼权利还不足以有效监督法官,当事人监督还远没有发挥

---

① 梁三利:《法院管理:模式选择与制度构建》,中国法制出版社2008年版。
② 参见熊选国:《以科学发展观为指导 构建科学规范的审判管理体系》,最高人民法院办公厅编:《大法官论审判管理》,法律出版社2011年版。
③ Evan Haynes, *The Selection and Tenure of Judges*, Newark:NJ.National Conference of Judicial Councils, 1944.

出其应有的效果。四是诉讼程序的正当化。诉讼程序的高度正当化使法官不可能或很难走偏或营私舞弊。

中国正处于建设法治国家的初期,造成司法失范的原因极为复杂,对其予以彻底化解也非朝夕之功即能完成,而是一个非常复杂且长期的系统工程,其涉及司法及社会体制的变革,并非仅仅通过强化审判管理所能做到的。为追求更大的目标,在特定的历史时期需要立志恢宏而取道中庸,需要迂回渐进,而不能急躁冒进和急于求成,否则反而欲速不达。① 纵观中国的司法改革发展史,过于强势的审判管理曾使办案法官不能真正拥有审判权,并导致"审者不判、判者不审"的局面,由此引发了还权于审判组织的审判方式改革,而还权后出现的司法失范现象,又在很大程度上推动了审判管理的不断强化。"审判管理之难,难在极易陷入'一管就死、一放就乱'的困境。"② 而且,"审判管理不是包治百病的'良药',一方面'审判管理权'有着天然的扩张性,难免会介入和干预法官对案件的自由判断,为此需要从制度上实现对审判管理的规范与约束;另一方面,审判权行使失范并非审判权本身存在天生缺陷,而是我国当前司法国情下多方面复杂原因共同作用的结果,规范与制度上的漏洞给了部分法官自由进出程序、过度自由裁量的太多空间,而社会整体不高的法治意识更增加了审判权行使失范的可能性",③ 因此,消除导致审判不规范的各种内在原因,确保司法公正高效廉洁,需要把审判管理放在恰当的位置上,单纯地过分强化审判管理非但无益,而且有害。同时,更要注意在更大的背景下寻求确保司法公正高效廉洁的根本方法,如充分创造条件,消除制约法治现代化进程的各种因素,培育起适应现代法治发展的审判环境,在全面理解的基础上合理借鉴域外相关制度,加快司法改革进程等。

## 二、审判管理的界定及其科学化的必要性

准确认识审判管理是实现其科学化的前提。审判管理概念的界定关系到

① 参见孔祥俊:《司法理念与裁判方法》,法律出版社 2005 年版。
② 江必新:《审判管理与审判规律抉微》,《法学杂志》2011 年第 5 期。
③ 孙辙、朱千里:《积极主动或谦抑克制:"审判管理权"的正确定位与行使》,《法律适用》2011 年第 4 期。

如何理清审判管理权与审判权的关系,关系到如何设定审判管理改革措施的基点。只有对审判管理予以恰当定位和正确把握,才能更好地理解审判管理科学化的必要性和重要性。

### (一) 审判管理的界定

审判管理内涵与外延究竟如何界定,目前并无统一的认识,归纳起来有"行为说"、"职能说"、"审判程序和辅助事务说"、"机制说"、"体系说"等。[①]这些概念从不同的角度对审判管理进行了界定,虽然有些界定值得进一步推敲,但彼此并没有绝对的对错之分,都为认识和把握审判管理提供了分析路径。在我们看来,准确概括中国的审判管理,应从以下八个构成要素来加以分析:

第一,审判管理是法院的一项具有行政性质的公共管理活动。审判管理不属于个人的管理行为,其属于公共管理活动,是公共管理的一个组成部分。而且,审判管理是具有行政性质的,相当一些学术论文认为审判管理不具有行政性质的主张是欠妥当的,因为"管理本质上是一种行政权力。任何管理必须依赖一定的行政权力对人与事加以控制,其本身就是协调、强制、服从的过程"[②],管理和行政两个概念在应用中往往就是一个词,行政往往就是一种管理,管理中间可能就有行政的成分,把管理和行政完全区分开来不仅很困难而且也不现实。

第二,审判管理是法院的一项具有特殊规律的审判管理活动。审判管理虽具有一定的行政属性,但其不同于行政机关的管理。行政机关的管理具有严格的科层制,上下级之间的职权关系严格按等级划定,部属必须接受主管的

---

① 参见谢国伟:《关于审判管理几个问题的认识》,公丕祥主编:《审判管理理论与实务》,法律出版社2010年版,第33—34页。如"行为说"认为,审判管理是指人民法院运用计划、组织、指挥和制约等方法,协调并控制审判工作的流程,规范并监督审判组织的行为,以保证审判工作严格依据诉讼程序公开、公正、高效、有序地运行。参见陈旭:《探索审判管理新模式》,《人民司法》2000年第2期。"职能说"认为,审判管理是与人民法院办理案件的活动直接相关的管理活动,是法院管理中最常遇到的内容,具体内容包括审判流程管理和审判质量管理两大类。参见蒋惠岭:《论法院的管理职能》,《法律适用》2004年第8期。

② 熊选国:《以科学发展观为指导 构建科学规范的审判管理体系》,最高人民法院办公厅编:《大法官论审判管理》,法律出版社2011年版。

命令与监督。法院的院长、庭长、审判长、法官之间固然有一定的等级性,但其不是严格意义上的行政体制上的科层制,其是一种监督与被监督关系,不存在命令服从关系。因此,法院的审判管理必须尊重审判规律、依法进行管理,而不能采取一种命令和服从的管理模式。而且,审判管理也不完全等同于企业管理。企业管理以追求经济效益为目的,更多的是对产品的管理。审判管理虽然也是对司法产品进行管理,但其与企业管理有本质的区别。因为与产品的生产不同,法院的司法审判是一种高智商、高智力的活动,其运作须遵循自身的特殊规律。所以,审判管理尽管可以借鉴企业管理的有些思维、有些经验,却不能完全照搬企业管理的经验和做法。

第三,审判管理是围绕案件的审判与执行而展开的。法院审判业务包括审判和执行两个方面,审判管理也是围绕案件的审判和执行而展开的,被习以为常、约定俗成地统称的审判管理,严格说来应该被称为审判、执行管理。

第四,审判管理是以审判委员会以及各审判业务庭、局以及专门的管理机构(包括审判管理办公室)以及院长、庭长为主要管理主体的一种管理。这与西方一些国家有所不同,这些国家的审判管理是指法官对案件的管理,研究法官如何管理案件和组织当事人进行诉讼,从而促使诉讼活动更加有效、尽可能地节省时间或避免司法拖延。

第五,审判管理以法官及其辅助人员的审判行为为主要管理对象。审判管理是对法官以及审判辅助人员的管理,其主要管理对象是法官的审判行为。

第六,审判管理以审判管理权为基本依托。审判管理权是指一定的审判主体(如审判委员会、院长、庭长等审判主体)根据法律法规或司法解释的授权,以配置审判资源、控制审判行为,以服务和保证审判实施权正当有序的运作为目的的一系列权能的总和。需要注意的是,学术界对审判权和审判管理权的关系问题是存有争议的。有学者认为审判管理权是从审判权派生出来的,但是,这种主张的不足在于,让从审判权派生出来的审判管理权去监督管理审判权的运作,事实上很难自圆其说。我们认为,既然不可能在审判权范围内再产生一种权力,可将宪法法律整体打包授予审判机关的审判权,再划分为审判管理权和审判实施权两种权力,审判管理权监督审判实施权,这样可从学理及逻辑上理顺审判权和审判管理权的关系。

第七,审判管理通常以计划、组织、领导、协调、约束、指导、控制等方式实施。审判管理本身是一个开放性的系统,其管理方式不仅多种多样而且在不断的发展变化。然而,审判管理权行使的方式有别于行政权,有些管理方式如命令、指挥等方式就不能在审判管理范围内被采用,有的管理方式则需要限制适用。

第八,审判管理的目的是保证审判实施权的正当有序运行,以确保司法公正、廉洁、高效。"管理就是服务",审判管理不仅仅是控制和监督,其本身就包含有服务审判的内容,包含有为审判实施权依法有序运行创造有利的条件、提供必要的保障等内容。

综合概括以上八个要素,审判管理是指按照司法的规律要求,通过对审判工作的分工、组织、协调、规范、监督、指导等方式,来科学合理地配置和使用审判资源,使审判权在法律规定的职责和职权范围内,充分发挥其维护社会公平正义的效用,提升审判质量、效率和效果的特定管理活动。

### (二) 强调审判管理科学化的必要性和重要性

"科学的管理是一切社会活动内在的、必然的要求,审判活动也不例外。"①实践证明,科学化的审判管理制度是保障司法走向公正与高效的必由之路。当前,人民法院执法办案任务越来越重,人民群众对司法的要求越来越高,司法环境更加复杂,"要实现人民法院工作的科学发展,关键必须实现审判管理的科学发展。审判管理是'指挥棒'。科学的审判管理,是保障、促进人民法院审判执行工作科学发展的重要基础和强大推力;审判管理不科学,势必会制约乃至阻碍人民法院全局工作的顺利开展。"②具体而言,审判管理科学化的必要性和重要性在于:

第一,管理本身是一门科学,有其内在机理及规律性,其基本特性决定了其本身必须科学化,必须以科学的精神去认知、把握和利用。只有通过对管理的科学性、规律性的研究,主动地适应这种科学性,不断提升管理的技能与技巧,才能有效地开展工作。同时,管理也是一门艺术。在承认管理是一门科学的基础上,运用管理知识和管理经验,综合各种管理技巧,适应外部的变化,积

---

① 公丕祥:《审判管理理论与实务》,法律出版社 2010 年版,"序"。
② 张军:《改进完善审判管理 实现法院科学发展》,《人民法院报》2009 年 9 月 8 日第5 版。

极发挥主观能动性,实现价值最大化。①

第二,管理科学化是实现审判管理目标的基本保证。如果管理的方式、方法不科学,如管理依据的规章制度不完备、设定的评估指标不科学、管理方法简单、手段单一等,就难以充分发挥审判管理"规范、保障、促进、服务"的综合作用,就不能实现审判管理目标任务。而要完善管理方法,实现科学管理,则对审判管理的组织、手段、方式必须要有科学的选择,而选择的本身,如怎样科学设立指标体系、如何形成科学合理的制度体系等,都需要科学的理论与原则的指导。②

第三,就当前而言,强调审判管理的科学化是审判管理可持续的重要条件。当前,创新和加强审判管理已成为全国各级法院的一项重要工作,各地法院探索出台了很多管理措施,但是这些管理措施的具体实施效果却差异较大,有的实现了预定的目标,取得了积极的、良好的效果,有力促进了人民法院职能作用的发挥;有的却没有实现管理的目标,对审判质效并没有起到明显的改善作用,甚至产生挫伤法官办案积极性、滋生道德风险、弄虚造假成风、影响审判工作正常开展的负面效果。而且,学术界也有学者以西方司法制度为参照系或从实践存在的问题等角度不断地批判当前的审判管理制度。在这种情况下,如果不强调审判管理的科学化、不采取科学化的对策以避免工作中的形而上学和片面性,在汹涌的反对浪潮围堵下,审判管理之航船将难以再持续前行甚至会倒退。

第四,强调审判管理的科学化,是克服当前审判管理缺陷的有效措施。虽然严格来说有审判就应当有审判管理,但是中国的审判管理制度建设目前仍然处于初始阶段,在强化审判管理方面亦走过很多弯路。过去审判实施权和管理权基本上采用的是先定后审、上令下审的行政化模式,之后逐渐放权给合议庭及主审法官,有些院庭长当"甩手掌柜",随之出现了审判效率不高、审判质量低下,甚至是司法腐败等问题。为了解决这些问题,一些法院加强审判管理、强化院庭长对审判实施权的监控。这样来回的"翻烧饼"是不是在走"回

---

① 参见王吉鹏:《管理是一门科学》,《管理人》2008 年第 4 期,第 47 页。
② 参见王秀红:《关于加强审判管理工作的几点建议》,最高人民法院办公厅编:《大法官论审判管理》,法律出版社 2011 年版。

头路"？审判行政化问题会不会又卷土重来？破解这些难题或缺陷，需要对审判管理进行科学的制度和体系设计，以科学的指标和标准来随时检索和矫正所实施的审判管理行为。否则审判管理就会疲于奔命地反复走极端，如此不仅得不到社会的肯定和理解，反而会距既定目标越走越远。

第五，强调审判管理的科学化也是回应社会各界对审判管理关切和担心的一个重要方法。经过各级人民法院的艰苦探索，中国的审判管理制度虽然取得了骄人的业绩，但仍与司法制度现代化的要求和人民群众对公正司法的期待还存在一定的差距，学术界对目前的审判管理工作普遍心存忧虑、不断地提出"到底能走多远"的质疑；而审判管理的被管理者——法官，在不科学的指标考核、制约监控和繁重办案任务双重压力下苦不堪言，甚至以自杀来寻求解脱(自杀事例中亦有法院院长、庭长)①。这些现象应引起高度重视和深刻反思，在具体实践中务必要密切关注审判管理科学化问题，应随时反思所采用的管理措施是不是符合司法规律，能不能实现司法审判的正当目的，是不是只有积极作用而没有负作用，是不是在若干年后还能够得到肯定和积极的评价。

## 三、实现审判管理科学化之基本路径

尽管从理论和实践的角度来看，实现审判管理科学化所具有的积极意义都是毋庸置疑的，但是判断是否实现了科学化并不存在一劳永逸的现成标准，只有通过实践检验才能辨别出真理与谬误，而且由于实践认识是一个永无止境、无限发展的过程，不可能存在永远绝对好的或最好的方案，只有相对更好的途径。所以，探讨审判管理科学化的实现路径，并不是意味着已经掌握了开启科学化宝库的钥匙或拥有了实现科学化最好妙计的锦囊，而只是通过分析总结审判管理实务中所出现的问题和教训，以"证误"的方式指出哪些做法是不科学的，是应该加以避免的。

---

① 如2010年3月18日湖南省湘潭市岳塘区法院的法官刘立明自杀，并留下遗书："工作压力大，很累，不如死了算了，再见！"大家分析其自杀与其近期有案件被上级法院发回重审有直接关系，"过于严密细化的数据，比如上访率、息诉率、上诉率、发回重审这些指标来考核他们的工作，这让法官常常喘不过气来"。参见覃爱玲：《法官自杀触痛业界》，《南方周末》2010年4月7日。

### （一）既要突出针对性，又要注重系统性

虽然审理管理整体的目标定位和任务设计必须要考虑周全，但是由于各地发展不平衡，每一个地区、每一个法院甚至每一个庭室都有其自身独特的问题、独特的背景和条件，如中国西部地区法院案少人多，办案效率不成问题，但案件质量可能是突出问题；而中国东部沿海地区法院案多人少，案件质量虽比较高，但办案效率问题却比较突出。美、德等西方国家司法公正问题虽然解决得比较好，但其司法拖延问题比较突出，司法改革措施更多的是提高审判效率、避免拖延；而对中国而言，虽然不排除一些地方要解决的是效率问题、效果问题或司法廉洁性问题，但整体上来说首先要解决的却是司法公正、办案质量问题。这些千差万别的具体情况决定了审判管理的手段、方式、制度等不可能"一刀切"，必须要强调针对性，要突出重点。

虽然没有针对性的管理不是有效的管理、没有重点的管理也不可能是高效率的管理，但是针对性、重点性并不意味着可以不要系统性。因为具体情况是在不停地发展变化，一些问题即使现在不预设制度或机制进行管理，但将来迟早会暴露反映出来。著名的管理学家、现代管理学之父巴纳德曾经说过，任何管理都是对系统的管理，没有系统也就没有管理。就像撒网捕鱼，尽管布下天罗地网，但只要存在一个漏洞，鱼儿就可以从此处逃掉。所以，审判管理也要强调系统性，特别应强调以下几个方面的系统性：第一，管理目标的系统性。就中国而言，审判管理追求的目标是公正、效率、审判效益和廉洁。对这些目标必须要有系统化的考虑，应做到统筹兼顾。第二，管理任务的系统性。为此至少应考虑到：科学分解审判实施权（分解职权和职责）；优化配置审判资源；规范审判行为；提升审判质效（审判质量和效率）；实现政策导向等等。第三，管理对象的系统性。审判管理的对象包括法官、合议庭、审判辅助人员，甚至还包括管理者（因管理者本身也要接受管理）。第四，管理事项的系统性。如应系统考虑到：成本与资源配置的管理；质量与绩效管理；行为与作风管理；流程与程序管理；态势与趋势管理；新情况与新问题的管理；审判过程中的风险与安全管理等等。

### （二）既要强调规范化，又要强调类型化

规范化旨在通过规则治理实现整齐划一状态，实际上就是法治化。强调审判管理规范化的意义在于：可以避免院、庭长管理主体的个人意志的不当支

配,防止管理上的随意性;可以提高管理的透明度、可预测性;可以统一行动、统一意志,降低管理的成本;有利于推进管理的秩序性和连续性。所以审判管理必须规范化,如制定出完整、系统、有效的管理规范等。规范化意味着整齐划一,如果用于统一的规范过于简单或是不切实际的盲目照搬,那么执行起来肯定会怨声载道,也难以实现管理的目标。解决死板僵化与规范化之间矛盾的有效措施就是类型化,即在可能的情况下尽可能地分类处理。具体来说,主要是应做到以下四个方面的类型化:

第一,案件的类型化。如诉讼案件和执行案件显然应类型化,不能"一锅煮";刑事案件、民事案件、行政案件都有各自的特殊性,也应类型化;在民商案件中,有适用特别程序、简易程序与普通程序审理的案件,还有合同(担保)、侵权等纠纷案件,都需要类型化,分别找出各自的不同特点,有针对性地加以规范。当然,类型化得越细密,规范就会越复杂,运作起来就会越麻烦。对此,一方面需要权衡利弊,科学把握取舍类型化的度,另一方面应寄希望于电子化、信息化、智能化的科技手段。第二,法院的类型化。作为被管理主体的法院,有的经济发展条件比较好,有的相对比较落后,若不加区别地以同样的标准来进行考核,有些经济落后的法院总是被落在后面,长此以往,其就会认为不是输在终点上而是输在起点上,从而丧失竞争及工作的积极性和主动性,所以,对法院也应进行类型化,应该有不同的分类考核标准来区别对待。如将中国西部地区、中部地区、东部地区的法院划分为几个可比的方阵;将高级法院、中级法院、基层法院区分考核等。第三,机构的类型化。由于法院内设机构分工不同,对其工作的激励考评如果不加区分地统一采取投票的方式进行,就可能导致具有监督职责、会得罪人的机构如纪检监察、审判监督、审判管理部门处于劣势或者得到不平等、不公正的评价,所以对内设机构的管理也要类型化,如区分业务部门和非业务部门,将刑庭、民庭、行政庭、立案庭、审监庭等业务部门按可比性分类考评等。第四,人员的类型化。如区别法官与审判辅助人员、资深法官与初任法官等。需要注意的是,人员类型化一定要有正当的理由,应防止出现歧视偏袒和负作用。

### (三) 既要强化审判管理,又要尊重审判规律

前最高人民法院院长王胜俊多次强调,守住公正底线,强化审判管理,必

须充分考虑审判工作的特点,尊重审判规律。① "审判是第一位的,管理是第二位的,二者关系是主从关系,因此,审判管理必须尊重审判规律,使审判管理各项工作机制和管理的方式方法充分考虑审判工作的特点,符合审判工作实际。"②然而,对审判规律的具体内容,尚未有一致的归纳和通论,其中应特别注意的是:第一,法官的非等级性。"在现代法治国家,法官之间只应有审级之分,不能有等级之别。在依据法律和事实作出判断时,法官的权力并不因职务、级别、资历的不同而有所不同。"③第二,法官相对独立。法官享有独立行使审判权的权力,对法官审判行为的管理原则上不适用命令服从规则。第三,程序性。裁判结论一定要通过正当程序得出来,以程序的正当性赢得裁判的正当性和权威性。第四,亲历性。法官只有亲自审理案件、直接听取当事人的申辩,才能作出更接近客观实际的公正裁判。第五,智力性。审判是高智力、创造性的活动,有别于简单制造产品或自动售货机售货。在实践中只有认识并遵循这些规律,审判管理才能实现科学化。而现在反规律倾向主要有两种:一种是过度的企业化管理,如过度强调定量分析、指标体系等;另一种是过度的行政化。

过度行政化中有一个有争议的、敏感的话题:就是法院院长、庭长应否参与裁判结论的作出过程? 参与到什么程度? 该行为在强调审判独立的西方国家是严格禁止的,不少法院院长仅仅因给主审法官打电话暗示而被迫辞职。在中国,目前多数意见还是赞成院庭长有限度地参与实体裁判过程,基本运作模式就是,对重大复杂疑难案件提请庭长或院长审核、直至提交审判委员会讨论决定。将来,随着法官水平的提高和相关制度机制的完善,应逐步淡化院庭长对实体裁判的直接参与,并可采用多种间接的方法来实现对审判的管理:如优化配置审判权、优化组合审判力量、科学制定审判政策、提供审判工作指南、制定审判行为标准规范及审判纪律、提供审判理念导向、构建公正高效廉洁的审判机制、创造防干扰的环境、组织事后的质量评查、实行案件的流程监控、确

---

① 参见时任最高人民法院院长王胜俊2010年7月19日在"人民法院为人民"主题实践活动全国中级基层法院院长第十一期培训班上的讲话,2010年8月10日在全国大法官审判管理专题研讨班上的讲话。

② 江必新:《审判管理与审判规律抉微》,《法学杂志》2011年第5期。

③ 江必新:《审判管理与审判规律抉微》,《法学杂志》2011年第5期。

保审判程序的高度正当化、对改判发回错案的原因进行分析或进行差错分析、对故意和重大过错的严格追究责任、发挥我们最大的政治优势——谈心、沟通、做思想工作等。因此,法院院庭长要尽可能地限制和抛弃"命令服从"的方式,不要直接去干预实体裁判的结论,应学会"下围棋"和"琴治"的方法,①多通过外围的、间接的方式来实现管理的目标,应从内部的、事前的干预转到外部的、事后的管理;从对裁判结果的管理转到重点对审判行为的监控规范;从简单的规制转到把管理与服务结合起来、把服务寓于管理之中;从人盯人、人对人转到建立规则、用制度管人;从直接对实体的关注转到重点对程序的关注。

**(四) 既要注意量化评价,又要注意评价体系及其运用的客观性与合理性**

"要进行有效的管理,首先需要对审判活动的实际状况有深入的了解和准确的把握","只有掌握相关的数据,才能够正确地把握管理对象,科学地制定管理对策,准确地评估管理绩效",②可见量化评价在审判管理中的极端重要性,应该说没有统计量化,就没有真正精确的管理。计算机信息技术为量化评价提供了便利条件,促进了审判管理逐步从定性管理向定量管理发展,从粗放型管理向集约化、精细化管理的转变。但是,与企业化管理不同,审判管理是需要高智力的极为复杂的管理活动,仅仅靠量化评价来管理是不够的。中国目前审判管理存在的问题之一就是量化评价欠科学:如进行量化管理的指标体系设计得不尽科学;对某些指标数据特别是主观性强的数据弄虚作假或"玩数字游戏"的现象比较严重;对一些量化指标不科学使用、出现偏差等。因此,要实现审判管理的科学化,既要注意量化评价,又要注意评价体系及其运用的合理性与客观性。

强调评价体系及其运用的合理性应注意:第一,指标体系的设定要符合法

---

① "下围棋"寓意为通过外围的、间接的方式慢慢形成定势,形成定势之后自然会实现管理的目标。"琴治"意指院庭长与其事必躬亲地天天加班辛苦工作,倒不如通过建立规则、善于用人等方式来实现科学化的管理,进而也能使自己可以轻松地弹琴消遣。

② 李浩:《司法统计的精细化与审判管理——以民事案件平均审理期间为对象的考察》,《法律适用》2010 年第 12 期,第 31—35 页。

律的规定,不能与法律的规定相冲突。第二,评价体系特别是有些质量、效率指标的设定要符合审判的规律。第三,指标体系的设定应注意指标体系可能的导向及可能产生的负面导向。设定一个指标时一定要理性的分析,应清楚其积极功能和负面作用,并应将其负面作用降低到最低限度。第四,应注意指标体系的完整性,注意建立一些相互制约的指标。为了避免走偏或导向出问题,应注意保持体系指标之间的互相制衡:如有积极指标就要有消极指标,不能全部是积极指标而没有对应的消极指标;又如设定结案率指标有可能导致不均衡结案(常见的是年底突击结案),科学的指标体系就必须要加上抑制该现象出现的结案均衡度指标。第五,在制设指标体系时一定要注意发扬民主,多听取各方面的意见。第六,设定指标体系要注意平衡和照顾到各方的利益,要注意让各方在同一起跑线上展开竞争,避免个别单方一开始就输在起点上。第七,应注意保持指标体系的开放性,要在总结经验的基础上,不断地调整完善。第八,指标体系并非越简单越好,在信息化的背景下,适度复杂化更容易做到公平合理。

强调评价体系及其运用的客观性应注意:第一,凡是用作评价的数据,原则上应是可查考、可检验的。第二,建立统计台账,最好是通过网络技术来形成台账,以利核查。第三,避免单项数据,建立一些能相互制约、相互补充的数据。第四,增加统计的科技含量,尽可能地使统计数据能够自动生成,且无法人为改动。第五,对一些指标要进行抽查和核实。第六,严惩弄虚作假的行为。

### (五) 既要实行高标准的严格管理,又要实行人性化的管理

"管而不严,等于不管。怕麻烦辛苦,怕积怨丢票,习于睁眼闭眼,惯于姑息迁就,是一些司法管理者的通病,往往使小瑕铸成大错,小痒酿成大患。管理的失之于宽、失之于软在某种意义上成了司法渎职甚至贪腐的推手。"[①]特别是当前司法不公、司法效率低下、司法腐败现象还比较严重的情况下,审判管理坚持高标准的从严要求是非常必要的。但是,如果一味地强调高标准、严

---

① 张述元:《创新审判管理机制　保障三项重点工作深入落实》,最高人民法院办公厅编:《大法官论审判管理》,法律出版社 2011 年版。

要求,而不注意管理的人性化,也会带来很多弊端:第一,会导致管理效率递减和约束疲劳。因为"管理效率递减是一切组织,包括公共行政组织的共同规律。这就是熵值效应。"①第二,因法官的能力、精力及承受力是有限的,审判管理若超过这些限度,就会走向反面。第三,不同于简单生产或机械化作业,司法审判离不开高智力、需要发挥法官的能动性。如果挫伤甚至抹杀法官的积极性和创造性,这样的审判管理肯定会出问题。因此,在实行高标准严格管理的同时,还必须高度重视人性化管理。

如何实行人性化管理呢? 第一,坚持以人为本。也就是以法官为本,以法官为中心,具体说来应做到:尊重法官的独立人格;尊重法官的权利和自由;关注法官的审判需求;维护法官的职业尊荣;发挥法官的主导作用;突出法官的中心地位;激励法官的首创精神,释放法官的工作潜能;改善法官的工作环境和条件;解决法官面临的困难;注意减轻法官的工作负担。第二,善于从管理对象出发来思考管理的决策,而不是单从管理主体、从法院院庭长角度来考虑管理的决策。第三,要把服务寓于管理之中,在管理中做好服务,在服务中进行管理,通过服务来实现审判管理的既定目标。第四,善于使用激励措施实现审判管理的目标,而不能简单地仅仅依赖惩罚、责任追究来实现管理的目标。第五,善于培养法官的积极性、主动性和创造性。第六,善于培育法官的司法良知。因为"只有人的公正,才有案的公正","让法官有公正之心才会有公正之举"。② 第七,注意培育法院文化(审判文化)和营造文化氛围。因为文化是管理的最高境界,真正有效的管理要靠先进而成熟的文化。第八,做到理性追责,避免过度追责。如案件出现了差错,只要不是故意和重大过失,原则上就不应追责;不能不加分析地强调出了问题院庭长就必须承担责任等。因为非理性的、过分严格的追责,不仅不可能持久,而且还会束缚法官的能动性、创造性和独立性。

### (六) 既要把法官当成被管理者,又要使法官成为管理者

一个科学的审判管理体系至少应具备职能定位的附属性、管理主体的多

---

① 齐明山:《公共行政的熵值效应——管理效率递减规律初探》,《北京行政学院学报》1999 年 11 月 14 日。

② 易康、杜少俊:《质效+创新:萍乡法院审判管理淬炼之道》,《人民法院报》2011 年 10 月 27 日。

元性、管理机制的民主性三个要素。也就是说,一个法院的组织结构、职责实现、操作运行,均应以审判模式为主导,而非以行政模式为主导;法院的管理不应当单纯由行政人员独享,法官不仅应当参与审判管理和法院管理,而且应当在管理中居于核心地位;审判管理不应当由一人作出决定,而应当由集体民主决策管理。① 因此,科学的审判管理不能绝对地仅仅把法官当成管理的客体,还应让法官参与到管理中来,发挥其聪明才智,进行自治性的相互管理制约。

那么,如何才能既把法官当成被管理者又使其成为管理者呢? 第一,应注意建立一些群众性的组织、法官的组织来进行管理。比如成立案件咨询委员会来讨论重大疑难或争议案件、通过设立法官管理委员会制定法官的职责范围等。善于运用法官自律组织来治理、解决管理难题。第二,把规章制度交给法官讨论,把领导的管理意图转为法官的自愿表达,以便更好地贯彻执行及减少冲突。第三,让法官参与评查案件、参与考评过程。法官亲身参与该过程,可以从中受到很多教育,可以有效提升自身能力,从而促进办案质量效率迅速提高。第四,建立科学的评查考核机制,尤其是要注意建立反向制约机制进行反向制约。也就是说,在管理主体进行管理的时候要设立相应的反制机制、赋予被管理者一定的反向制约的权力。如合议庭对院庭长提出的不同案件处理意见复议之后可以不予采纳;改判案件要先听取原审法院的意见甚至让原审承办法官列席审委会讨论;审判业务部门对综合部门进行投票打分、定性评价等。第五,强化法官对案件及当事人的管理。中国现在的审判管理仅注意了对法官的管理,而忽略了法官对案件、对当事人的管理。但是,国外的审判管理研究的则基本是法官怎么样来管理案件、当事人、审判程序以及如何通过这些管理来提高审判的效率、质量。国外审判管理研究领域正是中国需要强化研究的,而在该领域法官自然就成了管理主体。第六,建立法官自律机制。因为"外因必须通过内因才能起作用",外部的制约机制只有同自律机制对接、转化为自律机制才会有效。

## (七) 既要管理被管理者,又要管理管理者

"绝对的权力导致绝对的腐败",如果一个审判管理体系只管理被管理

---

① 参见蒋惠岭:《审判管理制度的"三要素"》,《人民法院报》2011 年 3 月 3 日。

者——法官及其辅助人员而不管理和监控管理者,那么该体系一定是失衡的,迟早会出问题的。而且,在中国,掌握审判管理权的一般是院长、庭长(包括副院长、副庭长)、审判长,而拥有审判实施权的多数情况下是一般的法官。两者级别、地位不对等,院长庭长在事实上直接和间接影响着法官的前途。这样,处于强势的审判管理权客观上容易侵蚀处于弱势的审判实施权,更应强化院庭长本身的自律,要求其在管理中保持必要的谦抑。因此,科学的审判管理体系,除要管理被管理者——法官及其辅助人员外,还应包括对管理者的管理。为此,具体需要强调以下几个方面:第一,划定审判管理权与审判实施权的边界,对审判管理权逐步明细化,以防止审判管理权的恣意扩张。第二,规范审判管理权行使的方式,不允许审判管理权凌驾于审判实施权之上,严禁审判管理权对审判实施权发号施令。对法官审判行为的管理不可以采取命令服从的方式,这是必须坚守的底线。第三,审判管理权对审判实施权必须保持必要的尊重和克制。第四,明确规定审判管理权行使的范围,尤其是对案件实体裁判权的干预的范围。而且,该范围原则上不能由分管的院庭长或审判管理主体"大权独揽、一锤定音",以防止可能带来的权力滥用。第五,建立审判实施权对审判管理权适当制约的反制机制。第六,建立审判管理者与审判实施者之间正常的、理性的沟通交流机制。第七,适度建立审判管理者的责任机制,以增强责任心和避免随意性。

**(本文获"司法学论坛暨首届司法管理学研讨会"征文一等奖)**

# 审判管理:内涵、价值导向和基本方法
## ——基于江苏法院的实践样本

周继业[*]

## 一、审判管理的内涵

审判管理的概念。管理,是为了有效地实现组织目标,由管理人员利用专门的知识、技术和方法对组织活动进行计划、组织、领导与控制的过程。[①] 凡社会活动必然需要管理。审判活动作为国家机关依照法定程序进行的专门性活动,虽然有其特殊性,但这种特殊性只决定了管理模式和方法的特殊性,但并不意味着审判活动不需要管理。同时,任何一种权力都需要监督制约,这是政治学的公理。主导审判活动的审判权作为一项国家权力,被管理和监督符合权力制约原理;审判权还具有终局性和个性化特质[②],也内在地决定了对审判权进行规制的必要性。近年来,人民法院受理案件数量持续攀升,如何在资源有限的情况下,确保审判工作依法有序进行,确保案件公正高效处理,是摆在各级法院面前的突出问题,而审判管理恰恰能够满足破解这一司法难题的现实需要。按照管理学的定义方法,基于审判活动的特殊性,我们就可以给审判管理下一个定义,"审判管理就是人民法院通过组织、领导、指导、评价、监督、制约等方法,对审判工作进行合理安排,对司法过程进行

---

* 周继业,江苏省高级人民法院党组副书记、副院长。

① 参见陈传明、邹宜民:《管理学原理》,南京大学出版社2001年版,第11页。

② 个性化特质是指法律赋予的法官自由裁量权和法官自身的道德品质、人生阅历乃至个人偏好、性格特征等因素对裁判过程以及裁判结果的影响。

严格规范,对审判质效进行科学考评,对司法资源进行有效整合,确保司法公正、廉洁、高效。"①

　　审判管理的性质。审判管理在我国法院系统经历了一个高度行政化——高度放权——约束性放权的过程。所以,对其性质的研究应当主要集中于,审判管理是否是一种独立的权力以及审判管理司法性和行政性的判断。严格而言,人民法院只有一个权力,即审判权,其他权力都是派生的。审判管理是审判权优化配置的产物,是"针对宏观审判运行而进行的审判质效评价、审判资源配置以及针对个案实体裁判而对审判主体进行的审判职权分工,是动态的审判职权优化配置"②。因此,在此意义上讲,"审判管理只是一种工作方法,是一种工作措施,是为审判工作服务的"③,审判管理在本质上不是一种独立的权力,应当是审判权自我完善的一种手段。而在基本属性上,由于审判管理是一个具有法学和管理学双重性质的概念,学界一直存在其司法性和行政性的争论,有学者甚至将其性质归纳为"审判权中的行政权"④。首先,"只要是管理,就要有组织,有层级(显著的和隐秘的),就有决策和执行(领导与服从)的问题",⑤"再加上我国司法审判机关内部司法审判和司法行政的合一化设置,司法机关在承担着司法职能的同时还履行着部分行政职能",⑥因此,审判管理必然具有行政性。同时,审判活动是对冲突的事实及诉求进行判断和处理,它具有中立性、被动性、亲历性等特点。审判管理以审判活动为管理对象,这就决定了审判管理的运行必须考虑到审判活动的基本特点,审判管理就不可避免地具有司法性特征。因此,审判管理应当是较为典型的司法性和行政性兼具的复合型行为。

　　审判管理遵循的基本规律。审判管理是管理学基本理论在审判活动中的实际运用,也是审判活动实践对管理学基本理论的丰富和改良。这就决定了审判管理必须同时遵守审判和管理的一般规律。一方面,审判管理必须遵守

①　王胜俊:《创新和加强审判管理　确保司法公正高效》,《人民司法》2010 年第 17 期。

②　孙海龙、高翔:《深化审判管理若干问题的思考》,《人民司法·应用》2011 年第 1 期。

③　王胜俊:《创新和加强审判管理　确保司法公正高效》,《人民司法》2010 年第 17 期。

④　石晓波:《论审判权中的行政权扩张》,《广西政法管理干部学院学报》2004 年第 1 期。

⑤　苏力:《审判管理与社会管理——法院如何有效回应"案多人少"》,《中国法学》2010 年第 6 期。

⑥　郝红鹰:《我国法院审判管理的去行政化研究》,《理论与现代化》2011 年第 6 期。

审判规律。审判是第一位的,管理是第二位的,二者是主从关系,因此,审判管理必须尊重审判规律,使审判管理各项工作机制和管理的方式方法充分考虑审判工作的特点,符合审判工作实际。① 审判管理必须尊重独立审判原则,开展审判管理应当以尊重审判组织依法独立审判为前提。审判管理更多的应该在审判权外部展开,侧重于程序管理、判后评价,对案件的实体处理不应进行过度介入或干预。审判管理必须坚持合法性原则,无论审判管理如何开展、相关的工作机制如何建立、具体的程序和方法如何设计,都必须在法律的框架内进行改革和创新。审判管理必须坚持合理性原则,通过制度性管理的手段不断明确审判管理的合理边界,管理目标设置应符合审判工作实际,切忌"好高骛远"。另一方面,审判管理必须遵守管理的基本原理和基本原则。审判管理虽然在法院工作体系中只是一种手段,但它毕竟是管理活动的一种具体体现,从基础上还是一个管理问题。因此,在制度设计和实践操作中,审判管理必须遵守管理责任原理、管理系统原理、管理人本原理、扁平化原则、指标科学化原则等一系列管理学的基本原理和基本原则。②

## 二、审判管理的价值导向

审判管理改革历程回顾。探讨审判管理的价值导向问题,首先要弄清楚审判管理产生的背景和设计本意。我国传统的司法模式是审判与管理不分的司法权行政化模式,其中并没有专门的审判管理活动。20 世纪 90 年代中后期,一些法院基于自身法院管理制度建设的需要,对审判工作管理模式进行了有益的探索,积极推行案件审理流程管理制度,开启了人民法院审判管理制度

---

① 参见江必新:《审判管理与审判规律抉微》,《法学杂志》2011 年第 5 期。

② 管理责任原理,即在管理过程中,必须在合理分工的基础上明确规定各部门和个人必须完成的工作任务,以及必须承担与此相应的责任,做到奖惩分明。管理系统原理,即管理者将整个审判工作作为一个系统去考虑,综合统筹、各方协调,达到整体最优化。扁平化原则,即管理的结构模式应尽量扁平化,减少管理的层次,尽可能形成一条最短的指挥链,降低管理的跨度和内部消耗。指标科学化原则,即管理中必须设定科学的绩效标准,指标的设计既要体现管理工作各方面的要求,具有一定的前瞻性,也要让每个管理对象都认为目标是可达到的。参见胡昌明、杨兵、王耀承:《构建科学的审判管理机制》,《人民司法·应用》2011 年第 1 期。

改革的先河。在此基础上,最高人民法院《人民法院五年改革纲要(1999—2003)》明确将"以强化合议庭和法官职责为重点,建立符合审判工作特点和规律的审判管理机制"作为法院改革的基本任务和具体目标。由此,全国范围内的审判管理制度改革全面展开,法院审判管理制度改革步入正规化渠道。也正是在此阶段,2003年12月,江苏高院制定下发苏高法发[2003]7号《关于建立全省法院审判质量效率统一指标体系和考评机制的实施意见(试行)》及其三个附件,即《全省法院审判质量效率指标体系实施办法(试行)》、《全省法院案件质量监督评查实施办法(试行)》、《全省法院法官审判业绩考评管理实施办法(试行)》,拉开了江苏法院审判管理改革的序幕。《人民法院第二个五年改革纲要(2004—2008)》进一步提出,要改革和完善司法管理制度,为人民法院履行审判职责提供充分支持和服务,同时将完善审判流程管理制度、建立科学的审判质量和效率评估体系作为审判管理制度改革和完善的主要内容。①《人民法院第三个五年改革纲要(2009—2013)》,要求健全审判管理工作机制,同时强调制定符合审判工作规律的案件质量评查标准以及统一使用的审判流程管理办法等。从审判管理改革的进程可以看出,审判管理改革是基于法院管理工作的需要产生,重点一直是围绕规范和服务审判的工作机制展开,并且以审判管理为手段提升审判质量和效率的脉络日益清晰。2010年,最高人民法院在《法院工作报告》中明确把审判管理的作用定位于"规范、保障、促进、服务审判"。应当说,审判管理是我国最高司法机关在司法改革过程中提出的一个新课题,其目的就在于通过构建科学的审判管理机制提高法院审判的质量和效率,实现公正、高效、权威的司法目标。

　　审判管理的价值导向。任何制度设计都不能回避价值导向问题,这是制度设计者在进行利益取舍和路径选择时必须解决的基本问题。制度的价值导向必须契合特定的时代要求。基于我国的司法现状和现代司法理念的要求,审判管理是审判权正当有效行使的必然路径,审判管理与审判在价值导向上应当具有高度一致性。审判管理在总体上应当体现三个方面的基本价值导向。

### (一) 公正:实现实体公正与程序公正的统一

　　公正是司法存在的正当理由和首要价值,也是当事人诉求的最终目的。

---

① 参见胡夏冰:《审判管理制度改革:回顾与展望》,《法律适用》2008年第10期。

公正不仅包括实体公正,还包括程序公正。坚持公正,就必须坚持实体公正与程序公正的有机统一,忽视其中任何一个方面都是片面的。长期以来,我国的司法实践对实体公正的推崇,以及过分强调程序的工具价值,导致了对程序公正缺乏足够的重视,违反程序法和程序不规范的现象时有发生,影响了司法公正的实现。① 程序公正是实体公正的基础和保障。正如考夫曼所指出的,程序公正给当事人一种公平待遇之感。它能够促进解决,并增进双方之间的信任,没有信任,这种制度将无以复存。② 审判管理的开展应当把实体公正与程序公正的价值导向贯穿其中,通过建立健全保障和促进司法公正的相关监督制约制度,加强对审判过程、审判行为的规范引导,使案件从立案起就进入有序运行的轨道,增强案件审理的公开度和透明度,减少影响案件公正审判的各种不正当因素的发生机率,促进审判权的正当行使。

**(二) 高效:实现审判效率与司法效益的统一**

在现代司法中,公正并不是司法唯一的价值追求,高效同样不可忽视。高效不仅包括审判效率高,还应当包括司法效益的最大化,即司法的低投入高产出。一般而言,审判效率主要体现为办案的数量要求与办案的时间要求,即多办案,快办案。"迟来的正义为非正义。"案件积压或久拖不决,不仅使公正的价值目标大打折扣,而且会严重影响到司法权威和司法形象。司法效益是司法"产出"与"投入"之比。司法"产出"不仅包括当事人的诉讼利益,而且包括国家、社会从司法进程中所获取的利益。司法投入主要指的是审判的经济成本。经济成本原则是程序法的首要原则,当事人进行诉讼要考虑审判成本,法官也应考虑审判成本,这个成本就是司法的综合效益问题,或者称案件的整体效应。③ 审判效率和司法效益的统一,不仅要求更多的案件在法定期限内尽快妥善解决,而且要求当事人诉讼成本最小化和审判资源的最低消耗。审判管理应当体现这样的价值导向。要通过审判管理的开展,进一步优化审判资源配置,完善审判工作机制,丰富便民利民举措,进而不断提高审判效率,实

---

① 参见公丕祥:《关于审判质量效率评估体系的初步思考》,《人民法院报》2006年1月9日第B2版。

② 参见[德]阿图尔·考夫曼:《法律哲学》,刘幸义等译,法律出版社2004年版,第241页。

③ 参见徐正荣:《树立现代司法理念与发扬司法优良传统》,《人民司法》2002年第12期。

现司法效益的最大化。

### （三） 权威:实现法律效果与社会效果的统一

法律效果与社会效果的统一,是衡量人民法院司法能力和司法水平的重要标准。当前,我国正处于社会转型变革期,价值多元化、需求多样化、矛盾复杂化的特征非常明显,司法要树立权威,不仅要强调审判活动的合法性以及司法在法律层面的正确性,注重法律效果的实现,而且要关注审判工作对社会生活产生的影响,以及社会公众对审判过程与结果的认同度。追求审判的法律效果,固然是法治的必然要求,但如果一味机械地适用法律,不考虑社会需求、社会后果和社会评价,也是有悖于法治精神的。正如美国著名大法官卡多佐所言,"为了法律的实效,法官在判案中,绝对离不开对社会因素的考虑,法官必须经常对相互冲突的利益加以权衡,并在两个或者两个以上可供选择的,在逻辑上可以接受的判决中作出抉择。"①因此,审判工作必须坚持法律效果和社会效果的统一,审判管理也应当坚持这一价值导向。通过审判管理,引导法官树立正确的司法理念,把严格司法和能动司法有机结合起来,在依法审判的基础上,最大限度地赢得社会公众对司法的正面评价,维护司法权威。

## 三、审判管理的基本方法

从管理对象而不是从管理的主体出发来思考组织(单位)决策,是现代组织管理学的基本方法。② 严格地说,审判管理的对象不是审判权本身,更不是行使审判权的法官,审判管理的对象应当是审判活动或者审判工作。因此,围绕审判活动(工作)来确定审判管理的内容和方法是现代管理学的基本要求。审判工作开展到哪里,审判管理就要延伸到哪里;审判工作需要什么服务,审判管理就要提供什么服务;审判工作遇到什么困难和问题,审判管理就必须解决什么困难和问题。审判管理是一个开放且不断丰富发展的系统体系,完全详尽地列

---

① 朴咏刚、朴咏男:《美国著名法官思想评述》,《行政与法》2003 年第 11 期。
② 参见李生龙、贾科:《反思与重塑:法院系统内部审判管理机制研究》,《西南政法大学学报》2010 年 8 月。

举出审判管理的全部内容是不现实的,也是不科学的。基于审判工作科学发展的需要和审判管理的目标导向,在审判管理中可以概括出以下几种基本方法。

### (一) 审判动态的监控

审判动态的监控是指法院依托一定的信息收集平台,对审判工作阶段内的总体状况进行评估分析,并且通过一系列制度性措施,从不同方面推进整体审判水平的提升。在一定意义上讲,审判动态的监控是审判管理的基础,审判管理的其他方法包括审判资源配置、审判绩效考评等都必须以审判动态的科学监控为依据。对审判动态进行监控的前提,就是必须通过信息技术的植入和运用,搭建一个能够全面系统收集审判信息、方便快捷评估审判情况的平台。江苏法院在审判管理改革之初,即建立了一套审判质量效率评估指标体系并设计了配套的软件系统,作为审判动态监控的平台。这一指标体系,依据诉讼过程中反映审判质量效率的重要因素,设置了法定正常审限内结案率、民事案件调解率等一整套量化指标,覆盖了司法审判活动的全过程,能够比较全面准确地反映审判工作的真实状况,为审判动态的监控提供了丰富的信息源。审判动态的监控可以通过指标数据通报、审判质效点评分析、质量评查报告、审判运行态势分析报告等多种形式实现,其中以审判运行态势分析报告制度最为全面。① 目前,最高人民法院已经在 2011 年正式发布了《人民法院案件质量评估指标体系》,并将审判运行态势作为审判管理的一个基本职能。实现审判动态的科学监控,应当注意三个问题:第一,审判动态监控的信息收集渠道应当广泛,包括但不仅限于审判质量效率指标评估体系,还应当包括案件质量评查、审判流程管理等,防止信息片面化。第二,审判动态监控的信息源应当确保真实准确,与指标数据相关的源头信息填报要客观、真实、准确、及时,确保指标数据实事求是地反映审判工作实际。第三,审判动态的监控应当以建立信息沟通反馈制度为必要条件。这种信息沟通反馈制度的主体应当是多元的,沟通反馈可以广泛产生于院庭长、专门审判管理组织、法官之间;客体应当是多样的,包括质量评查结果、程序控制中发现的问题、审判运行态势等。

---

① 审判运行态势分析通过对一定时期审判工作基本走势的分析研究,揭示审判工作的内在规律和存在的突出问题,提出推动和改进审判工作的办法和措施,是准确把握审判工作总体情况、服务法院领导科学决策的重要举措。

### （二）审判质量控制

按照不同的标准,审判质量控制可以有不同的分类方法,但就具体内容而言,可以主要概括为三个方面:案件质量监督评查、审级监督和院庭长依法监督办案制度。案件质量监督评查制度是人民法院内部监督和管理案件质量的重要手段,主要是通过事后对案件的评查进行质量控制。按照江苏法院的评查模式,法院成立案件质量监督评查委员会作为评查工作的领导决策机构,并建立一支专兼职相结合的评查队伍,依据统一的案件质量评查标准,以定期评查、专项评查和重点评查等三种形式,对案件从立案审查、实体裁判、诉讼程序、法律文书等方面进行全方位评查,将案件按质量划分为优秀、合格、基本合格、不合格等四个等次,对发现的差错通报整改,对评查出的基本合格案件和不合格案件,明确责任承担,并在一定范围内予以通报,对评查发现的优秀案件和优秀裁判文书进行表彰。审级监督包括程序性监督和非程序性监督两个方面。程序性监督是案件质量控制的传统方式,即通过二审、再审程序对下级法院的案件质量进行依法纠错。由于程序性监督具有被动性强、覆盖面小等局限性,近年来非程序监督的受重视程度日益提升。非程序监督主要是上级法院通过发改案件点评分析、案件复查、召开审判工作例会、典型案例发布、类案审理指南编写、下发指导性文件等方式,加强对下级法院案件质量的监督和指导。在审判质量控制的三种方式中,受争议最大的、最敏感也是最难规范的问题就是院庭长监督指导办案制度。长期以来,法学界一直存在院庭长指导办案制度干扰司法独立的担忧。事实上,无论是学术界还是实务界,都普遍不赞成行政化决策方式在审判活动中的运用,理性上都认为行政化决策方式有违审判活动的基本特性和内在规律。[1] 但基于现实主义的立场,笔者认为,当前院庭长对案件实体处理的"干预"(普遍形式是指导或把关),有一定制度依据,且有一定的现实意义。首先,按照宪法和法官法的规定,我国独立行使审判权的主体是人民法院而非法官个人,[2]是"整体独立"而非"个人独立";在法院内部,法官的独立审判权是有限的。院庭长指导办案制度有利于保证审

---

[1] 参见顾培东:《人民法院内部审判运行机制的构建》,《法学研究》2011 年第 4 期。

[2] 我国宪法规定,"人民法院依照法律规定独立行使审判权,不受行政机关、社会团体和个人干涉。"《法官法》关于法官独立审判权的规定是,"依法审判案件不受行政机关、社会团体和个人的干涉"。

判活动和裁判结果充分体现人民法院集体智慧，使"本院认为"名副其实。从现实角度看，在目前法官数量大而素质参差不齐的情况下，承认院庭长有限参与裁判过程且保持一定话语权的地位，对于提升案件质量、统一裁判尺度以及防止司法腐败能够发挥一定的积极作用。因此，运用好院庭长指导办案制度对审判质量控制是大有裨益的，关键在于必须对院庭长的参与行为作出明确的限定和规范，确保监督指导办案依法、有限进行。

### （三）审判程序控制

审判程序控制主要依托审判流程管理制度，把案件审理过程分为若干阶段，实行分段管理，实时控制，从而保证审判工作始终处于程序的有效控制之下。审判程序控制主要有助于审判效率价值目标的实现，但也间接影响审判质量。法院内部的审判流程与各类诉讼程序既有关联，也有区别，它受制于并体现着诉讼程序，但所反映的却是诉讼程序一般覆盖不到的案件在法院内部流转的情况。① 审判流程管理主要可以分为节点管理、审限监控、程序监督等方面。按照江苏法院的模式，在节点控制方面，高院制定出台《全省法院审判流程管理规定（试行）》，将案件按照审理流程分为立案、分案、审限管理、结案、卷宗归档、上诉案件移送等不同环节，强调对各流程节点的时限监管，同时对"一头（规范立案）一尾（规范结案标准，实行扎口结案）一中间（严格审限变更）和一空间（规范上诉案件移送）"等四个环节进行重点控制。在审限监控方面，江苏法院重点加强对审限延长、中止、审限扣除、中断这四类案件以及长期未结案件的监控和管理，形成了一系列严格审限管理的制度规定，并在审判管理办公室专设流程管理员负责审限变更审批和结案审批工作。在程序监督方面，应当将重点主要放在建立科学的分案机制，强化审判行为和过程的监督等方面，高度关注容易出现自由裁量权滥用、徇私舞弊等现象的程序环节。

### （四）审判资源配置②

审判资源配置作为审判管理的一项功能得以强化，主要源于近年来一些

---

① 参见顾培东：《人民法院内部审判运行机制的构建》，《法学研究》2011 年第 4 期。
② 本文所涉及的审判资源仅限于审判人力资源。

法院尤其是经济发达地区基层法院所面临的案多人少、审判任务异常繁重、部门间忙闲不均、审判组织效率低下等现实状况。在司法需求猛增,而审判人员增配不成正比的困境下,法院必须更多地依靠审判管理来增加司法供给,依靠资源优化配置来搞好"内部挖潜"。有的学者曾经把依靠审判管理"挖潜"的措施分为三类①:一是"增加"审判资源。如通过法官助理和法官助手制度、陪审员调解、退休法官返聘、法官绩效考评、审判人员机构内流动等举措,或者增加法院的审判人员,或者在不增加法院编制的条件下通过机构调整增加一线审判的法官或优化审判力量的配置,或者是充分利用、开发边际性法院资源(陪审员),或者通过考核激发法官的潜力。二是制度程序调整。例如繁简分流,纠纷快速处置,量刑改革。这实际上是针对案件类型调整资源使用,通过专业化、常规化、流程化来节省时间人力,合理使用资源。三是科技手段。通过网上立案、视频远程审理、科技法庭、电子卷宗、裁判文书上网等,节省法院监督管理的人力资本,客观上增加了一线审判的人手。可以说,无论哪种措施,都是法院在运用审判管理优化资源配置的有益尝试。为优化审判资源配置,江苏高院专门制定出台《关于运用人案比促进审判工作良性发展的指导意见》,在全省法院建立了审判资源调整机制,通过对各审判业务部门之间、部门内部人案比的对比分析,合理评估并确定各审判业务部门人员、审判人员、书记员(审判辅助人员)的配备比例,最大限度地保证各部门审判资源与审判任务基本相适应,从而实现审判资源使用效益最大化。此外,需要特别指出的是,通过强调均衡管理理念,促进审判资源的科学运用,也是审判管理优化资源配置的一种方式。近年来,针对一些法院"年初工作节奏松弛,年末紧张"、"年末控制收案、突击结案"等严重影响审判质量和司法形象的现象,最高人民法院提出了均衡结案理念,假定法院或部门内部年度审判资源是恒定的,通过合理确定月度结案目标、加大均衡结案考评等方式,引导法院或部门将恒定的审判资源合理分配到月度、季度,对于提高审判质量和效率均取得了良好的效果。这方面,江苏高院专门制定出台《关于加强均衡结案管理工作的实施意见》。目前,全省法院基本实现了收结案的良性循环。

---

① 参见苏力:《审判管理与社会管理——法院如何有效回应"案多人少"?》,《中国法学》2010 年第 6 期。

### （五）审判绩效考评

审判绩效考评是依赖于指标体系等多个方面的综合情况，对审判工作及其效果进行分析和评价的审判管理方式。审判绩效考评是延伸审判管理效应、验证审判管理成效的有效手段，是审判管理中非常重要的一种管理方法。按照江苏法院的模式，审判绩效考评按考评对象划分，由一级法院、审判业务庭局、法官三个层面的考评组成。结合江苏法院的绩效考评实践，笔者认为，在审判绩效考评中应当注意的是：第一，考评指标数据设置要科学合理。考评指标的设置首先要与审判管理的价值追求相吻合，确保正确的目标导向。因此，考评指标应当全面，不仅兼顾到审判质量还要兼顾到审判效率，不仅兼顾到法律效果还要兼顾到社会效果；同时，指标权重设置上应当有所侧重，对于审判管理的重点价值目标应当设置较大的权重。考评指标的设置还应当讲求差异性，审判和执行、刑事和民事，甚至于民事审判部门之间，受审理案件类型不同等因素影响，考评指标应当有所区分。在考评指标的设置上，尤其要强调的是，考评指标不等同于前文提到的审判质效评估指标。审判质效评估指标虽然能够全面反映审判工作情况，但不代表所有的评估指标都适用于考评。例如，上诉率、案件平均审理天数虽然能够清晰量化，亦能反映审判质效的局部情况，但其负面引导作用较大，可能会扭曲法官的司法行为，不宜用于考评。[①] 实践中，一些法院不加选择、不加区别地将这些评估指标简单"移植"，直接作为审判业绩考评指标，有的对上诉率、调撤率搞达标考评，不达标则予以扣罚，所有这些都有违审判规律，必然对审判工作和法官的审判工作积极性带来伤害。江苏法院的审判质效评估指标共有 37 项，分为 19 项基础指标和 18 项分析指标，其中只有 19 项基础指标用于审判绩效考评，但注意有机衔接，对一些指标设定区间值，如就"结收案比"这一指标设定不高于110%的封顶值，[②]以防止为盲目追求指标值年底人为阻滞收案、突击结案的错误做法。第二，法官的审判绩效考评既要有量，也要有质。审判活动是司法智力活动，"自由裁量权"的存在使得一套量化的考评指标难以有

---

[①] 实践中，曾经出现为追求低上诉率而降低量刑幅度，为追求低平均审理天数而滥用审限扣除手段的样本。

[②] 结收案比是指报告期内结案数与新收案件数之比，用于评估收结案动态平衡情况。

效测度法官工作的努力度和廉洁度。① 在法官的审判绩效考评中,应当采取量和质相结合的考评方法,要考虑到审判质效情况、司法能力、司法作风等多个方面,避免仅作简单量化的不适当评价。第三,应当强化绩效考评结果的运用。考评结果不被运用,审判管理的工作导向将会被严重削弱。根据审判绩效考评的定位可以从两方面对考评结果的运用进行考虑:一方面,审判绩效考评的结果评价作用要求,考评结果应当与激励机制相结合,将考评结果与评先评优、晋级晋职、物质奖励等激励手段"挂钩",激发审判工作积极性;另一方面,审判绩效考评工作的评估矫正作用要求,考评结果应当与改进工作相结合,将考评结果作为发现不足、明确方向、加强管理的重要依据。

## 四、审判管理局限性的把握

相对于司法工作,审判管理毕竟是一个新生事物。回顾多年来的审判管理改革实践,审判管理中曾经出现过一些有违审判规律和管理科学的不和谐"音符",也遭遇过发展"瓶颈",甚至于审判管理在当前也表现出了基于其自身特征而存在的局限性。对此,作为法律人,必须作冷静、理性、审慎的思考,直面问题,寻求革新。

### (一) 关注审判管理"管理"功能的扩张

基于目前审判管理所具有的行政属性,审判管理存在着"行政元素过度活跃、管理机能超常发挥"、"管理维度扩大化"的问题。解决好这一问题,首先要把握好管理的"度",进行适度管理。既要最大限度地发挥审判管理的作用和效能,又要规制管理行为实施的过程和方式,防止审判管理被不正当地拓展,尤其要坚决防止割裂审判权或者影响审判权依法、独立、公正行使。其次,要处理好管理与服务的关系。强化服务意识,由约束性管理模式向服务性管理模式转变,寓服务于管理,将更多的审判管理精力由监督、制

---

① 参见艾佳慧:《中国法院绩效考评制度研究——"同构性"和"双轨制"的逻辑及其问题》,《法制与社会发展》2008 年第 5 期。

约向服务、保障转移。

### (二) 关注审判管理的"成本"问题

管理必然有"成本"。当前,"精细化"管理是审判管理的一大趋势。精细化管理需要精细化的管理手段来维护。但管理手段的精细化不代表手段的复杂化。在建立审判管理相关制度举措时,应当正确处理好管理成本与管理效益的关系,积极探索审判管理资源的最佳整合方式,使审判管理务实管用、简便易行,"坚决杜绝借口审判管理需要,增加法官不必要的工作负担,从而使法官有更多的精力从事审判工作;坚决杜绝以加强审判管理为名搞司法繁琐主义,层层设置不必要的环节,管理之外叠加管理,监督之上叠加监督。"①

### (三) 关注审判管理的"激励"不足

从当前审判管理的具体内容来看,审判管理的重心更多地放在了制约和监督法官诉讼行为上,约束有余而激励不足,长期以往,容易产生"约束疲劳"。审判管理应当处理好约束和激励的关系,着重研究激励性管理的最佳模式,增强一线法官的职业荣誉感和自信心,增强一线法官对审判管理的情感认同。同时,要强化"柔性"管理,人本管理。管理就是设计和保持一种良好环境,使人在群体里高效率地完成既定目标。② 因此,审判管理的制度设计应当坚持以人为本,关注法官的实际需求,尊重审判活动的一般规律,创造有利于法官依法办案、自由裁量的工作机制和环境。

### (四) 关注审判管理"内部评价"与"外部评价"的统一

当前的审判管理是法院内部的一种管理手段,审判是否公正高效、审判管理的成效如何,主要依靠法院内部的评价机制——审判绩效考评来完成。而审判是否公正、高效、权威,最终的评价主体是人民群众。如何避免内部评价与外部评价相脱节,是审判管理义不容辞的责任。人民法院应当探索建立涉

---

① 公丕祥:《能动管理与审判管理》,《人民司法·应用》2010 年第 19 期。
② 参见[美]哈德罗·孔茨、海因茨·韦里克:《管理学》,马春光译,经济科学出版社 1995 年版,第 2 页。

诉民意收集处理制度,建立健全公众满意度调查、分析、通报、考评、整改机制,收集人民群众对审判工作的意见建议,了解人民群众的司法需求,并以满足人民群众司法需求作为审判管理的出发点和归宿。

**（本文获"司法学论坛暨首届司法管理学研讨会"征文一等奖）**

# 审判管理权与审判权的冲突与协调

翁秀明　邵金芳*

在公平正义法律核心价值的共同追求下,审判管理权与审判权相伴而生,而两者并非总是"配合默契",经常表现为"貌合神离"。在对本文关注的问题进行探讨前,需要对审判管理权和审判权的指向性问题进行澄清。审判权即"审"权与"判"权。狭义审理权仅指法院依法对案件的有关事实进行调查的权力,广义的审理权除包括狭义的审理权范围外,还包括法院为维护诉讼程序、推进诉讼进程而享有的传唤权、程序控制权等①。裁判权是法院依据审理程序查明的事实和相关的法律规定对案件争议作出判定的权力。审判管理权是对审判进行管理②的权力,作为被管理的对象"审判"可指审判过程、审判行为、审判组织、审判人员等,这里将其明确为"审判活动"③。

管理的共性在于"通过计划、组织、领导、控制等职能进行任务、资源、权力、利益的分配,以实现组织的既定目标"④,管理的内涵通常被界定为"设计并保持一种良好环境,使人在群体里高效率地完成既定目标的过程"⑤。在对

---

＊　翁秀明、邵金芳,山东省东营市中级人民法院。

①　参见徐静村:《刑事诉讼法》,法律出版社 2012 年版,第 278 页。

②　对审判进行的管理,有来自法院外部的管理,也有法院自身实施的管理。法院外部审判管理涉及国家的政治体制和法治环境,本文探讨限于法院内部审判管理。

③　"审判活动"涵盖主体因素、行为因素、过程因素等,基本可以囊括司法实践所指,且也是司法实践中的习惯所指。

④　王少南:《法院实用管理学》,人民法院出版社 2005 年版,第 3—4 页。

⑤　[美]哈罗德·孔茨、海因茨·韦里克:《管理学》,马春光译,经济科学出版社 1995 年版,第 2 页。该书对管理内涵所作界定是现代管理理论中对管理内涵最有影响的界定。

"审判"和"管理"作上述理解后,从逻辑上可以推导出"审判管理"的涵义,即通过计划、组织、领导、控制等职能的发挥,来分配、协调审判资源,改进并保持良好的审判环境,以实现审判目标的组织活动或过程。由此可见,审判管理权是法院为实现特定审判目标,通过计划、组织、领导、控制等方式,对审判资源进行分配、协调,以确保良好审判环境的权能①。

# 一、实景呈现:审判管理权与审判权的现实运行②

## (一) 流程描述

本文论述的逻辑起点是审判管理权和审判权的现实运作,故笔者以普通民事案件为例,选取审判过程中的四个基本流程环节,对审判管理权和审判权的现实运作给予描述③。

【流程一】当事人起诉对方至立案庭。立案人员对当事人提交的立案材料进行审查,必要时要求当事人补充、完善起诉材料,直至达到立案标准。而后受理案件并办理立案手续,明确承办案件的业务庭室、承办法官和合议庭成员。与此同时,立案人员确定举证期限、开庭时间,送达相关人诉讼材料,将材料移交业务庭室内勤。

【流程二】业务庭室内勤接收、登记案件材料后将材料移交承办法官。承办法官、合议庭成员阅卷、开庭、合议,必要时进行调查、鉴定等;而后承办法官根据合议意见制作裁判文书,审判长签发后送达当事人。某些情形下承办法官需将裁判文书提请庭长或分管副院长签发;某些情形下审判长、庭长或分管副院长建议将案件提交审判委员会讨论,审判委员会形成案件裁

---

① 审判权和审判管理权的含义和具体所指在理论和实践上并不统一,但这并非本文讨论的重点。上述对二者所指的阐述,是为本文论述需要所作的不甚周全的界定,其中有笔者的认知和取向。

② 本场景仅根据本文论述需要,结合司法实践中一般审判过程,对案件进入法院后的运行情况进行一个框架式的描述,不排除现实中不同环节在不同地区、不同级别法院运行方式的差异。

③ 审判管理工作千头万绪,对此一一分析难免存在疏漏。本文选取的是审判管理权与审判权共同、集中、有代表性运行领域。

判意见后,承办法官依照审判委员会意见制作裁判文书,向当事人送达,案件审结。

【流程三】案件审理过程中或案件审结后,相关部门依据各自的职责,分别对案件审理期限进行监控(必要时予以提醒、督办),对案件开庭情况进行观摩(反馈意见),对裁判文书进行评选(评先树优),对案件卷宗进行评查(要求整改),对案件审理质量进行定期评估(分析形势)等,同时形成审判信息数据。

【流程四】在一定工作周期内,相关职能部门根据职责,选取一定的审判信息数据,对法官、审判辅助人员等工作业绩进行考核、评比。考核、评比结果作为对庭室、法官及审判辅助人员奖励、评先、任职等参考依据。

### (二) 实景分析

上述展现的是法院审判工作中的四个流程环节,从中可分析出审判管理权与审判权的运行场景。

【分析一】合议庭审理案件,除通过审理活动认定案件事实、依据法律规定作出裁判这两项核心审判事务外,还有立案、开庭排期、材料送达等一系列辅助性的审判事务需要完成。

【分析二】合议庭在进行案件事实认定、适用法律裁判这两项核心事务时,有来自庭长、院长、审委会意见的介入和影响,这种影响和介入有可能对案件最终的裁判起决定性作用。

【分析三】合议庭成员裁判案件、审判辅助人员进行审判辅助工作,其过程会形成相应的信息数据,这些信息数据会通过一定的形式转化为评价个人业绩、能力的基础数据。

【分析四】法院内部奖励、荣誉称号、职级晋升、职务升迁等稀缺资源的分配,形式上的依据是法官、审判辅助人员的审判工作信息数据。

### (三) 核心结论

根据以上分析,可抽象出现实中审判管理权的基本类型及其与审判权的现实运作。

【结论一】案件审理过程中,将辅助性事务从核心审判事务中剥离并予以有效管理,利于核心审判事务的高效办理和法官资源的充分利用。辅助性审判事务管理权力是审判管理权的基本类型之一,对审判权起服务、保障作用。

【结论二】案件裁判过程中,合议庭认定事实、适用法律、自由裁量的结果最终体现于裁判文书,庭长、分管副院长等通过对裁判文书的签发,审委会通过会议研究,介入并影响案件裁判。这是对合议庭裁判性事务的管理,是审判管理权的又一基本类型,对审判权起规范、制约作用。

【结论三】案件审理过程中,相关职能部门对合议庭及审判辅助人员行为进行监督,对其案件质量、效率、效果、工作作风等作出评价。此为审判绩效管理,亦为审判管理权的基本类型,对审判权的行使起评估、评价作用。

【结论四】依托审判信息数据,按照一定的标准对合议庭成员、审判辅助人员的工作进行评价,分配法院稀缺资源。此为稀缺资源分配管理,也是审判管理权的基本类型,对审判权的行使起导向、指引作用。

以上对审判实景的描述、分析,及由此得出的结论,是我国审判管理权与审判权实然运行轮廓的勾勒和抽象,我们可以得出的一个总的结论是,共存于审判领域的审判管理权和审判权,在时空上交错,但均致力于审判职能的实现,其实质目标指向一致。

## 二、问题剖析:审判管理权与审判权冲突的成因推演

审判权直接关系到法院审判职能的实现,在法院权力体系中自然而然处于主导地位;而审判管理从其诞生之际就肩负的规范、制约、服务、保障审判工作的复杂使命,又使审判管理权在运行过程中难以把握边界。且审判管理权与审判权的性质①、运行方式也并不一致,外加法院内部体制设置等现实因素的影响,无法通过简单的分工来实现二者的"和谐共存"。故这两种权力在诸

---

① 对审判管理权与审判权的关系,理论界和实务界均无较为统一的认知。主要观点有:(1)不认可审判管理权的说法,审判管理服务于审判;(2)审判管理权是审判权的下位概念,即审判权可分为法官审判权与审判管理权;或者审判管理权是审判权的衍生性权力;(3)审判管理权是对审判人员和审判组织的产品质量和行为正当性的控制权以及审判活动的整体协调权。

多情况下表现出"不理性"的冲突。

### （一）冲突形式

审判管理权与审判权的冲突形式多样,归纳起来就两种基本情形:有可能是审判管理权侵占审判权的行使领域或侵入审判权的行使过程,表现为束缚审判权的"手脚"或"分割"部分审判权,我们称之为积极冲突。也可能是审判管理权"放纵"审判权而不加引导,或者是审判管理权未能完成其"分内"职责,留下管理空白,不能有效发挥对审判权管理的辅助、保障作用等,我们称之为消极冲突。

积极冲突情况下,审判管理权在审判权运行领域中无度扩张,这种扩张可能是显性的,也可能是隐性的。显性扩张主要是强制性地将审判权进行分割,审判管理权强势介入审判核心领域,使合议庭无法正当行使审判权。如前所述【流程二】中,明确规定裁判文书必须由庭长、分管副院长审批裁判文书。隐性扩张形式通常表现为审判管理主体利用其身份、地位影响,通过其参与分配法院稀缺资源的权力,直接或间接向合议庭施加影响。如庭长、分管院长可以"预支"其在【流程四】中的话语权,将个人意见施加于案件承办法官或合议庭,使个人意见以合议庭意见的形式体现。从另一个角度看,这种冲突实质上演变成审判管理权与审判权的"权力交易"。

消极冲突情况下,主要是审判管理权消极"怠工"造成管理缺位,或管理技术、方法不成熟,难以达到服务、保障审判权的管理效果。实践中,审判管理权的缺位既表现为审判管理权部分权能的缺位,也表现为审判管理权各项权能衔接不够而产生的审判管理效果在某些领域或整体上的弱化。如前述【流程一】中审判辅助事务办理过分挤占案件审判时间,或【流程一】与【流程二】中部门之间和部门内人员之间协调不足导致审判环节不能有效对接;【流程三】中审判活动监督流于形式、审判业绩评估科学性不足;【流程四】中审判绩效评价结果没有在稀缺资源分配中发挥作用,为其他行政权力的介入留存操作空间等。

实践中,对裁判性事务的管理,是审判管理权直接作用于审判权,发生积极冲突的可能性大并且冲突明显,吸引了多数关注目光。对辅助性事务的管理,直接助推审判权的有效运行,冲突机会少且通常表现为消极冲突,故对其关注的重点通常放置于管理的方式上;审判绩效管理和稀缺资源分配管理,在表象上与审判权的关联性不大,二者似乎不存在冲突的可能性,故较少有人关注,甚至被忽略。

### (二) 冲突成因

从管理角度看,审判权与审判管理权的冲突是不可避免的,因为审判管理权作为一种管理权,有天然的主动性,在审判活动中能够进行积极的介入和消极的退缩;而审判权的基本属性是一种判断性权力,并且是一种"主"权力,有排除其他权力对其干预和要求其他权力给予服务的必然要求;并且权力自身具有扩张性和不受约束的本性,这就使得审判管理权与审判权在共同的运行领域内以及关联领域内进行博弈、碰撞。

从运行过程看,如前述各流程所示,审判管理权在"时空"上基本覆盖审判权运行的各个环节:立案、审理、合议、裁判及裁判后事务等。与此同时,审判管理权的行使边界、行使方式、行使效力等,存在较大的弹性。两种权力运行"时空"上的重合性、审判管理权运行的弹性以及审判管理权力体系自身的关联性,为审判管理权与审判权冲突形成提供了必要的条件。

从制度安排看,法院内部设置了院长、副院长、庭长、副庭长、审判员、审判辅助人员岗位,还设置了合议庭、审判委员会等审判组织。这种制度安排仅就履行审判职能而言难以找出其不合理的地方,且是审判发展的自然形成,适应中国审判现实需求。在权力设置上,法律未规定院长、庭长等有什么具体的功能、职责,由此也不能得出院长、副院长、庭长等在审判上比一般法官具有更大的司法权威。问题在于,这些岗位和机构的设置,为审判管理权与审判权的冲突的形成,特别是积极冲突的形成,提供了"合理"的运行载体。这是审判管理与审判权冲突的机制成因。

从发展历程看,中国法院审判和管理长期界定不清,现时期的审判管理也只能说处于起步摸索阶段,对审判管理权的属性、运行范围、运行方式等还未形成统一认识,导致审判管理运行机制设置不健全、不科学,审判管理权的设置对审判权而言,要么过松,要么过紧。与此同时,司法体制改革的推进和现行审判权运行机制的不稳定性,也在一定程度上导致审判管理的无所适从。这是审判管理权与审判权冲突的历史成因。

## 三、症结把握：审判管理权与审判权
## 冲突的化解思路

审判管理权与审判权的冲突的化解，不是让两者简单地实现"和平相处"，究其根本，应当是寻求二者的本原，立足于发展阶段，寻求二者协调思路。

### （一）对审判管理权与审判权关系的定位

从权力设置的目的分析，行使审判管理权的目的是通过对审判活动的管理，为审判工作营造良好的运行环境，从而实现既定的审判目标。且从审判管理发展过程和法院审判管理现状来看，尽管现阶段审判管理发展并未成熟，但从其发展轨迹来看，审判管理并未脱离其应有的轨道，审判管理仍然是致力于审判目标的实现，而审判管理权的运行也是如此。故从审判管理权与审判权自身的功能和审判实践中二者发展的实然状态看，审判管理权与审判权的关系如下：

一是服务和保障。审判管理是基于法院自身管理审判活动的需要，在实践中产生并不断完善的衍生性、辅助性权力。审判管理权作为审判权的辅助性权力，其基本和首要功能在于为审判权提供良好的运行环境，服务和保障审判权的运行。具体而言，审判管理应当基于对审判活动规律的认识和把握，通过对审判过程中的事务性工作进行安排、对审判权及审判行为进行组织、动员、控制，对审判资源进行合理协调，从而实现对审判权公正高效运行的保障。

二是监督和制约。审判权是一种涉及利益分配且具有极强专业性的判断性权力，这种性质的权力也需要监督、制约，并且需要的是同业性质的监督、制约①。审判管理权对审判权的监督、制约，虽然受到来自各方面的指责，但在当前中国司法环境下，审判管理权对审判权所施加的同业性质的规制功能是

① ［美］彼得·M.布劳、W.理查德·斯科特：《正规组织———一个比较的方法》，东方出版社 2006 年版，第 71—73 页。布劳认为，专业组织具有自己独特的控制结构，这个结构更多体现了专业人员自我施加的标准和同业集体的监督的控制，集体组织中的成员应当由有资格的同业人员作出判断。

不可否定的。并且这种监督、制约如果有良好的设置初衷和正当的运行程序，其对审判权的公正、高效运行具有积极意义。

三是引导和指导。审判权运行的多环节性以及审判权在不同环节的具体权力分布，需要审判管理介入，进行有效协调，以保证审判权运行的通畅和高效。与此同时，审判管理还可以在对审判信息进行有效获取的基础上，对审判工作进行阶段性总结、对未来审判工作走势进行预测，在此基础上拟定审判目标管理和审判工作计划，对审判权进行宏观引导。最为关键的是，审判管理掌握着稀缺资源的分配，这种分配的过程和结果，对审判权运行的影响也是巨大的。

### （二）解决审判管理权与审判权的冲突的着力点

在对审判管理权与审判权关系进行前述定位的基础上，我们再回到两者冲突上来。如前所述，审判管理权与审判权的冲突，有权力自身的因素，有司法体制的因素，还有历史阶段的限制。应当看到，法院作为一个组织，同其他组织一样，势必存在管理功能，而管理功能的存在，必定存在管理权的问题，任何一个国家的法院都是如此，区别在于管理的事项和管理的方式等。所以，对两种权力的冲突，我们不可归责于审判管理权的存在，更不应当否定其权力性质属性，并且这种属性对解决二者冲突也不是最为关键。而特定历史阶段是事物发展的必经过程，解决二者的冲突，只能结合特定时期的现实状况寻求合适的解决方式，而不能一味归咎于历史阶段。

法院内部设立领导岗位、业务庭室和审判委员会，为审判管理权与审判权提供了"合理"运行载体，但岗位、机构的设置并不必然带来二者的冲突。以审判管理权与审判权的积极冲突为例，合议庭对案件形成合议意见，按照一般惯例，应当提交分管领导签发，分管领导通过签发裁判文书行使审判管理权。如果分管领导同意合议庭意见，审判管理权与审判权的冲突不发生。如果分管领导不同意合议庭意见，合议庭成员内心不认可分管领导的意见，那么一般来说有两种选择，要么要求合议庭再合议、要么建议提请审委会讨论。这个时候，分管领导意见一般不会强加给合议庭，审判管理权与审判权在个案上发生分歧，但有现实的解决路径，也不称之为冲突出现。关键在于，现实中，法官可能会基于其他因素的考虑，听从分管领导的意见，在这种情形下，审判管理权与审判权似乎一致,但实质上产生了冲突。分析到此,我们可以发现,这种冲突的产生在很大程度上是源于法官自身。而法官听从分管领导指示的最重要的因素,也是因为分管领导对稀缺资源管理的分配有相当大的影响力。稀缺资源的分配也是审判管理内容的一个方面,那么解决二者的冲突,就应当着力于此。

**（三）　审判管理权与审判权冲突解决的系统思路**

如前所述,在裁判性事务管理过程中审判管理权与审判权易发生积极冲突,对审判辅助性事务管理中通常发生的是审判管理权与审判权的消极冲突,而审判绩效的管理和对稀缺资源的分配管理中审判管理权与审判权的冲突在表象上并不明显,故受重视程度并不高。我们认为,从联系的视角看,形式上审判管理权与审判权的冲突发生于裁判性事务管理和辅助性事务管理过程中,但冲突的责任归结于审判业绩评估管理领域,冲突根源在于稀缺资源分配管理。解决二者冲突的着力点,应当置于稀缺资源分配管理上。

从管理理论上讲,管理体系必须包括谁来管、管什么、怎么管、管理成果怎么用等问题。这个体系在审判管理领域就如前述场景所示,体现为法院有领导职务的人员、有管理职责的机构来管,管理的对象包括裁判性事务和审判辅助性事务,管理的方式包括签发文书等形式的直接管理和以协调、辅助、评估等互式体现的间接管理,而管理成果的利用,则体现为利用管理数据分配培训、奖励、职务等稀缺资源。在这个管理体系中,对作为被管理对象发生影响的,最终还是稀缺资源的分配。基于此,我们认为,解决审判管理权与审判权限冲突,应当系统整合审判管理资源,提升管理链条末端的稀缺资源分配管理在整个审判管理链条上的重要性,将其作为审判管理的总抓手,提升审判业绩评估管理的科学性和准确性,为稀缺资源分配管理提供充分翔实数据,加大稀缺资源分配管理与审判业绩评估管理的联系;削减并逐渐切断裁判性事务管理与稀缺资源分配管理的关联,为审判权抵抗审判管理权的侵蚀消除"后顾之忧"。强化审判辅助性事务管理效果,为审判权的运行提供良好的运行环境。这也在一定程度上印证了管理的核心就是对审判资源进行合理分配的管理理念。

## 四、现实路径:审判管理权与审判权
## 冲突协调的体系建构

审判管理权与审判权的冲突来自于审判实践,解决路径也必须符合审判现实。基于前述对审判管理权与审判权冲突的成因分析和化解思路,我们认为,协调审判管理权与审判权的冲突,应当坚持系统理念,以强化稀有资源分配管理为着力点,科学整合现有审判管理资源,系统改造审判管理,建构有效的审判管理体系。

### (一) 稀缺资源分配管理:强化审判业绩评估的话语权

如前所指,法院庭长、分管副院长等具有审判管理权的人员,既行使审判管理权,又具有法院行政、人事管理权,参与分配法院稀缺资源,极有可能利用后者来影响前者,这也是实践中审判法官审判案件时"潜意识"地接受庭长、分管副院长等意见的一个关键因素。我们认为,要消除审判管理权在裁判性事务管理领域对审判权的侵蚀,除规范裁判性事务管理程序外,最为有效的是减少乃至杜绝裁判性事务管理主体对审判权主体意见进行左右的"砝码",即消除法官"后顾之忧"。故一方面,将稀缺资源分配管理从裁判性事务管理主体职权范围内剥离,即从事稀缺资源分配管理的主体不能同时从事裁判性事务管理,亦即现实中的庭长、分管副院长等不能参与稀缺资源的分配,这是审判管理的一个努力方向。如果现阶段难以做到,那么可以淡化或减弱审判管理主体在分配稀缺资源中的"意见"分量。剥离审判管理主体的稀缺资源管理权,并不是弱化稀缺资源管理,相反,要强化稀缺资源分配管理的科学性,利用稀缺资源管理自身的科学性抵制管理主体的不当"操作"。故另一方面,可以借鉴通行的业绩管理方法,稀缺性资源分配管理要充分依赖审判业绩评估管理,强化审判业绩评估在稀缺资源分配管理中的"话语权",利用审判业绩评估管理消除审判管理主体影响稀缺资源分配管理的空间。

### (二) 审判业绩评估管理:打造审判管理链条上的权威

稀缺资源分配管理的客观性依赖于审判业绩评估管理的科学性。审判业绩评估管理是审判权抵御审判管理权侵蚀的一个重要支撑,故应增强审判业绩评估的科学性。审判业绩评估的科学性应当体现在三个方面:一是要科学设置审判业绩评估指标,既要准确、全面反映审判主体的实绩,也要能够透视出审判主体的能力、态度和品性;二是要充分量化业绩指标,缩小弹性操作空间,增强审判业绩评估的客观性;三是增强评估程序的透明性,加大法官参与度,增强业绩评估的可信性。当前强化审判业绩管理的一条有效路径是,改造法院内各种形式的法官考核,将考核思路调整到法官业绩评估上来。法官审判业绩评估指标,应当根据审判工作规律,纳入质量、效率、效果等指标,并根据审判形势发展需要,对各指标设置不同权重;审判业绩指标要充分量化,科学设定参考值进行纵、横向衡量;审判业绩评估的每一项数据、每一个环节,都应当透明,吸收法官参与业绩评估,接受反馈意见;审判业绩评估还应当建立常态化的工作机制,形成连贯的业绩数据,打造业绩评估数据在审判管理链条上的"权威"。

### (三) 裁判性事务管理:以制约取代管理

实践中对裁判性事务管理的必要性、正当性的争论从未休止。我们认为,裁判性事务管理是伴随着法院内外体制设置而产生,并且适应现阶段审判工作需要,并且从理论上讲也可将其纳入同业监督的范畴,故不应简单否定其存在的合理性,关键在于改造或者说规范这种管理权力。如前所述,审判管理权的权力属性理论上未有定论,相对而言,笔者也倾向于认可其行政属性,不同于审判权所具有的判断属性。审判管理权的行政属性,必须予以限制,否则必将颠覆审判权的判断属性,违反审判规律。对审判行为的约束应从目前审判管理模式中对结果的关注转移到对其行为的监控上来,即充分尊重审判权,保证其在符合法律规定的轨道上独立行使,而管理的重点放在对可能出现违法行为的环节的控制和约束上,从而杜绝枉法裁判的产生。即便是离实体裁判最近的裁判性事务管理也不能肆意干涉或代替法官或者合议庭意见,也不能对案件实体处理作出指示。这种权力范围的设置符合法律的精神和对审判权、审判组织的制度设置。从理论上讲,将审判管理权定位于制约,纳入同业监督范畴,也符合审判规律。审判管理权对审判权的制约控制本身应做到规范、有序:一是要在控制方式和手段上规范,审判管理权对审判权的控制应当通过明确、合理的程序来实现;二是审判管理对审判结果的控制应体现为制约而非直接干涉,即审判管理可对审判权的不当行使进行否定性的评价或阻止,但不能取代审判权而直接作出评断,而必须通过启动特定审判程序来实现补救。

### (四) 辅助性事务管理:回归服务的本性

与限定裁判性事务管理的思路相反,辅助性事务管理是实践中需要强化的一个方面。审判权的高效运行需要顺畅的审判环境,而审判辅助性事务管理,则可以在很大程度上决定着审判管理权的运行环境。审判管理权的指挥、协调、控制等权能,也能在良好审判环境营造方面发挥积极有效的作用。具体而言,辅助性事务管理权应当为审判权提供如下形式的服务和保障:一是高效完成审判过程中的各种辅助性事务,缩短审判周期,节约审判资源;二是有序衔接审判过程中各个审理环节,防止出现审理空挡和消除审理阻塞。审判管理权与审判权的消极冲突通常发生于辅助性事务管理过程中,其原因在于辅助性事务管理未引起足够的重视,辅助性事务管理的评价机制也未能有效建立,辅助性事务还处于"完成"而非"更好完成"的层面。基于此,强化辅助性事务管理,一方面,应当将辅助性事务管理纳入法院内部工作考核,为辅助性事务管理设定工作目标,防止辅助性事务管理权的虚化;另一方面,实施辅助性事务分类管理,强化辅助性事务管理的专业性,提高辅助性事务管理的效率和质量,以更好助推审判权公正高效运行。

**(本文获"司法学论坛暨首届司法管理学研讨会"征文一等奖)**

# 深化审判管理若干问题的思考

孙海龙　　高翔*

推动审判管理,首先应对审判管理权及其运行机制进行深入研究,厘清性质、权能、功能定位及与审判权关系等基本问题。只有在科学认识审判管理权基础上,才可能找到优化审判管理的正确路径,以避免一开始就把大厦建立在并不牢靠的地基上。这是审判管理的起点问题,必须给予足够注意。

## 一、审判管理权的基础理论构建

### (一) 审判管理权性质:动态的审判职权优化配置

2007 年 10 月,党的十七大报告明确提出优化司法职权配置的改革任务。2009 年 3 月最高人民法院发布《人民法院第三个五年改革纲要》,对十七大报告提出的优化司法职权配置进一步加以落实。主要任务的第一项就是"优化人民法院职权配置",提出:"改革和完善人民法院司法职权运行机制。以审判和执行工作为中心,优化审判业务部门之间、综合管理部门之间、审判业务部门与综合管理部门之间、上下级法院之间的职权配置,形成更加合理的职权结构和组织体系。""改革和完善审判管理制度。健全权责明确、相互配合、高效运转的审判管理工作机制。研究制定符合审判工作规律的案件质量评查标准和适用于全国同一级法院的统一的审判流程管理办

---

* 孙海龙,重庆市第四中级人民法院院长;高翔,重庆市高级人民法院研究室副主任。

法。规范审判管理部门的职能和工作程序。"①近年来,关于优化审判职权配置的理论研究和实践总结成果十分丰富。② 研究者和实践者的注意力和观点几乎是一种静态的审判职权优化,即从制度上如何科学界定上下级法院之间,以及法院内部审判业务部门之间、综合部门之间、审判业务部门与综合部门之间的职权配置,甚至认为,职责明确后就可以按部就班地达到"更加合理的职权结构和组织体系"。

但事实证明,审判职权的配置不仅需要静态的优化,更需要的是动态的优化过程。从法院审判和管理实践深切地感受到,所谓加强审判管理的过程,就是动态的审判职权优化配置过程。认识并提出这样的命题,具有重要意义。一是二者之间既有联系,又有差异。从目的或结果来看,加强审判管理就是为了更好地提高审判的质量、效率和效果,更好地构建公正、高效、权威的社会主义审判制度,而这与静态的优化审判职权配置的目标完全一致。从过程或手段来看,加强审判管理不仅需要静态的审判职权配置作为基础,而且是对静态的审判职权配置的补充和调整。静态的审判职权配置主要解决法院及其部门的职能分工问题,而审判管理则主要解决或说很好协调各个法院及其部门之间的人员、任务,其既可能是提供必要的有用信息,促进法院及其部门的自身工作,也可能是调度调整审判力量。例如,进行审判的整体运行态势分析,特别是对于类型化案件的统计分析,典型案件的指导,以及案件质量的评估,来加强审判质效工作;再如,法院中经常发生的人员调度,根据审判运行情况,对业务部门之间或业务与综合部分之间进行必要的人员调整,促进各有关业务或综合部门人员与任务更加匹配;等等。二是可以更好地定位审判管理。充分认识审判管理的本质就是动态的审判职权优化配置,有利于正确处理审判管理权与审判权的关系,找准审判管理的科学定位——为审判服务,提高审判质效。从而对审判管理机构的职责内容、运行方式等具有决定意义。

---

① 参见《人民法院第三个五年改革纲要(2009—2013)》。
② 2010 年 11 月,最高人民法院研究室在重庆举办了全国法院"优化审判职权配置理论与实务研讨会",会议共收到论文 200 余篇,全方位地反映了全国法院的相关研究成果和实践经验总结。

**（二）审判管理权的权能：审判事务管理权与审判指导监督的两分法**

**1. 广义审判管理权体系之弊**

若将审判管理权与审判事务管理权等同视之，广义审判管理权体系中审判指导监督权的性质、地位及功能会出现难以解释甚至自相矛盾的命题，审判事务管理权的发展也将受到重大制约。

（1）审判事务管理权的行政性与审判指导监督权司法化的对立。审判权（包括审判指导监督权）是纯司法性的，不带任何行政色彩。但审判事务管理权具有不同于审判权的特征，甚至可称为"审判权中的行政权"①。表现在四方面：(1)主动性。审判事务管理权的行使，依照一定原则和方式凭管理方单方意志作出某种处理决定，具有明显的主动性，不符合审判权被动性特征。(2)非裁决性。审判权的功能是解决诉讼主体的权益纠纷，审判事务管理权显然不具备此功能。它虽然也关注案件的审理，但最终是为了规范审判活动，提高案件质量与效率，并不是一项实体的裁决性权力。(3)综合性。审判事务管理权是兼具司法性与行政性的权力。真正的司法性权力必须通过诉讼法加以确定，诉讼法无审判事务管理权的概念，是为满足审判权公正高效运行需求而在实践中形成和完善的。审判事务管理的一些手段和方式，如审判质效考核、案件质量评查等，也与行政管理中的考核监督理论有渊源。② (4)责任性。责任性是行政权的一般属性，审判主体如果滥用审判权，将受到差错审判责任追究，如承担纪律责任等，这种追究显然具有行政性。故而，在广义的审判管理权体系中，存在两种性质截然不同的与审判相关的权力，这可能带来整个审判管理体系定位的混乱和无所适从。

（2）广义审判管理权概念将模糊审判指导监督权的司法属性。上级法院、审委会或院庭长的审判指导监督，体现为监督与被监督、指导与被指导关系，既充分尊重审判组织或审级的独立裁判权，鼓励和引导独立裁判，又严格按照合理规范的程序及方式指导监督案件裁判，并不是行政式的命令与服从，具有鲜明的司法性。审判管理权就文义而言是以"管理"为中心的权力，而管

---

① 石晓波：《论审判权中的行政权扩张》，《广西政法管理干部学院学报》2004年第1期，第56页。

② 当然，这些联系和渊源，都必须服从司法自身规律，以服务审判权运行为前提，不是用行政手段对审判权进行管理。

理与行政化、行政属性总有斩不断、理还乱的联系。只要是管理,就有自上而下的命令与服从,就不可能真正洗净行政化的色彩,审判管理也不能逃脱这个定律。沿用广义审判管理权的概念及体系,归属其中的审判指导监督权从一开始即被人为、自动烙上行政化的印记,这显然于"去行政化"的初衷是悖离的。即便能够竭尽所能论证"此"审判指导监督权非"彼"行政管理性权力,亦存在一个复杂艰辛的过程。① 将上级法院、审委会或院庭长的审判指导监督权称为审判管理权,可能是源于泛泛的归类或无意中的表达习惯,并被人们习以为常地接受并广为使用,但这一开始就是个"美丽"的邂逅。

(3)广义审判管理权概念不利于审判事务管理权体系的发展。审判权的专业性决定了审判事务管理权的专业性,审判事务管理权虽具有行政性,但决不同于纯粹的行政管理事务,必须运用符合审判权属性和运行规律的方式管理审判事务。程序控制是审判事务管理的中心环节,通过程序控制实施审判事务管理,这是审判权特殊性及司法活动内在规律的必然要求。审判流程管理凭借的是程序法律及相关司法解释,而非管理者的个人意志,实质是以程序为中心的管理和法律的管理,也与行政化管理有本质区别。② 将审判事务管理权归于笼统的审判管理权名下,将掩盖审判事务管理权兼具司法性与行政性的复杂属性,不仅容易形成思路的误区,也会误导审判事务管理改革的实践。同时,审判事务管理权与同属广义审判管理权体系的审判指导监督权,在性质、特征及内容等方面并无多少实质关联,甚至体现出一定的对立性。这些都将制约审判事务管理权的健康发展。

**2. 审判管理权一分为二的基本价值**

将审判指导监督权从广义审判管理权体系剥离,使审判事务管理成为审判管理权的全部和唯一内容,以上弊端将迎刃而解、不攻自破。

(1)审判指导监督权得以"回家"。审判指导监督权是一项司法性权力,甚至是审判权的一种体现形式,这个论断在中国语境中更具有不可辩驳的正当性。在我国,审判权行使注重强调审判组织依法独立审判与加强审判指导监督的统一。我国《宪法》规定,人民法院独立行使审判权。《人民法院组织

---

① 四川成都中院正在轰轰烈烈推行并受到关注的"两权"改革(审判权与审判管理权),也采用的广义审判管理权的概念,包括审判监督指导职权,不能不说是一种遗憾。

② 参见肖宏:《中国司法转型期的法院管理转型》,《法律适用》2006 年第 8 期,第 67 页。

法》等法律并未明确赋予合议庭或法官独立审判的权力。审判独立原则在我国更多是指人民法院作为一个司法整体依法独立审判,而不是合议庭或法官独立审判。从这个意义上讲,审委会、院庭长的审判指导监督权本身就是审判权的天然组成部分和自然延伸,确无将之归入审判管理权的道理。即使是上级法院的审判指导监督权,也完全按照诉讼法运行并尊重下级法院的审级独立,这无疑是一种审判性质、司法性质的权力。

(2)审判事务管理权得以"正名"。审判指导监督权分离出去之后,审判事务管理权可名正言顺地单独"享用"审判管理权称谓,审判管理权的概念及外延不再是一团乱麻,也不再气短三分、羞羞涩涩地回避"行政化"的问题,而可以理直气壮地承认审判管理权是一种具有行政属性的审判领域的复合型权力。审判事务管理权作为审判权的从权,其主要功能是保障及辅助审判权正确和高效行使。审判管理对审判人员的管理目标应当分两个层次,一是不违法地行使审判权,二是更具效率与更公正地行使审判权。[1] 前者是审判事务管理对审判人员的最低要求,后者是审判事务管理的更高追求。审判权的顺利运行客观需要科学的审判事务管理,两者协调统一到公正与高效上。

总之,在审判指导监督权顺利"回家"并理清与审判权的关系后,审判事务管理权将赢得广阔的发展空间,足以构建自身理论体系并不断丰富管理实践,不会再陷于永无休止的论证和纠葛不清的困局之中。

### (三) 审判指导监督权的功能定位:联结法院独立审判与法官独立审判

院庭长审判管理权或称为审判指导监督权的很多问题尤其是尖锐问题,都涉及对法院独立审判与法官独立审判关系的理解和把握。其中涉及三个"统一"。

#### 1. 法院独立审判与法官独立审判的统一

正确处理法院独立审判与法官独立审判的关系,应避免"三化"。其一,不能复杂问题简单化。法院独立审判与法官独立审判不是简单的整体与个体、全局与局部的关系,不能说作为个体的法官独立审判实现了,就必然可以

---

① 参见潘昌锋、王亚林、张广兄:《审判管理应以服务管理和惩戒管理并重》,www.chinacourt.org,2009 年 5 月 3 日访问。

实现法院的独立审判,也不能说因为法院是若干个法官组成的,那么法院独立审判就是由若干个法官的独立审判拼凑组合得来的。事实上,两者既具有整体与个体、全局与局部的关系,也各自包括不同的内涵、外延和指向,甚至呈现出一定的对立性。其二,不能矛盾对立扩大化。很大一个误区是把法院独立审判与法官独立审判放在完全的对立面,认为只要坚持法院独立审判,必然全面排斥、全盘否定法官独立审判。另一个极端是认为法院作为一个整体独立审判就是限制甚至剥夺法官、合议庭的审判权。事实上,两者在某些环节的对立关系虽不能否定,但法院独立审判并不能脱离法官独立审判而单独存在,法官的独立审判某种程度也是在实践或实现法院的独立审判,不能以非此即彼的眼光来看待两者关系,更不能假法院独立审判之名限制、肢解、剥夺法官的审判权。其三,不能矫枉过正极端化。强调法官独立审判,就片面理解,过度放权,该管的不管;强调法院独立审判,就高度紧张,眉毛胡子一把抓,不该管的也管。事实上,法院独立审判不可能独立存在,真正符合司法规律的法院独立审判必须以法官、合议庭独立审判为基础,而审判管理正是连结法院独立与审判法官独立审判的桥梁和纽带,足以填补两者间的鸿沟。

**2. 权责一致的统一**

从审判权依法独立行使的宪法原则看,审判权不受不当干预与审判责任制度皆为此原则的实现所必需。首先,权责须明确。在审判权配置中,加强与审判权力配套的审判责任建设,使审判的权与责明确具体。其次,有权必有责。审判责任应与审判职权同步配置,谁享有审判权,谁就承担审判责任。合议庭或独任审判员独立裁判的案件,由合议庭或独任审判员负责。院庭长应承担监督指导不当的责任。第三,违规应追责。谁滥用审判权,就追究谁的责任。追责时既一视同仁,也分清主次、公平问责。

**3. 尊重法官主体作用与发挥法院集体智慧的统一**

无论是审判管理或者分权制衡,都应当在遵循司法规律基础上尽可能发挥法官或合议庭的作用。审判管理或收权放权,法院独立审判与法官独立审判,不能置于绝对的对立面。分权制衡不是限制、控制法官的权力,恰恰是要保障法官依法独立行使审判权,恰恰是充分尊重法官的主体地位。法院依法独立行使审判权的原则要真正落到实处,应当在尊重法官、合议庭依法独立审判基础上,合理规范院庭长审判管理权。法院内部分权制衡的目的是通过权力的有效配置、有效运行发挥法官最大的作用。分权制衡的指向应该是法院领导和管理者,对法院管理者进行权力的制衡和限制。另一方面,审判过程实际上是一个真理发现过程,不能说多层级化的定案机制未必不好,交给合议庭完全独立自主审判也未必就是好的或者说就是法治的当然之意、假定前提。发挥法院集体智慧,运用院庭长等优秀法官的力量应对复杂的社会纠纷,可能也是好的选择。

### (四) 审判事务管理权的功能定位:最大限度实现审判信息对称

信息对称理论兴起于经济学界,意指在市场条件下,要实现公平交易,交易双方掌握的信息必须对称。信息不对称是社会生活的普遍特征,审判活动也不例外。审判活动的信息对称,是指与个案、类案及审判整体状况相关的案件信息在审判机构、审判组织、法官等主体间均匀分布,各自获取和拥有对方所掌握的信息,以最大限度促进审判质效。

1. 审判信息不对称是提高审判质效的最大障碍。合议庭等审判组织在审判信息结构中总是以独立单元的形式运行,无论是个案的流程信息、质量信息以及类型化案件的经验总结信息,都处于相对闭塞的状态。在传统的审判管理模式中,合议庭、法官只能从院庭长有限的审判指导活动和审判庭单一的审判管理活动中获取零散、低端、个别的流程信息、质量信息,对类型化案件的经验总结信息和审判整体运行态势信息更是"望梅止渴"。另一方面,院庭长等审判机构负责人对法官审判信息的知悉、掌握也渠道不畅、途径狭窄,只能从庭务会研究个案等形式获取,远不能满足精细化审判管理需要。

2. 审判信息对称的主要对象是案件信息。案件是审判活动的中心内容,案件信息是审判信息的核心要素。案件信息应在三个层面实现对称。其一,个案信息对称。主要包括流程信息和质量信息。审判管理活动各主体应在各自权限内知悉案件的立案、排期开庭、审理、送达、审限、移送上诉等不同诉讼阶段的流程信息,尤其是审限延长、中止、审限扣除、中断等关键流程信息。质量信息在个案信息中地位显要,审判管理活动各主体应知晓案件被改判发回重审的具体情况、裁判文书差错情况等质量信息。其二,类案信息对称。类案信息是对某类案件裁判规则、审判经验、法律适用难题及解决对策的系统总结。实现类案信息对称,是审判管理更高层次的要求,有助于从面上提升审判质量和裁判水平。其三,整体审判运行信息对称。审判活动各主体应掌握审判工作基本情况、指标数据走势及存在问题,尤其是案件质量评查情况、审限管理情况、改判发回重审案件情况等综合性审判管理信息,形成审判工作"晴雨表"。

3.审判信息对称的主体是审判机构、审判组织和法官。个案、类案和整体审判运行信息要实现对称,就应在审判机构、审判组织和法官间合理分布,实现"各取所需、各尽其能"。对于个案信息对称,法官需要掌握个案流程及质量信息,以便对曾经的审判活动有准确的认识,及时发现和纠正程序及实体方面的不当作法;院庭长需要以此作为优化管理的第一手资料。对于类案信息对称,法官需要知悉并作为指引今后裁判的参考,院庭长需要掌握作为进一步优化审判指导监督的依据。对于整体审判运行态势信息,绝非与普通法官无缘,而大有裨益,法官可从中洞察结案率、调撤率、发改率、人均结案数等与法官审判活动密切相关的审判质效指标,并作为调整审判行为、提升审判质效的信息源;院庭长更可从中获取最全面、最深入的审判管理信息,实现科学决策、科学管理,优化审判资源配置。

4.审判管理功能应定位为最大限度实现审判信息对称。根据信息传播学基本理论,要实现信息对称,首要的是信息收集、交换、反馈平台的构建。成立审判管理专门机构不仅是为整合审判管理资源,更是为了构筑审判信息对称平台。与其说审判管理办公室是管理机构,毋宁说是审判信息交互中心。设立审判事务管理专门机构,重要目的是为了将各个审判管理环节信息有效整合,实现一体化运行。首先,是集聚信息。将分散在立案部门及审判庭的个案、类案及综合类审判管理信息集中到审管办,形成"扁平化"的信息管理模式。审判活动各主体可根据自身需要在这个统一平台中获取有价值的信息。审判管理机构还应承担对纷繁紊乱的审判信息进行梳理、归类、分析的职能。其次,是交换信息。院庭长可通过与审判管理专门机构的联系协调,取得与自身有关的审判信息,并配合审判管理部门督促分管部门或本部门审判流程制度、质量控制工作的落实。审判管理部门也可从院庭长处获得直观的基础信息。最后,是反馈信息。审判管理部门编撰的审判运行态势分析、案件质量评查通报、审判指导意见、审判质效指标统计等载体,都是为了向审判庭、合议庭和法官反馈有价值的审判管理信息。

# 二、审判管理的实践路径

## （一）审判管理组织机构和职责

专职审判管理部门是一个承担审判流程监控、审判质效管理等管理职能的中观性质的专门机构，是有效整合审判事务管理权限的重要平台，是审判事务管理权限的执行部门。专职审判管理部门的工作职责主要包括：一是审判流程管理。对案件从立案、送达、开庭、裁判、结案到归档全程跟踪监控，确保案件审理程序合法、及时、不超审限；对鉴定评估、中止、延期审理和审限临界警示等审判"节点"事项过问、审批和督办；为各审判庭与综合部门之间和各个审判环节之间的紧密配合进行协调，保证审判工作的高效运转。二是审判态势分析。在司法统计的基础上展开调查研究，掌控审判工作总体状况，及时为宏观决策提供准确的情况分析。三是案件评查。对已审结的各类案件，从程序到实体进行严格评查，分析研究并及时通报，总结经验教训，提出解决问题的对策。四是审判绩效管理工作。从上诉率、发回重审改判率、申请再审率、裁判文书合格率、涉诉上访率、调解率等方面进行全面评估和考核本院各审判部门和辖区法院。五是审判委员会的日常工作。安排审委会工作日程，记录发言，制作并督办落实审委会决议，发布指导性案例。六是其他审判综合管理工作，包括制定审判管理制度，协调重大系列案件审理等。

## （二）审判指导监督重在制度建设

当前审判管理活动存在一些弊端：审判管理权对实体审判介入很难界定，各种潜在因素比如庭长、副院长、院长具有很强的干预能力。因为法院也有行政和人事部门，只要有行政、人事，就一定有管理和管理者。值得注意的倾向就是法院实际也在实行首长负责制，院庭长尤其是院长存在隐性权威与显性权威。院庭长虽然不能决定案件的裁判过程，但可以提出裁判意见，而这个裁判意见某种程度有可能成为刚性要求。审判委员会讨论案件是集体负责制，合议庭审理案件也是集体负责制，但不可否认存在法院内部谁的职务高就听谁的现象，这种现象与法院工作不相符合。在审判权运行中特别是案件管理中，不应该谁的职务越高谁的权力就越大，不管是隐性权威还是显性权威，都不应在程序外影响案件的审理。[①] 基于此,根据案件类型和性质,明确不同审判主体对个案实体裁判的作用和职责,填补院庭长指导监督职责的空白。应明确指导监督的范围,哪类案件必须由审委会审理,哪类案件应当经院长提请审委会讨论决定,哪类案件应当由院庭长审核,都应当有章有法,有理有据,不能院庭长想干预什么案件就干预什么,也不能应该监督却监督不了。应规范指导监督的程序,院庭长的监督指导主要是一种复议建议权,不具备直接改动合议庭评议结果的效力,并未分享合议庭的审判权或影响审判权独立行使,而是监督指导审判组织行使审判权的一种方式。

### (三) 审判事务管理重在信息化

信息网络技术改变审判时空与裁判习惯。互联网网络信息对传统法律模式形成挑战,信息化为案件数字化管理、法院信息化管理创造了可能,强化了司法监督,包括上级法院对下级法院的监督。这种监督一定意义上打破了传统的审级结构,较高层级法院可随时通过案件信息系统了解下一层级法院、法官的案件受理及审理情况,改变了各级法院和法官的心理预期,形成了所有法官都对较高层级法院负责的裁判结构。审判行为尤其是与卷宗材料相关的审判行为,在传统非信息技术时代是一种物理状态,在信息时代可能会转化为以0和1为代表的通量信息。传统环境中法官对卷宗及相关信息的个人独占状态,在信息技术条件下改变为可能在同一时间、不同空间由多人时时共享。审判时空的改变,最终影响法官对案件的判断,也影响法官在审判体系中的地位,审判管理结构由扁平型向"法官—审判长—庭长—院长"、"下级法院—上级法院"的垂直型转化。[②] 审判管理在信息技术环境发展到全新阶段,今后信息技术的应用甚至应当超越审判管理的范畴,提升到内部分权制衡的审判运行机制技术保障的高度。公开的审判流程信息、便捷的电子卷宗查阅等信息技术手段的完善,将极大促进院庭长与法官、审判机构与审判组织间的信息对称和对等。依托案件信息系统建立高度透明的审判运行机制,审判活动主体

---

① 参见钱锋:《审判权优化配置视野的法院内部分权制衡》,《法制日报》2010 年 10 月 13 日第 9 版。
② 参见孙海龙、高翔:《科技应用与司法公正的思辨》,《人民司法·应用》2012 年第 1 期,第 35 页。

都把自己的行为置放在其他相关主体的测度和评价中,既体现为院庭长对审判人员的管束,也无法回避审判人员对院庭长行为的制约。① 这种横向的权力制衡,比单向的管理监督,更有利于公正廉洁司法。

### (四) 审判管理法治化是审判管理权科学运行的归宿

审判管理是程序法治精神下的次生概念和行为,如果作为法院核心管理的审判管理脱离法治导向,以法治的名义行司法行政化之实,不仅会葬送审判管理的发展,而且会为司法行政化徒增话柄。审判流程管理方面,管理目的是为全面、准确、及时地掌握审判运行整体态势、审判质效状况,从而可以更好地进行审判资源的动态调度和职权的理性优化,而不是单维加强院庭长对程序行为的管控。案件数字化为其他司法人员对案件裁判的干预带来便利,可能影响法官的独立判断或者至少让法官形成路径依赖(对本来可以做出判断并裁判的案件提出两种意见供讨论走程序),甚至加剧审判行政化的可能。

对审判管理的法治化塑造,审判运行内部分权制衡应是合理选项。审判运行内部分权制衡主要是横向的概念,是法院内部不同权力分开后再相互制衡的问题。制衡的英文语义为是互相制约,同时实现权力的平衡。审判运行内部分权制衡实际仍是审判管理问题,但避免了审判管理的单向性、纵向性。② 因为管理主要是上对下的纵向关系,而内部分权制衡更着重权力之间的相互作用,同时避免了更强的行政色彩。如果合议庭内成员间的权责关系真正理顺,合议庭外与院庭长、审委会的权力配置真正理顺,审委会、院庭长监督指导不当的责任情形及形式得到明确,法官的主体地位就能得以体现,就能更纯粹地审判。审判管理法治化的另一要求是审判管理的公开。不仅审判权的运行要公开透明,审判管理权的运行同样也要公开透明。审判管理权运行应具有可监督性、可回顾性,在信息化基础上实现审判管理权在法院内部的全面公开,做到各项审判活动和审判管理活动可回顾,并逐步实现审判管理运行机制对社会的公开。审判管理对社会的公开,不仅是向社会公示司法为提升质量效率所作的艰巨努力,使审判质效指标体系由法院系统内的语言逐步扩

---

① 参见顾培东:《人民法院内部审判运行机制的构建》,《法学研究》2011 年第 4 期,第 16 页。
② 参见孙海龙、高翔:《构建分权制衡机制　实现公正高效廉洁》,《人民法院报》2010 年 12 月 1 日。

张为社会有限理解的语言,同时也为司法公开和司法监督打开一扇新的窗户。

# 三、审判管理的局限与司法改革

在现实条件下深化审判管理对于保障审判的公正、效率与廉洁具有积极意义,但也有自身局限性。

### (一) 审判管理不可能绝对地保障司法公正高效廉洁

作为院长、庭长,审判权与审判管理权在实践中的确是你中有我,我中有你。审判管理对案件实体处理的介入也可能为司法不廉创造新的可能、有新的契机。无论是行使审判权还是审判管理权,或是推行审判运行内部分权制衡改革,都离不开人的因素,仍然需要自律。如果管理者没有自律,越设计完好的审判管理制度越会成为玩弄程序的工具。讨论审判权和审判管理权如何运行,一定应考虑人的因素,研究管理者的思维,并通过制度把自律动机转向他律制度,把权力寻租、司法不廉空间降到最低。

### (二) 审判管理可能形成一种路径依赖

在强力的审判管理模式下,审判人员的积极性和责任心可能受到抑制,过于繁琐的审判管理程序可能会束缚法官的能动性,影响法官的自信心与尊荣感。同时,这种一线审判不强就加强二线制约的改革路径不是治本之策,可能导致一定程度的恶性循环,愈发加剧一线不强的状况。对于今后的改革路径,提出如下建议:1.案件质量评查与审判绩效考核应遵循审判特点和规律。法院不是工厂,不可能实行绝对的数字化管理,应防止司法责任的过分节点化管理。① 2.建立审判权力保障制度。审判运行内部分权制衡,实际是相互的制约,而不是单向的管理。在加强审判管理的同时应解决审判权力如何保障的问题。3.规范案件实体审理的审判管理(指导监督)。进一步细化指导监督规则,不能因人而异,因院庭长个人素质和要求而异,防止审判指导监督权的泛化。4.适当区分事实问题和法律适用问题。审判指导监督的对象主要是法

---

① 龙宗智教授在 2010 年 11 月举办的重庆法院第三届智库专家论坛上的发言。

律适用问题,事实问题应强调合议庭的作用,这是审判亲历性原则的基本要求。5. 不同法院可以有所区别。不同法院在审判管理、分权制衡机制上可以在司法共性规律基础上探索符合自身的模式及路径。

**（本文获"司法学论坛暨首届司法管理学研讨会"征文一等奖）**

# 法院审判管理的优化思考

易承志　闵振华*

## 一、问题的提出

审判管理是社会管理的重要组成部分,也是做好人民法院审判工作的重要抓手。随着改革开放的深入推进,各种矛盾和纠纷不断出现,使得人民法院承担的执法办案任务日益加重,而社会公众对司法的要求也在不断提高,这给人民法院的审判管理带来了越来越大的压力。与此同时,当前人民法院的审判管理还存在着一些问题和不足,制约了审判绩效的提升,也影响到人民法院的科学发展。因此,优化人民法院审判管理,是落实社会管理创新,促进司法公正廉洁高效,实现人民法院科学发展的重要举措。本文通过对人民法院审判管理的理论分析和实践调研,探讨新时期人民法院审判管理存在的问题、原因和相应的对策,以提升人民法院审判管理的绩效。

## 二、审判管理的概念重构

当前对审判管理的概念界定主要有以下三种视角:一是管理论的视角。这一视角的审判管理概念界定侧重于管理的角度,认为审判管理是指按照司法规律的要求,通过对审判工作的分工、组织、协调、规范、监督和指导,科学合理地配置和使用审判资源,使审判权在法律规定的职责和权限范围内,充分发

---

*　易承志,华东政法大学;闵振华,上海市浦东新区人民法院。

挥其维护社会公平正义的效能,确保审判质量和效率的特定管理活动,其实质或目的就是实现对审判质量和司法效率的控制。① 从管理视角进行的界定突出了审判管理不同于审判的管理属性,但是其不足之处是没有阐明审判管理与一般管理的不同之处。二是司法论的视角。这一视角的审判管理概念界定侧重于司法的角度,认为审判管理是基于对审判规律的正确认识和把握,对审判行为与过程实施调控、评价、引导的一种重要的司法工作机制。② 从司法视角进行的界定强调了审判管理有别于一般管理的司法属性,但是不足之处是模糊了审判管理与作为司法工作主要组成部分的审判之间的区分。三是构成论的视角。这一视角的审判管理概念侧重于审判管理的内容构成,认为审判管理是运用组织、领导、指导、评价、监督、制约等方法安排审判工作、规范审判过程、考评审判绩效、整合审判资源的过程。③ 从构成视角进行的界定避免了前两种界定可能带来的不足,转而从审判管理自身的构成出发,对审判管理进行了更为准确的界定。梳理现有的相关文献可以看出,当前从构成论的视角对审判管理进行的界定占了主要部分。本文也主要从构成论的视角出发,将审判管理视为通过组织、协调、指导、评价、监督和制约等方式安排审判工作、整合审判资源、规范审判流程、监督审判行为、考评审判绩效的过程。

# 三、优化法院审判管理的逻辑分析

审判管理是人民法院提高司法工作能力,落实科学发展观,探索社会管理创新的重要手段。在改革开放不断深化和社会转型日益深入的新形势下,优化审判管理势在必行:

## (一) 优化审判管理是提升法院司法工作能力的内在要求

当前中国社会在改革开放的持续推动下已经进入了转型的关键期。一方面,伴随社会转型而带来的社会结构深刻变动和利益格局深刻调整导致各种矛盾纠纷不断凸显,加上人民群众法治意识的提升和法治观念的增强,使得其

---

① 参见董治良:《论审判管理体系的构建和完善》,《法律适用》2010 年第 11 期。
② 参见公丕祥:《审判管理理论与实务》,法律出版社 2010 年版,第 1 页。
③ 参见江必新:《审判管理与审判规律抉微》,《法学杂志》2011 年第 5 期。

对司法服务量的需求越来越大;另一方面,随着社会的发展和法治建设的推进,人民群众对司法服务质的需求也越来越高。有效应对人民群众司法服务需求的关键在于法院的司法能力,而司法能力主要表现为法院的人员队伍和管理水平。据统计,1979 年全国法院系统工作人员约为 5.9 万人,其中法官估计将近 4 万人;2010 年全国法院系统工作人员约 32 万人,其中法官 19 万余人;审理案件数量,1978 年为 61 万余件,而 2010 年估计将超过 1200 万件。①从上述数据可以看出,改革开放以来法院人员队伍的增加速度远远低于案件数量的增长速度。由此可知,在人民群众对司法服务需求不断增长的情况下,尽管人民法院的队伍也在增加,但增加的程度还是与人民群众对司法服务需求增长的速度不相适应。而在法院人员队伍基本稳定的情况下,人民法院司法工作能力的高低主要取决于管理水平,而法院的管理水平在相当程度上又决定于审判管理的绩效。因此,要解决好司法服务需求与司法工作能力之间的矛盾,必须优化人民法院的审判管理,提高审判管理的绩效。

### (二) 优化审判管理是提升法院法治推进能力的内在要求

法院是法治进程的重要实践主体和保障力量,在推进法治进程中发挥着不可或缺的重要的作用。法院的法治推进能力主要取决于法院践行司法公正的能力和程度。而司法公正主要体现为理念公正、过程公正和结果公正,即法院以实现司法公正为价值追求,严格遵守法定程序,公平正确地确认和分配具体的权利义务,且裁判结果体现了社会正义的要求。司法公正能否得到真正践行以及践行的程度高低在根本上取决于审判权是否得到正确行使以及正确行使的程度,然而,审判权的正确行使并不是自动的。从权力运行的角度看,任何一种权力,包括审判权在内,都存在滥用的可能,而要避免权力的滥用,就必须使之受到另一种权力的监督和制约。对此,孟德斯鸠指出,"要防止滥用权力,就必须以权力约束权力。"②这种对审判权进行监督和制约的权力就是审判管理权,审判管理作为一种权力,不仅通过对审判资源的科学配置来服务于审判权,也通过对审判行为和过程的规范来监督和制约审判权。而审判管

---

① 参见苏力:《审判管理与社会管理——法院如何有效回应"案多人少"?》,《中国法学》2010 年第 6 期。

② [法]孟德斯鸠:《论法的精神》(上卷),张雁深译,商务印书馆 1959 年版,第 184 页。

理目标的有效达成又建立在科学的审判管理组织和运行机制之上。因此,只有优化审判管理,建立科学的审判管理组织和运行机制,才能确保审判权的正确使用,从而真正实现公正司法,并进而不断推进法治进程。

**(三) 优化审判管理是提升法院社会管理创新能力的内在要求**

加强和创新社会管理,是党和国家面对当前经济社会发展形势作出的重大决策部署。社会管理创新是一项复杂的系统工程,其要实现的主要目标包括更好地协调社会关系、化解社会矛盾、促进社会公正、应对社会风险、保持社会稳定等,人民法院作为社会系统中的司法机关,对于实现上述目标发挥着不可替代的重要作用。[1] 另外,从社会管理创新的内容构成来说,主要可以分为理念创新、主体创新和行为创新,而在上述三个方面的创新中,人民法院均居于重要的地位。就理念创新而言,社会管理创新就是要将传统社会管理的效率优先理念转变为追求社会正义的理念,这一理念和人民法院的司法公正理念是统一的;就主体创新而言,社会管理创新就是要将传统社会管理以政府为单一管理主体的管理模式改为多元主体共同参与的管理模式,这一管理模式离不开人民法院通过惩治违法犯罪、保护合法权益,调处矛盾纠纷、实现定分止争而实现的管理功能;就管理行为的创新而言,社会管理创新就是要将传统社会管理注重控制的刚性管理行为转变为注重协调的柔性管理行为,人民法院通过司法审判实现的利益协调是上述柔性管理行为的重要组成部分。人民法院在社会管理创新中作用的发挥程度取决于其社会管理创新的能力。对于人民法院而言,参与社会管理创新的能力可以被视为其外部管理的能力,这一能力的高低在很大程度上是由其内部管理能力即审判管理能力决定的。在当前人民法院社会管理创新能力与社会期望以及社会需要还存在较大差距的背景下,优化审判管理就成为提升人民法院社会管理创新能力的内在要求。

# 四、当前法院审判管理存在的问题及原因分析

相对于人民法院优化审判管理的需要而言,由于多种因素的影响,当前法

---

[1]　参见董开军:《人民法院推进社会管理创新的若干思考》,《法学杂志》2011 年第 12 期。

院审判管理还存在不少问题,制约了审判管理绩效的提升。

### (一) 审判管理权力的行政化

审判管理作为一种权力与审判权、行政权是有区别的,行政权和审判权在本质上是两种性质完全不同的权力形态,审判权主要体现的是公平、正义的价值观,而行政权主要体现的是效率第一的功利主义价值观。① 也就是说,审判权坚持公平正义优先,而行政权坚持效率优先。审判管理权界于审判权和行政权之间,同时追求公正和效率两个目标。应该说,审判管理具有行政权的属性,这是因为,"只要是管理,就要有组织,有层级(显著的和隐秘的),就有决策和执行(领导与服从)的问题。这是科层制的铁律。"②审判管理的行政权属性主要体现在对审判工作的安排、审判流程的规范、审判资源的整合、审判行为的监督、审判绩效的考评,然而,人民法院审判机关的组织性质和践行司法正义的职能定位决定了审判管理的根本目的是服务于审判权,也就是说,"审判是第一位的,管理是第二位的,二者是主从关系。"③如果公正和效率两种价值发生冲突的话,审判管理对公正价值的追求优先于效率价值。从上述分析可以看出,审判管理尽管具有行政权的属性,但由于审判管理的对象是司法审判事务,其不同于行政事务,在管理过程中必须遵循司法规律和司法权运行的属性,因而审判管理权实际上属于带有司法特性的准行政权,④其主要目标是服务司法审判,更好地践行司法公正。然而,由于对审判管理属性认识不清和审判管理职能定位不准,当前一些法院的审判管理权力存在行政化的倾向,对司法效率的追求已经影响到司法公正的优先地位。例如,在对审判绩效的考评上,本应将合法性和公正性摆在第一位,确立公正优先、兼顾效率、效果的原则,然而审判管理实践中,一些法院在审判绩效的考评中设置了过于繁杂的指标,致使法官压力增大、职权弱化。由于审判绩效考评过于强调排名,致使被评估的法院或部门为能获得较好的排位名次,采取了一些背离审判工作规律的

---

① 参见王申:《司法行政化管理与法官独立审判》,《法学》2010 年第 6 期。

② 苏力:《审判管理与社会管理——法院如何有效回应"案多人少"?》,《中国法学》2010 年第 6 期。

③ 江必新:《审判管理与审判规律抉微》,《法学杂志》2011 年第 5 期。

④ 参见李生龙、贾科:《反思与重塑:法院系统内部审判管理机制研究》,《西南政法大学学报》2010 年第 4 期。

做法,甚至弄虚作假。再如,审判管理对审判活动的监督不能损害法官公正司法所必需的最低限度的独立性,但当前一些法院的审判管理活动已经超过了这一限度。上述现象实际上是法院审判管理活动越过适度行政权属性的界限,迈向行政化的反映,其结果是影响了法院司法公正的践行和司法能力的提升。

## (二) 审判管理模式的唯数字化

审判管理模式的唯数字化是指审判管理过程中过于重视量化考核和数据排名的作用,而忽视了对于合理区间的考虑和对人本身的关照。当前绝大多数法院已经建立了审判绩效指标体系,例如上海市一中院建立了涵盖审判质量、审判效率、审判效果和审判延伸四个方面指标的审判绩效指标体系,[1]上海浦东新区法院建立了由审判公正数据、审判效率数据和审判效果数据三方面指标构成的审判绩效指标体系,对审判绩效进行量化考评。应该说,一定的量化考核和数据排名是实现管理目标的有效途径,然而,如果量化考核和数据排名超过一定的限度,就不仅不利于审判管理目标的实现,反而可能带来反作用。当前法院审判管理就在一定程度上存在着唯数字化模式的倾向,这主要表现为两个方面:一是过于注重量化考核。审判管理权的内涵在于指导、监督和服务法官依法办案。总体来讲,审判管理权及其行使是宏观性的,是运用计划、组织、指挥和制约等方式,协调并控制审判工作的流程,规范并监督审判组织的行为。[2] 过于重视量化考核往往并不一定能实现管理的精确性,例如,杨飞和张俊文通过调研分析发现二审发回重审和改判案件并非都是一审裁判错误所致,新证据、新事实、自由裁量事项、其他各种不可归咎于一审法院的原因等,都可能导致二审发回重审或改判。现有的案件质量评估机制未能合理区分二审改判和发回重审的具体原因,只能将二审发回重审和改判案件一律纳入计算,这样势必会影响以上诉发改率为依据的案件质量评估的准确性和科学性,相应地也必然会影响管理行为的有效性。[3] 二是过于重视数据排名。

---

① 参见王晓翔:《科学管理　精心服务　推动审判质量效率全面提升》,上海市高级人民法院审判管理办公室编:《上海法院审判管理座谈会交流发言材料汇编》,2010 年 9 月。

② 参见李生龙、贾科:《反思与重塑:法院系统内部审判管理机制研究》,《西南政法大学学报》2010 年第 4 期。

③ 参见杨飞、张俊文:《案件质量评估语境下的审判管理改革——基于上诉发改率指标管理的实证分析》,《河南大学学报(社会科学版)》2012 年第 2 期。

审判管理同时追求公正和效率两个目标,但审判管理的主要目标还是服务于司法审判,更好地践行司法公正。数据排名作为审判管理的一种手段,其初衷是为了更好地实现审判管理追求司法公正和效率的双重目标。在一定程度上,数据排名所服务的司法公正和效率两种价值是可以统一的。然而,如果处理不当,司法公正和效率的价值也会产生冲突。从管理的效果上讲,数据排名更主要的是服务于司法的效率价值,在实际工作中,由于司法效率是更为显性的价值,而司法公正则更为隐性,对显性业绩的追求导致一些法院在审判过程中更重视通过强化数据排名来追求司法效率,但其结果会违背司法规律,从而影响司法的公正,并且也违背审判管理的初衷。另外,由于量化考核和数据排名所体现的公正效率需要通过法官的自身工作来达到,唯数字化的审判管理模式不可避免地会增加法官的工作压力。实际上,审判管理模式的唯数字化已经影响到法官的积极性和法院队伍的稳定性,据最高法院公布的数据,近五年中,除正常原因外,全国各地法院流失人员近两万名,其中法官 1.4 万名,占现有法官总人数的 7%。[①] 其中不能不说也有审判管理模式唯数字化的影响。

### (三) 审判管理组织的分散化

审判管理职能的履行离不开一定的组织。从管理学的角度来看,组织的高效运行需要科学的组织设计。组织设计需要遵循一定的原则,其中整分合原则既是管理的重要原则,也是组织设计的重要原则,整分合原则要求将组织视为一个系统,从整体角度设计组织的结构功能,确定系统的总体目标,然后将组织的职能目标科学分解为各个部分,据此设置相应的组织机构,并且保持履行相同或相关职能的组织结构之协调,以防止组织分散、政出多门或相互推诿。"整体把握,科学分解,组织综合,这就是整分合原则的主要含义。"[②]在组织设计过程中,如果对整分合原则把握不准,很容易导致组织出现各种问题,其中组织的分散化正是当前法院审判管理存在的一大问题。一些地方法院如笔者所在的上海浦东新区法院已经设置了审判管理办公室(以下称审管办)这一单独的审判管理部门,还有不少地方法院的审判管理部门不是单设的,而

---

① 参见马守敏:《如何给法官解压》,《法制日报》2010 年 7 月 12 日第 5 版。
② 王钊主编:《管理学原理》,中国农业出版社 2008 年版,第 72 页。

是与审监庭等机构合署办公的,而不管是单设还是合署办公,很多地方法院都是由审管办、立案庭、审监庭、研究室、办公室等部门共同承担审判管理工作,由于对于组织目标的整体把握、组织职能的分解和组织的协调存在偏差,使得完整的审判管理工作被强行分割开来,"造成职能分散、多头管理,不能形成整体合力,难以最大限度发挥管理作用"。[①] 审判管理组织的分散化,其结果是造成了审判管理工作中的相互推诿和多头管理,制约了审判管理绩效的提升。

### (四) 审判管理流程的欠优化

审判管理流程是指由审判管理各个环节构成的整个过程。审判管理流程和审判流程是两个不同的概念,前者强调的是审判管理的各个环节,而后者强调的则是审判的各个环节。尽管从理论上讲,审判管理贯穿于审判的全过程,但两者的主体、性质和追求的价值都是不同的,这也决定了两个概念存在本质的区别。然而,当前无论是学术界还是实务界都重视的是审判流程的管理,而在一定程度上忽略了审判管理流程,这不仅导致了审判管理流程理论研究的缺位,而且也导致了实践工作中审判管理流程的模糊性和欠优化。也正是因为审判管理流程研究的缺位和实践的模糊,导致了实践中要么将审判管理流程和审判流程混淆在一起,要么认为审判管理流程无关紧要,这又带来了审判管理实践工作中管理流程的随意性,制约了审判管理绩效的提升。

### (五) 审判管理方式的滞后化

先进的审判管理方式是提升审判管理绩效、实现科学管理的重要支撑。当前,法院审判管理的方式还较为滞后,在相当程度上制约了审判管理绩效的提升。审判管理方式的滞后化,在当前主要表现为两个方面:一方面表现为审判管理信息化建设的滞后化。应该说,随着信息化建设的推进,大多数法院也对审判管理的信息化建设给予了关注并积极推进审判管理的信息化建设。然而,由于不少法院对审判管理信息化建设的理解仍然存在一定的偏差,一些法

---

[①] 　福建省厦门市中级人民法院课题组:《关于审判质量与效率管理机制的调研报告》,《福建法学》2009 年第 3 期。

院在重视审判管理信息平台和软件建设的同时却忽略了审判管理信息化的内容设计和及时更新,另有一些法院忽略了信息化队伍的建设,使得审判管理信息化的功能难以充分发挥。另一方面表现为审判管理方式的静态化。尽管当前审判管理主体的多元性、作用的全过程性已经成为共识,然而,在审判管理实践中,往往侧重的是审判管理过程中的某个环节,而不是整个过程。具体说来,不少法院的审判管理主体对于事后的监督评查较为重视,对于事前的预测和事中的动态管理则重视不够。实际上,这仍然是一种静态的审判管理方式,忽略了审判管理的动态性。

## 五、优化法院审判管理的路径分析

针对当前法院审判管理存在的问题及原因,优化法院审判管理应当从以下几个方面着手:

### (一) 重塑审判管理组织

当前法院审判管理组织的分散化问题妨碍了审判管理绩效的提升,克服审判管理组织的分散化问题要求重塑审判管理组织。组织设计遵循整分合原则是管理学的一个重要原则。这对于审判管理也是适用的。应当看到,法院审判管理具有不同于一般行政管理的特点,其职能是分层的,由此带来的主体也是多元的。法院的审判管理可以分为宏观管理、中观管理和微观管理,其中法院院长、审委会的管理属于宏观管理,法庭庭长和审判长的管理属于中观管理,法官在审判过程中的自主管理属于微观管理,而审判管理办公室作为审判管理的综合协调机构则跨越了宏观、中观和微观三个层面。重塑审判管理组织的关键是增强审判管理组织的整合性。为了增强审判管理组织的整合性,应当设立审管办这一行使审判管理职能的综合协调机构,充分发挥审管办跨越和沟通宏观、中观、微观三个层面的优势。在行使综合管理职能时,审管办应明确自身职能定位,既为法院审判管理的宏观层面提供有效的服务,又与中微观层面有效衔接,并加强与业务庭、研究室等职能部门的沟通协调,防止职能的交叉与缺位,增强审判管理工作的合力。例如,上海浦东新区法院建立了多主体参与审判管理的合作管理体系,将院长和审委会的宏观决策优势,法庭庭长和审判长的中观管理优势,法官的自主管理优势和审管办的综合协调优势结合到了一起,在提升审判管理绩效方面取得了积极的成绩。

### (二) 完善审判绩效考评机制

当前大多数法院已经建立了审判绩效考评机制,然而这一考评机制还存在着诸如过于重视量化考核、过于重视数字排名、考核指标体系繁杂和指标设计不够科学等缺陷,这些缺陷制约了审判绩效考评机制的功能发挥,也影响了审判管理的绩效提升。为了克服当前法院审判绩效考评机制存在的上述缺陷,应当完善审判绩效考评机制。首先,审判绩效考评机制建设应当遵循适度量化的原则。审判绩效考评机制是法院内部对各部门审判工作进行科学考核和民主管理的重要制度。基于审判工作的特点和规律,审判绩效考评机制建设应当遵循适度量化的原则,避免过度量化考核和数据排名对审判价值的干扰和审判质量的削弱。审判的价值包括质和量或者说质和效两个方面,如果说量或效的价值较易通过量化考评来反映,那么质的价值则难以通过量化考评来反映,而且过度追求量化考核和数据排名往往会影响审判质的价值实现。值得注意的是,对于审判来说,质才是核心价值。其次,应当建立科学的审判绩效指标体系。审判绩效考评机制是否科学,在根本上取决于审判绩效指标体系是否科学。因此,完善审判绩效考评机制需要建立科学的审判绩效指标体系。对此,2005 年年初,《人民法院第二个五年改革纲要》就强调指出,"建立科学、统一的审判质量与效率评估体系,在确保法官依法独立判案的情况下,确立科学的评估标准,完善评估体系。"建立科学的评估指标体系要求根据案件类型和内容的不同设立不同的评估指标,在这方面,上海浦东新区法院的做法具有积极的借鉴意义,浦东新区法院对于不同的案件类型适应差别化的审判绩效指标。例如,在审判效果指标方面,民事、刑事案件适应的具体指标就有较大的差别,民事庭适应的审判效果指标有 11 项,刑事庭为 7 项。①这些差别化的指标较好地适应了不同类型和内容案件的要求。再次,应当严格遵循评估指标体系设计原则。在设计审判绩效指标体系时,应该遵循一定

---

① 参见上海市浦东新区法院审管办:《2012 年 1—5 月浦东法院各业务庭(局)审判(执行)质效数据及点评》(未刊稿),2012 年 6 月。

的原则,这些原则主要包括全面性、具体性、客观性、稳定性和可操作性原则。最后,应当科学确立绩效考评的合理区间。司法审判有其自身的规律,审判的各项环节都需要一定的时间来保障,而且不同类型和内容的案件其法律规定和所需时间精力也是非常不同的,因而在考核指标数值上的正常反应也是不同的。以浦东新区法院为例,由于法律对各类案件规定的审结期限不同,加上辖区房地产诉讼案件多发,而房地产诉讼案件在审理过程中经常需要进行一些为时较长的评估和鉴定程序。这导致负责审理房地产诉讼案件的相关法庭在大部分绩效指标上处于全院落后位置,其中 2012 年 1—5 月的平均审理天数、审限内结案率名列全院倒数第二。① 对于浦东法院的相关法庭而言,上述数据的排名靠后在一定程度上指出了其努力的方向,但并不能全面准确地反应其绩效的高低。这些考核指标在数值上的正常反应范围构成了审判管理各项绩效指标考评的合理区间。各个指标只要在其合理区间范围内就是正常的,单纯的排名并不能准确反映其审判绩效。因此,关键的工作在于确定各项绩效指标考评的合理区间。指标考评合理区间的确定应当综合考虑案件的类型和复杂性、法院的管辖范围、工作任务、队伍规模等因素。

### (三) 再造审判管理流程

当前审判管理流程不够科学优化,在相当程度上制约了审判管理绩效的提升。优化审判管理需要再造审判管理流程。对此,建立问题导向型的审判管理流程是一种积极的思路,这实际上也是审判管理流程的一种再造,其内容是:首先由审管办和各庭室根据实际情况提出需要解决的问题,然后由责任部门对问题进行分析和回应,待廓清问题症结后,由审管办综合协调各主体共同协商可行的解决方法,最后由各业务庭负责落实相关解决措施,审管办则进行动态跟踪,并及时向相关主体反馈整改情况。这种问题导向型的管理流程有利于增强审判管理措施的客观性、准确性和针对性,提升审判管理的绩效。2011 年以来,上海市浦东新区法院尝试运用问题导向型的审判管理流程对 18 个月以上长期未结案件实行常态化集中清理,取得了积极的成效。到 2012 年

---

① 参见上海市浦东新区法院审管办:《2012 年 1—5 月浦东法院各业务庭(局)审判(执行)质效数据及点评》(未刊稿),2012 年 6 月。

2月,列入专项清理范围的122件长期未结案件,已清结109件,尚余9件,扣除4件破产案件,清结率达90.90%。① 这说明,再造审判管理流程对于提升审判管理绩效具有重要的作用。

### (四) 创新审判管理方式

尽管近年来许多法院都非常重视审判管理方式的改进,然而总体来说当前法院审判管理方式还较为滞后,远远不能满足新形势下审判管理的需要。优化审判管理离不开审判管理方式的创新。在当前信息化突飞猛进的时代,创新审判管理方式需要加强审判管理的信息化建设。值得注意的是,加强审判管理的信息化建设包括了多方面的内容,不仅仅是信息平台和软件建设,而且包括审判管理信息化内容的科学设计,还包括信息化人才队伍的建设,这几方面的建设需要平行推进,否则就难以取得信息化建设的实效。在这方面,上海法院系统已经积累了一定的经验。例如,上海法院系统平时就注重信息化人才队伍的建设,在此基础上,2011年,上海市高院审管办联合信息管理处开发了适应于三级法院的"上海法院审判管理工作平台",这是全国法院首个专门的审判管理信息化工作平台。② 该信息化工作平台的内容经过科学的设计,由审判质效管理、庭审及文书质量管理、适法统一规范管理、司法建议管理、审判管理调研、管理情况上报及辅助查询等六大板块构成,强调对上海法院审判工作的动态管理、监督指导和全程跟踪。该信息化平台的开发和应用,是审判管理方式创新的一个实践表现,对于提升审判管理绩效发挥了积极的作用。此外,创新审判管理方式还应当促进静态管理和动态管理的有机结合。当前审判管理较为注重事后的静态监督考评,而对事前的预测和事中的动态管理较为缺乏,对此,应当将各审判管理主体的静态监督考评和动态管理有机地结合起来,最大程度地发挥审判管理全方位和全过程的合力。

**(本文获"司法学论坛暨首届司法管理学研讨会"征文一等奖)**

---

① 参见上海市浦东新区人民法院:《强化目标管理　提高管理效能》,上海市高级人民法院审判管理办公室编:《上海法院审判管理工作会议交流发言材料汇编》,2012年2月。

② 参见《稳中求实　稳中求新　稳中求进　努力提高上海法院审判管理水平——在2012年上海法院审判管理工作会议上的讲话》(会议材料),2012年2月。

# 法槌一声决百诉　裁判一纸安万家

## ——也谈人民法院应如何提升司法公信力,促进社会诚信

袁运良 *

　　司法公信是社会主义法治国家的基本要求,是公正高效权威的社会主义司法制度的重要特征。司法公信力是一个因变量,受制于若干因素和条件,其中审判、执行的影响也至关重要。经验表明,如果人民法院的审判、执行作用发挥得好,那司法的公信力就往往会得到较大的提升,反之则亦然。中国特色社会主义法律体系形成后,人民法院的审判、执行工作面临着难得的历史机遇和全新的挑战。抓住机遇、应对挑战靠的是深化审判、执行制度的改革。在改革中完善制度,制度很重要,制度是人民法院自身健康的肌体。社会主义法治理念是人民法院的灵魂,在改革中提高人民法官对社会主义法治理念的深刻认识,升华理念显得尤为重要。在改革中提高效能,在改革中开创人民法院审判、执行工作新局面。在现代法治社会中,司法不仅是维护权利的最后一道保障,而且也是社会主义法治理念实现的最后一道保障,整个司法的过程,实际上也就是一个人们追求"公平正义"的理性寻找过程。人民法院作为重要的司法机关是解决纠纷和保障权利的公共权力机构,是维护社会公平与正义的最后一道防线,是一国法律秩序的象征,是社会正义的化身,是公民权利最强有力的同时也是最终极的捍卫者。司法要想实现上述功能并达到定纷止争的最终效果,就必然要求司法具有权威性和公信力。

---

　　* 袁运良,广东省潮州市中级人民法院监察室副主任。

## 一、问题提出:当前我国司法公信力方面的现状

"司法"一词,它来源于古希腊亚里士多德《政治学》一书,它作为国家意志的重要手段总是以公平和正义的外形,渗透于国家的各行各业,并随着人类社会的进步不断完善和发展。现代社会中,法律作为国家政治和上层建筑重要的组成部分,是国家制订或认可的社会行为规范,是国家意志和利益的集中体现。法律通过充分发挥其引领、指导、评价、预测、教育、感化、监督、强制的规范作用实现其社会行为规范化和社会秩序的有序化,并最终实现国家的意志和利益。基于国家权力的实际配置和国家机关的合理分工等等,法律由立法机关制订后,再分由司法机关予以适用。司法机关运用法律解决具体案件的活动故被称之为法律的适用,也是通常意义上的司法。由此可知,法的价值与功能的实现固然要依赖于司法。因为法律所追求的社会行为规范化和社会秩序有序化目标的实现,其实也要依赖于司法的正确施用和有效运行;法律对社会公平与正义的追求也要依赖于司法的正确施用和有效运行;法所体现的国家意志和利益的实现同样也要依赖于司法的正确施用和有效运行。同时,纵观人类社会发展的历史,人类社会内部各种角色基于利益分化而发生的冲突和对抗贯穿于人类社会发展的整个过程,社会必然会建构并运作出一个纠纷解决体系,并通过纠纷解决体系来有效化解社会矛盾,也就是说像医生一样来治疗社会肌体疾病并保障社会有序和健康发展。在这个纠纷解决体系中,司法方式无疑是最具权威性的纠纷解决方式。因此,司法无不直接关系到社会公平与正义的实现、关系到法律权威的树立、关系到法律信仰的确立、关系到社会法律思维的养成、关系到法治习惯的形成,并最终关系到社会秩序和国家利益。司法公信力,实质上就是指社会公众对司法公正的信任度、认知度、认可度、认同度和接受的程度。它既是反映一个国家的法律秩序的好与坏,也是反映一个国家法治状况的重要标尺,是一个国家的社会和谐稳定和经济健康发展的重要条件。在现代法治社会中,人民法院是解决纠纷和保障权利的公共权力机构,人民法院的公信力是社会公众对司法信任和遵从的基础,公信力的强与弱是人民法院发挥主体作用以及社会文明与进步程度的重要标志。近几年来,经常听到社会各界对人民法院工作的不满和司法不公的抱怨啧啧

声,人民法院的裁判难以得到普遍的认可和执行,总结起来,这都是公众对司法不信任的具体表现。如果一个国家司法的公正性遭遇当事人和社会公众的质疑,那么,社会及公众对司法公信力就等于丧失了应有的内心信念,对司法机关的案件处理、处断结果不予认同、不予认知、不予认可和不予信任。社会公众对法律的不信任、不遵守、不遵从,寻求"私力救济"或者是"信访不信法"、"信人不信法",往往出现官司一进门,双方都托人等等怪现象,而这种现象的存在不仅严重损害了法律的尊严,其实也严重破坏了社会秩序并最终影响到国家的利益和人民的利益,而且还有从"法治"退化到"人治"的危险。司法权威说到底实际上是法律的权威,是国家的权威;司法权威弱化实际上也就是意味着法律和国家的权威不强。在我国法治化长征路上的艰苦进程中,如果不把这个问题解决好的话,要依法治国、构建具有中国特色的社会主义和谐社会是根本不可能的。笔者认为:司法的根本目的就是构建一个极具理想的"社会主义和谐社会"。由于种种原因,近些年来,我国的司法公信力在社会和人民群众中呈下降趋势,应该说是值得重视的,也是不可忽略的,更是可怕的。部分人民群众对司法的不信任,在很大程度上已经泛化为一种普遍的社会心理现象,社会的诚信度和司法的公信力已经走到了今天令人可怕的危险边缘,理应是该"猛醒"的时候了。

## 二、问题分析:司法公信力方面<br>存在问题的主要原因

分析问题是解决问题的前提,要想有效解决好中国当前司法公信力呈下降趋势的问题,首先,笔者认为:我们得分析我国当前司法公信力下降的原因何在? 也只有真正找到、找准存在问题原因之症结或所在,像医生看病一样,采取因时、因地、因人等法则把准脉,方能对症下药,并且最终达到药到病除的理想效果。对此我仍认为:司法作为我国政治和上层建筑不可或缺的组成部分之一,其存在并作用于整个社会系统之中,目前,我国司法公信力不足只是一个社会表象,在深刻探究这种现象产生的原因时,我们不能只局限于就司法而谈司法,就司法而论司法,否则,就不能正确分析存在问题所产生的原因和找准解决存在这些问题的办法和良方。笔者认为,对当前司法公信力不足这

种现象的出现,既有司法内部环境的原因,也有司法外部环境的原因。

## (一) 司法内部环境

### 1. 司法的不公

人民群众对于法律的真正感知,不是通过若干次普法教育,也不是通过一系列法律文本的阅读而建立起来的,而是通过发生在自己身上或者生活周围的一个个鲜活的案例事件中而逐渐得以明晰的。在司法实践中,司法不公的现象仍然存在,极少数案件对司法公信力的破坏是不可估量的。正如学者培根所言,①"一次不公正的司法判决比多次不公正的其他举动为祸尤烈,因为那些不公正的举动不过是弄脏了水流,而不公的判决则把水源败坏了"。具体而言,在平时的司法实践中少数司法不公正的现象主要表现在:一是程序上的不公。"正义不仅要得到实现,而且要以人们看得见的方式加以实现"的谚语是强调程序公正的。但也有资料②表明:一个人在可能对自己和利益产生不利影响的裁决或者决定形成过程中,如果不能有效地向裁决者提出自己的意见和主张,不能与其他各方及裁决者展开充分而有意义的论证、说服和交涉,那就会产生一种强烈的不公正感。"程序的公正和合理是自由的内在本质反映,如果可能的话,人们宁愿选择通过公正的程序实施一项暴戾的实体法,也不愿意选择通过不公正的程序去实施一部较为宽容的实体法"。也有学者提出:"程序公正既是司法公正的重要内容,也是实体公正的保障。一定意义上讲,实体的裁决结果是'产品',程序则是产品的'生产过程',一般来说,产品的质量出了问题,产品的生产过程肯定有问题。如果生产过程的各个环节都非常严格,完全按操作规程办事,产品的质量就不会出问题。"中国历来有重实体轻程序的历史惯例,司法实践中也大量存在程序违法、程序不公正的现象,这些现象相比较实体不公正而言,程序不公正是大量的,是影响司法机关、人民法院和人民法官形象的最主要的原因;当然,也是司法公信力呈下降趋势的重要原因。二是实体上的不公。实体不公正是相对于程序不公正而言的,它具体是指案件的结果不公正。当事人在出现纠纷时不惜人力、物力的

---

① 田平安主编:《民事诉讼程序改革热点问题研究》,中国检察出版社 2001 年版,第 17 页。
② 参见陈瑞华:《刑事审判原则论》,北京大学出版社 1997 年版,第 57 页。

耗费将纠纷诉诸法律,无外乎是想通过司法途径来求得一个公正的结果,所以实体公正是司法公正的基本目标,实体公正了,才能维护正常、稳定的社会关系和社会秩序。据统计得知,仅 1998 年 1 月至 10 月,全国各级法院在复查案件时,发现实体错误的案件就有 12045 件。这个数据令人感到震惊的是:仅在不到一年的时间内就有上万宗案件在实体上有错误,也就是说有上万宗案件的实体不公正,有数以万计的当事人、上万个家庭切实遭遇到了实实在在的实体不公正。如果这上万个家庭的家庭成员再向社会进行宣扬,口口相传的话,让其一传十,十传百,那么,在社会上就必然会导致出现公众对司法公信力普遍产生怀疑的恶果!现阶段仍然存在的裁判畸轻畸重、明显错误等实体不公正,这就直接导致了当事人对司法的不满和不解,使其对诉讼及司法的公正性失去信任,司法的公信力在遭遇实体不公正的人民群众及知晓内情的公众面前必然是苍白无力的。最后,会影响到人民法院形象上的不公正。司法人员特别是人民法官在履行职责时,不仅仅是应切实做到实体上的公正和程序上的公正,而且还应当通过自己的言行体现出形象公正,避免当事人及社会公众对司法公正产生合理性怀疑。但在司法实践中,个别司法人员没有严格遵守有关形象公正方面的规定,在很大程度上让当事人及社会公众对司法的公正性产生了合理性怀疑,进而最终影响到司法的公信力和人民法院的形象公信度。比如有的司法人员或极个别的法官违背当事人意愿,以不正当的手段迫使当事人撤诉或接受调解;有的司法人员或极个别的法官在诉讼过程中以其言语、肢体语言、行为表现等,对一方当事人歧视或指责、对当事人一方进行不公的训诫或者随意打断一方当事人的陈述;有的司法人员或极个别的法官在宣判前通过言语、表情或行为流露出自己对裁判结果的观点或态度;有的司法人员或极个别的法官与一方当事人表现出关系的亲密,如此等等。当司法实践中出现上述司法人员和极个别的法官形象不公正的情况时,对方当事人及社会公众当然会对司法人员或法官的中立性、公正性都会产生合理性怀疑,进而对司法的公正性、人民法院的公信度产生怀疑。

**2. 司法工作效率的不高**

"公正与效率"是司法的主题。当今社会,除了公正以外,效率已成为衡量一个国家法律是否科学、社会是否文明的又一重要标尺。纵观世界各个国家的情况,一般都将诉讼效率作为重要的价值目标来加以追求。效率是诉讼价值的制约点,它追求资源的优化配置和有效利用的水平,促使有限资源产生最大化效益。有学者指出:"人类所从事的任何社会活动都必需遵循经济规律性的原则,即力求以最小的消耗取得最大的效果"①,"尽可能以最小的成本投入获得最大的诉讼效益,更是每个冲突主体所追求的行为目标"②。纠纷主体在纠纷发生后大都希望纠纷能够尽快解决,以期消除因纠纷所带来的消极影响,尽可能快地复位到纠纷发生前的正常状态。纠纷主体选择司法途径解决纠纷后,迫切地希望司法机关尽早结案,希望损失能够尽快得到赔偿,权利能够得到及时保护。然而,在司法实践中司法效率低下情况的确客观存在。案件的承办人故意拖延或过失拖延办案等,而导致于案件久拖不决、超期办案、超期羁押、案件申请到人民法院执行后久久得不到执行等,甚至一拖几年或是几十年都得不到执行的情形在一定程度上的确也客观存在,人民法院系统开展清理执行积案专项活动从另一个角度其实也说明了这种状况的严重性。当案件当事人面临这种不利处境时,让他们对司法产生信任和信法,这必定是自欺欺人。人们常说"迟到的春天不能算是个好的春天",那么,"迟到的正义还能算是真正意义上的正义吗?",诉讼效率不高在很大程度上也无形地助长了当事人及社会公众对司法的不信任,进而也会影响到人民法院的司法公信度。

### 3. 司法领域内的不廉洁

司法实践中,司法领域内的不廉洁现象客观存在。广东省原纪委副书记周宇航有一次曾在省高院的干警大会上说:"司法领域内的腐败,可以说是最大的腐败。"许多错误案件的产生,非但不是法官"对法律条文的理解不到位、运用不熟悉",有时,恰恰是他(她)们因为违反司法廉洁规范、运用自己专业知识的丰富,利用当事人对法律的信任以及对司法程序的陌生,主观故意搞徇私舞弊造成的。极个别的法官或耽于人情,或通过司法权的寻租受贿,知法犯法而又不去公正判决。这种因司法领域内的不廉洁所导致不公正的判决,从根本上动摇了人们对法律的信任、尊重。也有极个别的法官不能抵挡诱惑,出现"关系案""人情案""金钱案",使冤假错案沉寂于民间,就会转化成公众对

---

① 胡卫星:《论法律效率》,《中国法学》1992 年第 3 期。

② 柴发邦:《体制改革与完善诉讼制度》,中国人民公安大学出版社 1991 年版,第 79 页。

司法领域内不公的普遍认识,直接导致的后果,也就是司法公信力在社会和人民群众的心目中呈下降趋势的原因。

**4. 司法宣传工作不到位**

司法宣传滞后也会直接影响到司法公信力。近年来,司法改革的力度不断加大,宣传工作较过去比虽有加强,但相对于司法改革措施的推进,的确显得有些滞后。实际上,人民法院在实践"公正与效率"这一世纪主题的过程中,应该说是做了大量卓有成效的工作,在解决纠纷、保障权利方面也做了大量的相应工作,但由于司法宣传工作不到位,这些努力没有得到社会公众充分的认同和认可。在司法公信力不高的现实面前,社会公众的认识没有得到有效的、普遍的、完全的改变。

**(二) 司法外部环境**

**1. 司法权地方化、司法独立任重道远**

树立司法权威、确保司法独立是司法具有公信力的前提条件。我国是单一制国家,司法权从中央到地方都遵行统一的法制。地方司法机关代表国家在地方上行使司法权,自上而下适用统一的法律规范,平等地保护各方当事人的利益,但在平时的司法实践活动中却存在着严重的司法权地方化倾向:地方司法机关的人事任免权归地方,司法人员的任命、职级待遇、职务升迁、政治命脉都统统掌握在地方;人民法院的办公经费由当地政府解决,地方财政状况的好与坏也无不直接关系着人民法院工作能否正常运转,人民法院不可避免地与当地政府形成了事实上的利益共同体关系。司法独立因缺少体制保障不得不受地方的干扰,要真正独立司法有如"蜀道难,难于上青天"的苦衷之说。有些地方党委、政府在事关本地区局部利益案件的问题上,往往以协调会、通气会等形式表明地方党委、政府的意见;有些地方党委、政府视司法机关为下属的一个普通的职能部门,也常常出现自觉或不自觉地将司法机关纳入到了自己的管理之下,在涉及本地区利益的案件时干预人民法院依法办案的事时有发生。司法的一举一动都受到了地方的牵制,稍有疏忽,就可能出现党委不提名,代表不举手,政府不拨款,工资都发不出,当事人也骂娘,群众都不满意等等情况。管理体制的地方化使司法独立缺乏强有力的保障,使地方司法机关在行使国家司法权力的过程中已经不可避免地受到了地方的不当影响、干预、干涉乃至受制或控制,故司法权无形中就受到了制约,并带有地方化保护主义的浓重色彩和趋势,这自然就难以确保司法公正。凡涉诉的老百姓及社会公众自然会怀疑"官民一致、平等保护"的现实性和真实性,自然就会去更加关注地方党委、政府的决策、态度而不只是法律层面的是非曲直,这无疑是给司法的公信力予以毁灭性打击。①

**2. 经济社会发展落后,社会道德和社会诚信缺失**

"政治、法、哲学、宗教、文学、艺术等等的发展是以经济发展为基础的"②,司法当然也不例外。我国属发展中国家,新中国成立以来,我国的经济建设虽然已经取得了举世瞩目的成就,但经济社会发展的总体程度应该说还是不够高,发展也极不平衡。尤其在当代经济社会转型时期,传统的利益格局被打破,市场的竞争又在日益加剧,社会资源在市场机制的作用下按市场需要进行分配,利益主体为了追求利益或追求利益的最大化往往是只从一己私利的角度去思事、虑事、行事,社会道德体系也面临前所未有的挑战,不讲诚信的现象无处不在,也可以说是处处可见。在司法实践中,为了追求胜诉蒙骗司法机关而有意伪造、变造虚假证据材料,不择手段隐匿、转移财产和逃避执行的问题也已经不是个别现象和个别案例了,这种社会道德和诚信状况无疑为人民法院审理案件和执行案件设置了一个不易攻破的壁垒障碍。"执行难"长期以来成为困扰人民法院工作的老大难问题,为什么不能彻底解决呢? 我们不得不考虑到经济社会发展程度不高和发展极不平衡这一重要原因,在我国特别是在农村,不管人民法院工作如何改进,经济没有发展起来的情况下,被执行人没有履行能力或者虽有履行能力却隐匿、转移财产和逃避执行,执行不能已经成为了事实和常有的事,所以说"执行难"是不可能攻克的。当事人平时又只注重最后的结果,而不管结果产生的过程和原因,只要人民法院没有执行到位、没有兑现、没有变现,就怀疑法律的权威性和司法的公正性,司法公信力的程度自然就会因此而受到极大的负面影响。

**3. 社会对人民法院工作的认识缺失**

司法程序的启动和运行有其必须遵守的内在规则,司法机关在处理案件

---

①　参见郭晓政:《司法权地方化对司法公信力的影响及应对》,中国普法网。

②　《马克思恩格斯选集》第4卷,人民出版社1995年版,第732页。

上有其内在的规律,这一点是不能质疑的。"以事实为依据,以法律为准绳"是司法的基本原则,但司法机关介入案件时其实案件就早已发生,司法人员没有可能亲历纠纷现场去目睹案件事实,但根据司法最终裁判原则,法官不能拒绝裁判,现实情况和法律规定均要求法官只能从证据出发去细心、悉心发现事实,但由于时间的不可逆转性和人类认识能力的有限性,证据在收集上本身就存在客观困难,再加上诉讼主体在举证、质证能力上的差异,展现在法官面前的证据事实不一定就是客观事实,而法官只能依据法律事实去裁判,其裁判的结果就可能与当事人的愿望不相符合。不少老百姓却只认他们亲历、亲见的事实,既拿不出证据又不了解司法程序,只要输了官司或者是只要自己的目的没有达到就一叶障目地认为是司法不公。有的干部、群众不了解诉讼权利具有"过时不候"的特性,过了诉讼时效才来主张权利,自然得不到人民法院的支持。这样一来,不懂法的干部、群众对人民法院依法作为的正确裁决自然就不理解、不认同、更谈不上认可和服判了。这种对人民法院工作认识的缺失在一定程度上也严重影响了司法的公信度。

**4. 法律职业活动问题暴露阶段的滞后性**

众所周知,法治建设要取得成功必须构建一个法律职业共同体。在法治社会除了要有人民法官队伍外,还必须要有人民检察官队伍、人民律师队伍。与此同时,在刑事诉讼中还必须要有人民公安队伍。事实上,一个国家的司法活动与上述各职业类别的职业活动都密切相关,并又相互发生作用。法律职业共同体基于相生和共生的关系,不同程度地参与司法活动并最终推动法治化建设的进程。基于人民法院对纠纷的最终裁判,案件处理结果最终由人民法院做出的原因,整个法律职业群存在的问题,也均在人民法院审理阶段从最终意义上得以突显。司法实践中,人民法院为其他法律职业者承担责任、背黑锅的情形已不再是新鲜话题了,而是活生生的事实。比如有的极个别律师受经济利益的驱动,为增加案源,在当事人面前拍胸膛、打包票、"包打赢"或者不认真研究案情、不认真收集证据,一旦官司败诉,为了转移当事人视线、开脱自己责任就不负责任地指责某某法官不行或人民法院司法的不公。在刑事诉讼中,有的侦查人员违法收集证据材料甚至刑讯逼供、屈打成招。不知道真相的当事人及社会公众要么因此而归责于人民法院司法的不公,要么将其作为一个整体加以怀疑。例如"佘祥林案件"无疑让本来就十分脆弱的司法公信力再次遭遇毁灭性的打击。这种状况无疑也是司法公信力低下的活生生的事实和原因之一。

**5. 立法不完善,权利救济与保护途径也不通畅**

根据司法最终裁判原则,司法是社会公平正义的最后一道防线,司法应当是当事人寻求救济的最后一个途径,如果当事人在寻求法律救济时发现没有途径可寻,或即使有途径,但结果却不合理,这同样会降低人民法院权威,让公众对司法失望。在中国恰恰就存在这种缺乏完备立法和权利救济途径不畅的局面,比如同属中国公民,同样是交通事故致人伤残或死亡,城镇居民的赔偿标准就明显高于农村居民,这就严重出现了"同案不同判""同命不同价"的问题。又比如在我国现行立法体制中,不允许被害人在刑事案件一审判决宣告及生效前单独提起民事诉讼。如果刑事案件不能侦破,被害人的民事损害赔偿请求权就成了"空中楼阁"和"水中月亮"一样,往往是看得见摸不着啊!我国现阶段刑事案件的破案率较低,大多数的刑事案件不能及时侦破或者根本就不能侦破的事实是客观存在的,绝对奉行"先刑后民"原则,无异于将大多数未侦破刑事案件的被害人拒之于获得损害赔偿救济的大门之外,这就意味着大多数的被害人不能得到及时而又有效的合理救济。这种权利救济与保护途径不通畅在一定程度上也让公众对法律产生不信任,无疑也是司法公信力低下的又一原因所致。

## 三、解决当前司法公信力低下的对策及其建议

现代科学研究成果表明,系统是事物存在的方式之一,系统是由若干相互联系、相互作用的要素所组成的,具有一定结构性和整体性。系统由要素构成,并不是各要素的拼凑和简单相加,而是它的构成要素的有机结合。系统中各子系统或其全部构成要素均为良性状态时,整个系统才能为良性状态。否则,整个系统的平衡将被打破。由此可知,要从根本上解决司法公信力不足的问题,我们就不能头痛医头、脚痛医脚,必须将司法放到整个社会大系统之中去考究,解决影响司法公信力的每一个因素;否则相反,其结果又只能是治标不治本的游戏罢了。就如何提高司法公信力,已有很多的著作对如何进一步强化司法内部建设、提高司法人员综合素质方面的论述较多,笔者对此不再赘

述。但笔者认为,司法内部的问题不是影响司法公信力的主要矛盾,而真正影响司法公信力的主要矛盾在于司法外部的原因。对此笔者建议,要增强我国司法的公信力,除了加强司法队伍内部的建设之外,还必须同时从司法外部的法治环境方面痛下决心。

1.务必要在改革司法体制,从体制上保证司法独立,建立全国一盘棋、统一管理、管辖模式。现代文明的精神是法治,法治的真谛是司法独立,司法不独立,司法公正就难以保证,司法权威就难以树立,司法的公信力就无从谈起,依法治国、依法治省、依法治市、依法治县、依法治镇、依法治乡、依法治村、依法治家、依法自治就都难以实现。要增强我国司法的公信力,就必须保障司法独立。要保障司法独立,改革现行司法体制在所难免。笔者认为,要真正实现司法独立,必须改变现阶段人民法院人、财、物均受制于地方的这一不适时宜的当前局面。具体而言,要求司法财政独立、人事独立。汉密尔顿说"就人类天性之一般情况而言,对某人的生活有控制权,等于对其意志有控制权,在任何置司法人员的财源于立法机关不时施舍之下的制度中,司法权与立法权分立将永远无从实现",因为,如果财政无法独立,司法就不可能有独立的意志。司法人员是法律执行者,他们只能服从于法律,如果司法人员的人事奖惩不能独立于国家的行政之外,他们只能服从于行政权力。对于这方面的制度设计,我们完全可以参考国税、海关系统在体制上及其具体运作上的成功经验,建立全国范围内的直管、统管和一盘棋的管理体制,至少也应当参照地税系统的体制建立省级直管模式。为此,笔者非常赞同李祖军教授下列设计:(1)高级人民法院由全国人大产生并受它的监督,其所有的法官由全国人大常委会任免;(2)中级和基层人民法院由省(自治区、直辖市)人大产生并受它的监督;(3)司法行政事务主要是司法财政预算、人员编制均由最高人民法院统一领导和管理。这种改革的目的是在全国建立一个由最高人民法院统一领导和管理的全国一盘棋的司法体系。如能真地这样做,笔者认为:这既有利于实现人民法院的独立审判,也有利于全国法制的统一,又有利于克服地方保护主义,更有利于铲除司法领域里的腐败滋生现象。① 也唯有如此,司法独立才有制度基础和实质意义上的真正保障,也才能在此基础上真正树立司法权威、增强司法

---

① 参见李祖军:《民事诉讼目的论》,法律出版社 2001 年版,第 413 页。

方面的公信力。

2. 务必要在纠正对司法机关特别是人民法院工作上的两个认识错误上下工夫。一是纠正司法万能的认识错误。在法治社会中,虽然法的作用是不容低估的,但法的作用是有限的而且并不是无所不能和包打天下的。因为,法只是众多社会调整手段中的一种、人民法院也是社会的一个"调节器装制"而已、法作用的范围也是有限的、法总是落后于现实生活的变化的、无论立法者怎么高瞻远瞩总也不可能做到天衣无缝、缜密周延的。我们不能指望法律能够解决我们所有的问题、不能指望法能够百分之百地实现我们的所有愿望。既然法律都不是万能的,作为适用法律的司法当然也不是万能的,因此,当面临司法解决不了的问题的时候(如立法不完善导致受理案件没有依据、历史遗留问题、政策问题、因被执行人确无可供执行的财产而导致执行不能或有效执行等等),我们要实事求是地考究司法机关所面临但又无力改变的现实,能够正确并清醒地认识到这种状况的出现不是司法造成的,更不能因此而毫不负责任地对司法横加指责或是武断地怀疑司法的公信力。要忠于事实真相,这种事实必须是客观的、全面的,务必要查明起初的情况,还其事实的本来面目①。二是纠正客观真实论的认识错误。"以事实为依据"无疑是正确的,社会公众基于朴素的正义观认为此处的事实就是客观事实,司法必须尊重和服从这个客观事实。否则,其又将怀疑并归责于司法。对此有学者认为:"以事实为依据,事实为依据是指要遵循客观真实的原则,忠于事实的真相"②。事实上,上述认识和观点与司法程序运行的内在规律是不相吻合的。辩证唯物主义认识论虽然告诉我们客观世界是可知的,因为,人类的认识时间上有持续性和永久性,空间上有广泛性和无限性。但同时也告诉我们在一定的历史条件下和社会环境中,人们对客观事物的认识只能达到一定的程度,而无法穷尽客观事物的方方面面和一切过程。在诉讼程序中,对于已经发生的案件事实的认定,只能在特定的条件下,在一定的时空中去发现,由此发现的案件事实不可能总是符合事实真相。作为司法机关及个人不可能不受时空的限制,既不可以无限期地去调查案件,更不可能回溯到案件发生时的原时空当中,任何

---

① 参见常怡主编:《民事诉讼法学新论》,中国政法大学出版社 1989 年版,第 71 页。
② 江伟主编:《中国民事诉讼法学教程》,中国政法大学出版社 1994 年版,第 48 页。

纠纷冲突事实都无法原封不动地恢复其本来面目①。因此,司法人员只能从证据去发现事实,并且只能依据证据事实也即法律事实去裁判,这种司法运行的规律是不可能改变的。我们可以做的努力唯有通过设计公正的程序来确定一个大家都接受并认同和认可的"游戏"规则,并在这个"游戏规则"中保障各方参与者都获得公平合理的参与机会。只要大家都认为这个"游戏规则"是公平公正的,大家对通过这个公正程序制造出来的"产品"就不应该质疑。因此,纠正这种认识错误并培育对程序正义之下平等参与所产生结果主动接受并信服的心理习惯,对提升司法的公信力是非常重要的。

3. 务必要在强化法律职业道德意识,增强法律职业共同体的责任上下工夫。要从根本上增强司法的公信力,还有一件必须做好的事情那就是要强化法律职业道德,增强整个法律职业共同体的责任意识。众所周知,建设法治国家是一项系统工程,仅凭某一类法律职业人的努力是远远不够的,因为法治具有整体性。② "最广义的司法应当包括检察、审判和律师的法律服务在内"③。法官、检察官和律师都是我国的法律职业工作者,角色的不同只是分工不同而已,三者之间实质上是一种互相配合、互相监督、共生共荣、唇齿相依和缺一不可的关系。所有法律职业工作者都应当忠实于宪法和法律,依法履行职责,共同维护法律的尊严和司法权威,共同推进法治化建设进程。法律职业工作者在社会公众的心目中应该是法律、正义和权利代表,是规范社会、惩恶扬善的重要力量,同时也是最强有力的力量。因此,不同法律职业类别的法律职业工作者,在工作中就不应该相互干扰、相互扯皮、相互拆台,更不能为了一己私利去徇私舞弊、徇私枉法,人为制造让当事人及社会公众怀疑个别法律职业群体甚至整个法律职业共同体的公正性的事件。只有强化了法律职业工作者的道德意识、增强了法律职业共同体的责任感,司法这个子系统内部才能协调,当事人及社会公众才能从信任每一个法律职业工作者开始相信司法的公正性和权威性,进而提升司法方面的公信力。

4. 务必要在强化法学研究,不断完善立法上下工夫。众所周知,现代社会

---

① 参见李祖军:《民事诉讼目的论》,法律出版社 2000 年版,第 219—220 页。

② 参见卓泽渊:《论法治的整体性》,《现代法学》2003 年第 2 期,第 11 页。

③ 于晓青:《司法的特质与理念》,《现代法学》2003 年第 2 期,第 182 页。

早已从义务本位转型到权利本位,纵观整个人类历史发展的心路历程,当今社会对权利的关注和尊重达到了前所未有的历史高度。有权利就应当有救济,否则,这种权利的设置就带有虚假性或欺骗性。现代社会尤其是法治完备的社会必然精心构筑系统的权利保障体系,以充分体现并有效实现对权利的保障,当权利遭受侵害时,权利主体应然地可以通过权利救济途径获得救济。在国家和法律的出现后,法律早已禁止当纠纷产生或权利遭受侵害时进行"私力救济",当事人要获得救济,唯有最终选择司法途径,因此,司法就成为社会公平正义的最后一道防线,司法是当事人寻求救济的最后一个途径。如果当事人在寻求法律救济时发现没有途径可寻,或即使有途径,但结果却不合理,这同样也会降低人民法院的权威,让公众对司法失望。由此可知,权利救济体制的完善与救济途径的畅通对于权利遭受侵害的当事人的重要性。实事求是地讲,我国现阶段立法也还不够完善,老百姓诉求途径也还不畅、状告无门的现象仍时有发生。因此,我们必须要强化法学研究,重视法学人才特别是研究型人才,鼓励他们发挥个人的聪明才智,通过法学研究发现立法的不足和疏漏、寻求填补法律漏洞的方法,提出完善的立法建议供立法机关参考,以期探求立法之完善。因此,笔者认为,完善立法,畅通权利救济途径,有助于增强当事人及社会公众对法律的信任度,当然也有助于提升人民法院司法的公信力和司法权威。

5.务必要在加快经济社会发展,构筑社会诚信体系上下工夫。经济基础与上层建筑关系原理告诉我们,要搞好属于政治上层建筑组成部分之一的司法工作,就要从根本上提升我国司法方面的公信力,离开经济社会发展这个大前提是难以实现的。"发展才是硬道理",经济建设搞好了,人民群众物质生活水平提高了,整个社会财富富足了,现在存在的很多问题才可以迎刃而解。比如,因无可供执行的财产而导致执行不能的情况将从根本上转变,困扰司法改革的司法经费问题、司法廉洁问题也都会在一定程度上得到缓解等等,经济社会的发展对法治以及司法的重要性是不言而喻的。同时,笔者认为,除了经济基础层面之外,社会意识形态领域里的建设也不可偏废和忽视,否则,像"头痛医头,脚痛医脚"的头尾不顾的形而上学的那种做法也是难以搞好法治建设的,难以确立法律权威的,难以提升司法方面的公信力的,更难以构建社会主义和谐社会的。一个国家的道德体系是一国法治的重要社会基础,法治需要良好的道德来辅助与之并存,诚实信用是整个社会赖以生存和发展的基础。没有诚信,人类的交往和社会生活就没有安全感;没有诚信,经济活动就不能健康、持续发展,社会主义市场经济就难以建设成功;没有诚信,就容易滋生道德缺失和信仰危机。在一个存在道德缺失和信仰危机的社会里,没有道德观念、没有权威观念、没有信赖、服从和遵守的习惯,社会公众对什么都不在乎、对什么都不尊重、对什么都不信任,司法公信力自然就丧失生存的空间。因此,要提升我国司法方面的公信力,要构建社会主义和谐社会,加快经济社会发展,构筑社会诚信体系可以说是势在必行和不容忽略的国之大事。

6.务必要在提高人民法院队伍的综合素质和能力上狠下工夫。提高司法公信力最终还是要靠法院自身,靠法院的全体工作人员。司法的裁判力和说服力很大程度上决定于承担司法职责的法官,当事人和社会对法官越信任,对司法裁判就会越信服,对司法就会越认同。少数法官司法不公、司法不廉、作风不正、业务不精,极大地损害了司法的公信力和司法权威。要努力建设一支"政治上坚定、思想上可靠、业务上精通、作风上正派、纪律上严明、品格上高尚"的人民法官队伍,赢得社会对司法的信任。要坚持不懈地抓好廉政建设。廉洁是党和人民对人民法官的第一要求;廉洁是人民法官的第一品质;廉洁是人民法官对外第一形象。如果审判、执行队伍的法官出现受贿等恶性事件,对司法公信力的负面影响要比一般的违纪现象会更大。可喜的是,绝大多数法官、干警是能经得住各种考验的,在一些地方出现的腐败窝案、串案中,就没一个平时很注重政治理论学习、注重思想世界观改造、注重廉洁自律而又品格高尚的法官陷入其中。人民法院的各级领导,尤其是"一把手"一定要痛下决心,努力防止可能出现的消极、腐败现象,以促进社会诚信和司法公信力,以维护人民法院和人民法官队伍的良好形象!

**(本文获"司法学论坛暨首届司法管理学研讨会"征文一等奖)**

# 司法公信力是如何形成的？

## ——基于疑难案件裁判的分析

邓志伟　刘志辉　陈建华 *

　　我努力使那些仅仅因某一目了然而不为人所见的东西为人们看见。

——［法］福柯

　　"法律必须被信仰，否则它将形同虚设"。① 当今中国，是呼唤司法公信力的时代。司法公信力，就是"司法权作为一种国家公权力所具有的赢得社会公众信任和信赖的能力"。② 实践证明，疑难案件的妥善、合理解决对于司法公信力的提升具有重要的作用，在某种程度上可以说起着决定作用。然而，近年来，随着司法实践中疑难案件的频频出现，裁判结果屡遭人们的广泛质疑。这些疑难案件成为考验法官的智慧和司法能力的"试金石"，容易引起公众"围观"，稍有不慎将会导致外界对裁判和法官的信任危机，对法院的司法公信力造成重大的打击，甚至会有"毁灭性重创"。笔者拟从疑难案件这一视角出发，就司法公信力进行一番思考。

## 一、疑案聚焦：司法公信力就这样被反复削砍

　　对于何为疑难案件，学术界并无统一的认识。从国外来看，美国著名学者

---

　　*　邓志伟，湖南省高级人民法院研究室副主任；刘志辉、陈建华，湖南省郴州市中级人民法院。

　　①　［美］伯尔曼：《法律与宗教》，梁治平译，生活·读书·新知三联书店1991年版，第28页。

　　②　郑成良、张英霞：《论司法公信力》，《上海交通大学学报》（哲学社会科学版）2005年第5期，第78页。

德沃金认为,疑难案件是指"在规则手册中,没有清晰的规则规定以何种方式进行明确判决的案件……在现代法律体制下,典型的疑难案件之所以产生,不是因为在受争议的规则手册中什么也没说,而是因为手册中的规则是以一种不确定的声音道出的。"①美国学者史蒂文·J.伯顿则认为,"疑难案件之所以疑难,是由于该案中竞争的目的有冲突的含义。"②德国著名法学家阿列克西则从法律论证的角度界定了疑难案件,他认为:"在许多情形(案件)中,那种对某个法律纠纷作出裁决且可以用某个当为的规范性语句表达的法律判断,并不是在逻辑上从预设有效的法律规范连同被认为是事实或证明是真实的经验语句之表达中推导出来的。"③从国内来看,有学者认为,疑难案件就是指"事实清楚却没有明确的法律可以适用,或适用的结果不合情理或有悖'天理',法官因此面临艰难抉择,需要'造法'或通过解释'造法'"。④ 也有学者认为,对疑难案件界定为"从已有的成文法中找不到现成答案或不能通过一般的逻辑推理方法解决的特别案件,它们往往表现为社会新出现的纠纷或极端复杂的、非典型的社会纠纷"⑤。还有学者认为,所谓疑难案件包括两种,即法律规则上的疑难案件与案件事实上的疑难案件。法律规则上的疑难案件,是指因法律规则存有缺陷而使案件的处理存有争议的案件;而案件事实上的疑难案件,则是指案件事实扑朔迷离,真相难以查清的案件。⑥ 在笔者看来,我国司法实践中的疑难案件一般指的是法律规则上的疑难案件,即法官在裁判案件过程中,在适用法律规则上面临的疑难、棘手问题的案件。

当前,法官在应对疑难案件时,基于有限的司法能力,固执于法律的僵化与刻板,不少法官作出背离了法律的基本精神和预设价值的裁判,导致民众认同度不高,司法公信力不足的现实。

---

① [美]罗纳德·德沃金:《法律帝国》,李常青译,中国大百科全书出版社 1996 年版,第 118 页。
② [美]史蒂文·J.伯顿:《法律和法律推理导论》,张志铭、解兴权译,中国政法大学出版社 2000 年版,第 77 页。
③ 徐继强:《法哲学视野中的疑难案件》,《华东政法大学学报》2008 年第 1 期,第 4—5 页。
④ 苏力:《法条主义、民意与难办案件》,《中外法学》2010 年第 1 期,第 93 页。
⑤ 严存生:《"法在事中"——从疑难案件的法律解释想起的》,陈金钊主编:《法律方法》第 2 卷,山东人民出版社 2003 年版,第 386 页。
⑥ 参见季涛:《论疑难案件的界定标准》,《浙江社会科学》2004 年第 5 期,第 39 页。

案例一：1998年5月7日，李景芬在广西钦州市某医院生下一男婴，婴儿严重窒息，医生称孩子能否存活难以预料。于是，李景芬夫妇决定把孩子处理掉。第二天早晨，该医院清洁工黄作珍在妇产科厕所里看见一名婴儿躺在水泥地上，奄奄一息，决定将婴儿抱回家抚养。孩子的生母李景芬直到出院也没有过问过孩子的情况。后李景芬知道了孩子的下落，于2000年1月7日向法院提起诉讼，要求黄作珍归还孩子。一审法院认为，黄作珍抱养婴儿时没有征求李景芬是否同意，也未到民政部门办理收养手续，收养行为不合法。判决：黄作珍将抱养的男孩归还给原告李景芬，李景芬补偿给黄作珍抚育费5万元。被告上诉后二审维持了原判决。①

就该案而言，判决黄作珍归还孩子明显得不到民众的广泛认同。此案被新闻媒体披露后，在全国引起广泛的社会关注，众多的读者纷纷给法院和黄作珍来电、来信，许多网民在网上发帖子，为养母黄作珍声援、呐喊和助威，并对两级法院的裁判提出了严重的质疑。

案例二：2006年4月21日22时许，被告人许霆伙同同案人郭安山（已判刑）到广州市商业银行离行式单台柜员机提款，当被告人许霆用自己的广州市商业银行银行卡（该卡内余额170多元）提取工资时，发现银行系统出现错误，即利用银行系统升级出错之机，分171次恶意从该柜员机取款共175000元，得手后携款潜逃，赃款被花光。一审法院以盗窃金融机构为由，判处许霆无期徒刑。②

在许霆案的审判之中，"公众舆论的持续关注，让许霆案引起从最高法院到全国法律工作者的高度重视，使许霆案发回重审"③，正是在所谓的"九成网友均认为初审量刑过重"这一巨大的社会舆论攻势之下，致使许霆由无期徒刑被改判为有期徒刑五年的结局。这样的最终结局，让一审法院的裁判公信力遭到严重的损害。

案例三：2006年7月7日，被告梁某在网上发帖，召集网友到户外探险，

① 参见刘作翔：《法理学视野中的司法问题》，上海人民出版社2003年版，第122—123页。
② 参见广东省广州市中级人民法院(2007)穗中法刑二初字第196号刑事判决书，广东省广州市中级人民法院(2008)穗中法刑二重字第2号刑事判决书。
③ 李小萌：《许霆案重审揭秘：为什么只判五年？》，http://news.qq.com/a/20080401/001147.htm，2012年5月21日访问。

受害人骆某与陈某一同前往参与活动。7 月 8 日上午,共有 12 名成员乘坐由梁某提供的车辆前往。次日晨,暴雨导致山洪暴发,骆某被冲走并死亡。骆某的父母认为梁某及同行的其他成员对骆某之死负有责任,提起诉讼。2006 年 11 月,广西南宁市青秀区法院一审判决被告梁某、受害人骆某与其余 11 名被告按照 2.5∶6∶1.5 的责任比例承担赔偿责任。主要理由在于:户外探险活动具有一定的危险性,虽然所有参与人经常采取书面或口头方式来规定相互之间无需对活动中因个人因素和不可抗的自然因素造成的事故和伤害承担责任,即所谓的"免责条款",但根据我国合同法的相关规定,造成对方人身伤害的免责条款无效,不受法律保护。组织者要尽较高的注意义务,要承担较多的责任。其他参与人……主观上亦有一定过错。①

在诸多学者看来,一审判决的说理是经不起斟酌的。譬如,判决对"免责条款"无效的论证是不成立的,而没有任何论证的情况下就"从合同转向侵权",更是"教义学所不能容忍的错误";②判决对营利的认定是不正确的,对注意义务与责任的分配也是没有法律依据的。③ 在遭到学者乃至众人的质疑之后,可想而知,法院的司法裁判如何能得到应有的尊重?

## 二、困境纠缠:疑难案件给公信力带来的挑战

近年来,不断出现在新闻媒体聚焦之下的一个个"疑难案件",使得司法的公信力一再成为公众的焦点议题。从这些案件的审理和社会评价当中,我们可以清楚地意识到司法的处境和问题。

### (一) 在案件数量上:疑难案件不断增多,法院"不堪重负"

从疑难案件概念来看,疑难案件实质上就是"法律型难办案件"。具体而言,疑难案件分为三类:第一类是"法律漏洞型疑难案件",即由于法律漏洞或空

---

① 参见《南宁中院对备受关注的"驴友案"二审宣判》,http://gxfy.chinacourt.org/public/detail.php? id＝685,2012 年 7 月 20 日访问。

② 《专家点评:一审判决存在四点问题》,http://bjy-outh.ynet.com/article.jsp? oid＝19607646&pageno＝4,2012 年 5 月 20 日访问。

③ 参见《专家点评:一审判决存在四点问题》,http://bjy-outh.ynet.com/article.jsp? oid＝19607646&pageno＝4,2012 年 5 月 20 日访问。

白,无法律可作裁判依据的案件,如外嫁女案件;第二类是"法律适用型疑难案件",即虽有法律依据,但机械适用法律会带来个案的不正义,如许霆案;第三类是"重大影响型疑难案件",即为由于案件具有重大政治或社会影响,各种利益关系庞杂,社会舆论众多,民意汹涌,如泸州二奶遗赠案、彭宇案、邓玉娇案、药家鑫案。在转型时期的中国司法实践中,这些疑难案件,成为考验法官司法能力的"试金石"。虽然疑难案件一般是存在疑难问题的,然而,并非只要存在疑难问题的案件就是疑难案件。真正意义上的疑难案件主要指在法意模糊、法律漏洞、规范冲突、不良规则等制定法局限性的前提下产生的案件。即使这样,目前具备上述条件的疑难案件数量不容小视,特别是随着诉讼爆炸时代的到来,法院受理的案件在性质、类型、特征等方面都呈现出前所未有的新特点,法律关系错综复杂,难案频频出现。各地法院受理的疑难案件数量在逐年增加,只不过有不少疑难案件因各种原因没有受到新闻媒体的关注。但是,仅仅是每年被媒体关注的极少数疑难案件,就已经使得法院应付起来"疲惫不堪"。

### （二）在裁判难度上：同案不同判,裁判遭受"民众质疑"

在疑难案件审判实践中,由于法律解释方法不一、法官的价值选择不一,同案不同判较为普遍。特别是疑难案件有一个明显的特征,即新颖性。新出现的事实使人们对过去较为明确的由特定法律事实引起的法律后果或法律责任产生质疑。在这种情况下,法律本身并不告诉我们,是应该严格司法,还是应当考虑到案件的特殊情况。在这一背景下,"法官常常必须选择:要么遵从立法者的意志,而做出不充分甚或不公平的判决,要么为了做出充分并公平的判决,而将立法者的意志弃之不顾"。[1] 由此,在法律规定模糊的状况下,疑难案件的处理出现了诸多的同案异判的现象。并且随着疑难案件的增多,同案不同判的现象会日益增多。众所周知,司法正义是一种按照法律所确定的原则和标准进行裁判的正义,追求普遍正义是司法正义所必须遵循的一个重要原则。普遍正义要求的是"相同情况相同处理"、"类似情况类似处理",这就要求法官遵循法律的精神、原理和先例。但同案不同判不仅损害了法律面前人人平等的原则,而且造成一些当事人的合法权益受到侵害或者得不到保护,

---

① ［比利时］胡克:《法律的沟通之维》,孙国东译,法律出版社 2008 年版,第 13 页。

必然会导致结论难以让社会信服,引发社会公众对司法的质疑,推翻公众对司法的内心信仰,最终导致社会公众丧失对法律的自觉认同与尊重,"人们不会再把法律当作社会组织的一个工具加以依赖"①,其后果将不堪设想。

### (三) 在网络媒体上:压力不断加大,法官被民意"围攻"

随着疑难案件的数量日益庞大,无疑给人民法院处理这些案件增加了许多的困难。然而,疑难案件经常是网络与新闻媒体跟踪报道和炒作的重点对象。笔者以近年来发生的黄作珍案、许霆案、泸州二奶继承案、邓玉娇案、李昌奎案和药家鑫案为例,我们可以看到,网络媒体对疑难案件的关注度是非常之高(见表1)。

表1 疑难案件在百度搜索中的关注度统计情况

| 案件名 | 在百度搜索中找到相关结果数(个) |
| --- | --- |
| 黄作珍案 | 23700 |
| 许霆案 | 694000 |
| 泸州二奶继承案 | 22400 |
| 邓玉娇案 | 407000 |
| 李昌奎案 | 474000 |
| 药家鑫案 | 3070000 |

在网络媒体的压力下,法官可能遭受三道麻烦。第一道麻烦是,民众借助网络媒体开展的铺天遮地的口诛笔伐,甚至有可能遭受网民"人肉搜索",严重地影响工作、生活、学习。② 第二道麻烦是,上级法院和党政部门领导的责问,这势必损害自己的形象,影响自己的仕途,对于法官来言,得不偿失。第三道麻烦是,有舆论支持的当事人难以服判息诉,还可能赴省进京上访,这势必影响到一方官员的政绩,同时也影响到整个法院的形象,会给法官带来巨大的

---

① [美]罗纳德·德沃金:《认真对待权利》,转引自李秀清:《法律格言的精神》,中国政法大学出版社2003年版,第24页。

② 譬如许霆案的原审法官,在案件被发回重审并改判后就背上了"机械办案"的骂名,主审法官也差点被"人肉搜索"。在本文写作过程中,在百度和谷歌上输入"许霆案,主审法官是谁",仍然能找到有牵涉人肉搜索的帖子。

压力。在这三道麻烦下,法官基于法律的要求和职业道德的约束,面对浩如烟海的网络和媒体组合而来的舆论,他们更多的时候只能无奈地接受。如在许霆案的背后,我们更多看到的是,网络舆论给法官办案带来巨大的压力。

## 三、尴尬现实:当前法院处理疑难案件的无奈选择

"当下中国法官在面对疑难案件时表现出的往往是无所作为,甚至是不作为"①,面对疑难案件,有的法官往往采取的是鸵鸟政策,走司法消极主义的道路,作出如下三种无奈的选择。

### (一) 谨慎立案

案例四:20 世纪 90 年代以来,外嫁女状告村委会的权益纠纷成为南方某省的重点案件类型,很多法院面对这类疑难案件束手无策。而 L 法院则以村委会不符合被告资格,驳回外嫁女们的民事起诉,直接不受理外嫁女纠纷。②

案例四反映了法院为了避免处理疑难案件进退两难的处境,采取将案件不受理的策略。目前,我国的立案程序采取的不是登记主义,而是实质审查制,并且司法政策和司法解释均倡导审慎立案。因此,在当前信访形势严峻的情况下,在"稳定压倒一切,谁办案谁负责涉诉信访一杆到底"的背景下,法院对一些疑难案件特别是某些敏感的疑难案件的立案有畏难情绪,怕担责,怕惹麻烦,能不立尽量不立,从而把一些该立的案件也拒之门外。为了让案件有效地不进法院"大门",不少法院使用早已熟练的手段,"制造"出诸如诉讼主体资格不合格、案件不属于法院受理范围等种种理由,或私下直接告诉案件当事人即使立案后也难以处理,打消当事人提起诉讼的想法。另外,对于已经受理后发现难以结案的疑难案件,采取拖延时间战术,或者以诉讼请求没有充分证据、无法律依据为由驳回诉讼请求。

---

① 袁亮:《法官在疑难案件中的角色定位》,《商业文化》2012 年第 2 期,第 10 页。
② 参见蔡斐:《"狡猾"的法院:司法运作中的压力转移现象透视》,《中山大学法律评论》第 9 卷,第 170 页。

### （二） 只调不判

案例五："中国姓名权第一案"——赵 C 案。江西鹰潭市月湖区公安局认为原告取名赵 C 不合法,一审法院却认为其合法。公安局上诉到二审法院。在案件审理过程中,舆论交锋不断,一方认为一审判决是尊重姓名权,一方认为这是无视传统文化。此时,公安部也作出批复,取名应使用规范汉字。这给二审增加了新的变数。在外界看来,二审法院怎么判,都会显得左右为难。最后,二审法院没有判,而是选择了协调。①

案例五反映了当前法院借助协调(实质上就是调解)来解决疑难案件的策略。由于疑难案件的复杂性和处理的难度大,法官在找不到合适的法律规则援引时,在"搞定就是稳定,摆平就是水平,没事就是本事"②的司法指导思想下,为了实现案结事了,尽可能绕过于法无据的尴尬和矛盾的激化,往往舍弃"当判则判"的要求,采取"和稀泥"的做法,无原则地强调调解,从而导致申诉率高、强制执行率高。

### （三） 寻找外援

案例六:2006 年,东部某省 D 市法院在处理一件社会影响较大的刑事案件时,法院领导感觉案件牵涉面广,凭借法院自身力量难以把握案件的判决审理,便电话请求当地政法委出面,由政法委召集当地公安、检察、法院等单位集中讨论案件的判决,形成一致意见后,法院依样判决。③

案例六反映了法院将疑难案件推向党委的一种常见做法。由于我国地方法院受同级党委的领导、人大的监督,在案件审理中常受到各种"地方因素"的影响,尚未实现真正意义上的独立审判。为此,法院和法官基于维护社会稳定的压力和减少自己办理错案责任风险,往往不敢、不愿意处理疑难案件,而是热衷于寻找外援。在寻找外援上,法院往往将"烫手山芋"的疑难案件,按照法院内部通行的办法或者普遍认可的但未向外界公布的办案程序与规则进

---

① 参见洪裕民:《"赵 C 案"的两难选择》,http://news.163.com/09/0305/10/53KT8MRE00011SM9.html,2012 年 7 月 8 日访问。

② 许可:《卡多佐的实用主义司法哲学与审判技艺》,陈金钊主编:《法律方法》第 10 卷,山东人民出版社 2010 年版,第 65 页。

③ 参见蔡斐:《"狡猾"的法院:司法运作中的压力转移现象透视》,《中山大学法律评论》第 9 卷,第 170 页。

行处理。如主动向党委、人大汇报,请求党委、人大给予支持,并且等待他们下达指示与命令;或者是为了化解司法风险,寻求上级法院在裁判结果上给予"智力支持"而主动"申请向上级法院请示汇报,或者寻求最高法院的批复"。① 在上述情形之下,被尊称为"法律帝国王侯"的法官们只不过是一个传声筒而已。

## 四、经验借鉴:让疑难案件不再诘难司法公信力

实际上,无论是古代还是当今的法官,遇到疑难案件是职业生涯的常态,但法官并非总是无所作为,在某些疑难案件处理当中,有的法官也会尝试用丰富的经验和地方性知识来解决棘手难题,避免政治和法律双重风险。

### (一) 关注社会效果

案例七:黄永彬和蒋伦芳系夫妻关系。后黄永彬认识了张学英,以夫妻名义生活。黄立下公证遗嘱,将夫妻共同财产中自己的部分遗赠张学英。张学英起诉要求履行遗嘱。法院以遗嘱违反公序良俗,损害社会公德,破坏公共秩序为由,驳回张学英的诉讼请求。②

案例七的背后,让我们看到了疑难案件的处理离不开社会效果的考虑,正如该案承办法官的回答:"如果我们按照《继承法》的规定,支持了原告张学英的诉讼主张,那么也就滋长了'第三者'、'包二奶'等不良社会风气,而违背了法律要体现公平、公正的精神。"③所谓司法的社会效果,是指司法活动及其结论对于当事人、社会生活、社会公众所产生的影响和效应,其判断基准可能会超出法律本身,一些来源于法律之外的社会规范,诸如政治理念、道德规范、传统习俗、文化观念等均可以成为评价的要素。当前,在经济转轨、社会转型时期,审判工作如不注意社会效果,将会产生极大的负效应;适用法律如果不注

---

① 洪志勇:《疑难案件中法官的司法视角》,《法制与社会》2009 年第 8 期,第 170 页。

② 参见泸州市纳溪区法院(2001)纳溪民初字第 561 号民事判决书,泸州市中级人民法院(2001)泸民一终字第 621 号民事判决书。

③ 《"'社会公德'首成判案依据,'第三者'为何不能继承遗产"》,http://www.people.com.cn/GB/shehui/46/20011102/596406.Html,2012 年 5 月 20 日访问。

意社会效果,就会反过来损害法律的权威性,破坏人民群众对法治的信仰。

## (二) 注重参考民意

案例八:少女廖婷婷因不堪孪生妹妹患精神病给家庭带来拖累,将其捂死。因特殊起因和动机,情节较轻,一审法院以故意杀人罪判处有期徒刑三年,缓刑五年。一审判决后,民众广为关注,意见纷纷,检察院认为量刑畸轻,提出抗诉。在充分尊重民意的情况之下,成都中院二审维持了原判。①

案例八的背后,让我们看到了在巨大的民意压力之下,法官为了维护"法律之内的正义",让民众尊重合法程序下的裁判,注重了民意的吸收。民意,从某种角度来言,就是广大民众的利益诉求。从古到今,从中到外,民意一直都在影响司法裁判。法官一般在做出司法裁判的时候,不仅要考虑裁判的合法性和正当性,而且要考虑社会的合理性和可接受性。如果法官仅仅是两耳不闻"民意",一心只办手头案的话,司法公信就会渐行渐远。因此,在民意颇为壮观的现阶段,"作为社会安定的最后一道屏障"的法院,不能不重视在疑难案件处理当中的民意,并力求法律效果与社会效果的统一,这样作出的裁判才能真正得到公众的认同,实现良好的裁判效果。

## (三) 进行价值权衡

案例九:来京务工者陶红泉因车祸死亡,家属起诉要求按北京城镇居民标准赔偿死亡赔偿金。因陶为农业户口,一审法院不予支持。由于陶红泉办理了暂住登记,可认定主要收入来源北京,二审改判按北京城镇居民标准赔偿。②

案例九的背后,让我们看到了一种令人欣慰的法律现象,那就是在疑难案件价值权衡之中注重保护弱势群体的利益。类似该案的做法,还有全国优秀法官詹红荔、陈燕萍、宋鱼水、金桂兰等。法律是一个规则体系,在规则体系的背后,存在着法官的价值追求,法官选择或者排列什么样的价值追求,往往决

---

① 参见佟海晴:《姐姐捂死精神病妹妹终审被判刑 3 年缓刑 5 年》,http://news.jcrb.com/anxun/qfrqfz/200807/t20080724_40546.html,2012 年 8 月 10 日访问。

② 参见刘晓原:《陶红泉案:同命同价的真伪之争》,http://blog.sina.com.cn/s/blog_49daf0ea01000cu0.html,2012 年 7 月 20 日访问。

定着案件的结果和走向，可以说，法官的裁判结果就是价值判断的结果，就是对各种利益进行权衡并作出选择的结果。为此，"在审判过程中，法官要运用自己的全部经验、专业知识和思维能力，在道德和良心的支配下，通过反复权衡和比较，作出确定性选择"。① 在疑难案件的处理当中，面对多元价值进行权衡的时候，更需要法官进行价值权衡，更需要法官能够依据一定的价值准则，对当事人的权利主张和利益诉求做出正确的价值评价和价值选择。

## 五、路径选择：疑难案件司法公信力形成的进路分析

"我们之所以需要法官，就是为了解决最疑难、最不确定的纠纷"②，而疑难案件的处理并无放之四海而皆准的套路。笔者只是期望以下几点基于对司法实践中所谓的"感悟"能帮助法官在疑难案件的处理中寻求到一种"隐形的法律"，最终实现疑难案件公正处理与司法公信力提升"双赢"的功效。

### （一）心理认同之路：注重司法理念的更新，提升民众的信赖度

心理是指引行为的原动力。只有在心理上树立了为民司法理念，方能在疑难案件的审判工作中激活内在潜能，也才能更好地得到民众的认同。比如，在处理疑难案件过程中，学习詹红荔、宋鱼水、金桂兰、陈燕萍等模范法官的经验和做法，走群众路线，对当事人饱含感情，用真心、真情为当事人排忧解难，视广大民众为"司法的消费者"，更加务实地回应民众的司法期待和司法需求。在处理疑难案件过程中，更加注重民意，缩短民众与审判之间的距离，因为"法律活动中更为广泛的公众参与乃是重新赋予法律以活力的重要途径"③。同时，法官应时刻保持司法良知，在疑难案件的裁判过程中，给予当事人人文关怀，把当事人看作有人格、有价值、有尊严的个体，自觉维护当事人的合法权益。

---

① 田成有：《法官的修炼》，中国法制出版社 2011 年版，第 38 页。
② 唐娜：《如何适用指导性案例》，《法制日报》2012 年 6 月 27 日第 4 版。
③ ［美］伯尔曼：《法律与宗教》，梁治平译，生活·读书·新知三联书店 1991 年版，第 35 页。

**（二） 理念指引之路：注重社会效果的追求，提升裁判的满意度**

司法实践告诉我们，一些疑难案件的裁判通过解释技术在法律上能够找到依据，却与社会形势和社会价值割裂，致使裁判得不到社会的广泛认同。因此，疑难案件尤其要注重裁判的社会效果。一是注重法律与民俗习惯的调适。疑难案件往往缺乏明确的法律依据，如何进行裁判往往需要考虑民俗习惯在审判中的作用，法律、情理、道德等相统一的纠纷解决方式更能得到民众的认同。法官应主动找准法与理的结合点、法与情的一致点、法与社会生活的契合点，回应社会生活的真正需求，努力实现社会效果和法律效果的和谐统一。二是注重价值取向。"在司法审判活动中，特别是疑难案件的审判，往往需要进行利益衡量"。① 在疑难案件的权衡之中，关键在于价值取向。当合法利益遭受非法侵犯的时候，在价值取向上，应当对非法利益进行打击；对现实生活中存在的"法无禁止"的利益，在价值取向上采取一种宽容的态度。在涉及对弱势群体利益的保护时，应依法进行倾斜。衡量一个社会民主和法治的水准，不应该看它怎样对待这个社会的"高尚者"，而是要看它怎样对待这个社会的"卑微者"。② 司法作为一种衡平正义的力量，应当给予弱势群体更多的保护，更多的关爱。对于涉及社会公共利益的案件，法官在进行价值取向时，必须对利益背后的社会价值影响进行评价，对社会效益大的公共利益给予优先考虑。

**（三） 方法选择之路：注重纠纷的实际解决，提升裁判的认同度**

"法律的一切最终都是一个'如何解决问题'的问题"③。在疑难案件的裁判过程中，需要从如下三个方面着眼于矛盾纠纷的实际解决：一是注重司法经验。"司法裁判本来就是一种操作性、实用性很强的裁判活动，所以，法官要越老越好，司法裁判的经验要越多越好"④。在疑难案件处理过程中，法官不是判决的生产机器，不是机械司法者，需要借助自己的司法经验，特别是面对几种意见进行抉择的时候，逻辑并不能告诉法官如何抉择，这时往往需要借

① 梁上上：《制度利益衡量的逻辑》，《中国法学》2012 年第 4 期，第 73 页。
② 参见张文郁：《社会弱势者诉法权之保障》，《辅仁法学》第 24 期，第 5 页。
③ ［美］理查德·A.波斯纳：《法理学问题》，苏力译，中国政法大学出版社 2002 年版，第 198 页。
④ 田成有：《司法裁判的社会经验》，《法制日报》2009 年 1 月 21 日第 3 版。

助法官的司法经验,在规则和解决问题之间方能达到平衡。其中一个重要的方面是,在疑难案件的司法实践中以指导性案例为重要依据,借鉴既往的司法经验和智慧,实现个案裁判的妥当性,将僵硬的法律规则转化为灵动的裁判正义。二是加大人民陪审工作力度。在疑难案件的处理中,需要将公众的良知和直觉引入疑难裁判过程,使得判决更加接近大众情感,符合一般公众的认知需求,从而也更容易得到公众的认同。人民陪审员来自于人民群众,对人民群众的所思所想最为了解,也更善于做群众工作,人民法官精通法律,二者有机结合,可以使人民法院的审判工作更有成效。三是依法调解。在疑难案件的处理中,为了让当事人对法院的裁判结果比较满意或至少能够被接受,非常需要调解来实现案结事了。但是,我们不能盲目地追求调解,一味地强调调解,不能久调不决,"忽悠"当事人,严重损害司法效率和司法公信。

**（四）制度保障之路：注重多重机制的建构,提升裁判的安全度**

疑难案件的裁判得到认同,不仅是自身努力的问题,也需要制度保障。在寻求制度保障的过程中,不能仅依赖一项或者几项制度,忽视制度的相互衔接,要注重系统性。因此,要充分考虑制度间的衔接与配合,将疑难案件的裁判与法院相关的制度衔接起来,强化疑难案件裁判民众认同的配套制度支撑。如建立疑难案件社会稳定风险评估机制。通过建立包括风险识别、风险评估、风险决策在内的一系列机制,并采取预防、控制、化解等综合性的管理手段,对疑难案件中存在的可能影响社会稳定的各种风险事项进行有效管理和规制,从而达到维护社会稳定、促进社会和谐发展的目的。再如进一步完善司法公开机制。在疑难案件的处理当中,积极推行"阳光审判",在审判权运行的各个环节上,全面落实司法公开,加强与社会各界的联系,加强与新闻媒体的沟通与交流,主动接受民众和新闻媒体的监督,做到司法公开透明,让民众更容易接受裁判结果。

当十多年前的中国吹响向法治进军的号角时,社会各界对于公正、高效、权威的司法充满着期待。然而,当下我们却不得不面对这样一个尴尬的困局:人们一方面高歌"司法是社会正义的最后一道防线",另一方面又以"天下法官一般黑"对法院充满怀疑,法官似乎坐在了"社会火山口"。个中原因固然复杂,但至少说明法治的理想并不仅仅是靠"宏伟蓝图"就可以实现的。建设社会高度信任的法院当然需要良好的顶层设计,更应该根植于坚实可信的基层司法实践中。建构神圣司法的通天塔所需要的,不是无比正确的口号,而是用公正的司法实践建立起的公信基石。特别是在疑难案件的处理中,像程序公正、司法公开、尊重民意、严格依法、平等对待等等,不折不扣地做起来,实实在在地兑现了,司法权威、公正的共识才会达成。但愿它能成为每个法官的自觉意识,果如此,司法公信的曙光必将离我们越来越近,你听到的将是中国法院好声音。

**（本文获"司法学论坛暨首届司法管理学研讨会"征文二等奖）**

# 关于优化完善审判职权配置的实践与探索

## ——立足于基层法院实践的思考

邹立群*

如何在现行的司法制度架构之内,合理分配法院内部审判资源,通过优化组合部门、人员、资金等要素来提高法院的审判质效,以解决司法需求激增与有限的司法资源之间的矛盾,是我们亟待研究的重大现实课题。审判职权的优化配置是人民法院各项职权的中心环节,是今后改革的主要方向和着力点。笔者拟从目前基层法院审判职权配置直接妨碍司法公正、高效、权威目标实现的薄弱环节入手,就如何科学配置司法职权,优化整合审判资源,建立符合审判职权运行规律的体制与机制进行了思考与探索。

## 一、理论基础:优化审判职权配置的价值

优化司法职权配置,规范司法行为,建设公正、高效、权威的社会主义司法制度,是党的十七大就深化司法体制改革提出的明确要求。建设公正、高效、权威的社会主义司法制度已经成为新阶段司法改革的目标,而优化司法审判职权配置,正是落实司法改革的重要措施和需要,对当前建设公正而高效的社会主义司法制度意义深远。

改革目前的审判职权配置模式具有现实必要性。随着我国经济体制、政治体制改革的稳步推进,法院为社会弱势群体提供司法保障,平衡、调整各类

社会主体的利益,化解社会矛盾纠纷,稳定社会秩序的职能作用日益突出,但基层人民法院审判职权配置的现状却与当前社会的需要极不协调,存在诸如审判工作与辅助工作职能交叉、法官与辅助人员分工不清、审判质量与效率管理不科学等问题。这无疑束缚了法院司法审判功能的有效发挥,也削弱了法院维护社会正义的作用。对人民法院职权配置进行较为彻底地、适应性地改革已成当前共识,也显得极为迫切。"变则通,通则久",唯有通过改革,法院才能适应时代的变革,跟上时代的发展步伐。

优化审判职权配置是追求司法效益最大化的有益探索。法院是根据自己掌握的司法资源向社会提供司法正义产品的社会机构,也就是说,为社会提供更多的司法公正产品是其活动的宗旨。法院应当做的是使社会上更多的人能够便利、快捷地寻求法院的救济。现今出现的诉讼爆炸浪潮,使法院陷入了"案多人少"的尴尬境地。而在短期内,寄希望于通过明显提高司法投入、显著增加人员编制以解决司法需求激增与有限的司法资源之间的矛盾恐怕不现实,也未必可行。解决该问题的根本之道,还得从法院自身入手,改革传统的审判职权配置模式,合理配置现有的司法资源,降低个案的处理成本,利用现有资源受理和审判更多的案件。如此,司法成本才会通过平摊的方式得以降低,社会对司法公正的认同度才会提升,司法的效益才会实现最大化。

优化审判职权配置是法院推进社会管理创新的突破点。法院应根据社会转型时期不断涌现的新情况、新问题,结合自身工作实际,找准突破点,推进社会管理创新。虽然从总体上看,社会管理创新属于法院外部管理的创新,但是要推进社会管理创新,必须依赖于法院内部司法理念、方法、机制的管理创新,由此方能实现由内而外创新的传递,形成内部和外部管理创新的良性互动。审判职权配置模式的改革正是法院内部机制的创新。通过创新审判工作机制,优化整合内部机构,科学配置审判职权,以充分发挥审判职能作用,彰显司法对社会行为的引导、示范、评价和规则功能,从而推进社会管理创新。

## 二、实证困境:审判职权配置的实践考量

通过上面的阐述,可以看出,优化审判职权配置,建立科学、合理的司法职权配置对于公正高效权威的社会主义司法制度具有重要意义。然而,通过考

察当下的司法实践,不难发现现行的审判职权配置存在一些问题,直接掣肘公正、高效、权威的司法制度的实现。

审判职权从其表现形式来看,可分为纵向和横向两个方面。纵向的审判职权配置主要指审判职权在上下级法院之间的分配与设置。横向的审判职权配置包括两个层面:一是审判职权在同一层级法院之间的分配与设置;二是审判职权在同一法院内部的分配与设置,包括审判机构的职能分工、审判组织的权限、审判事务的管理等内容。① 在此,笔者仅以基层法院的视角考察、评价审判职权在同一法院内部的分配与设置情况。当下的审判职权配置在实践的运行中存在下述几个关键而突出的问题:

### (一) 审判资源配置失衡

审判职权的配置要遵循整体性原则,业务部门职权资源过少影响审判职能,综合部门职权资源过少则影响司法功能拓展,两者不可偏颇,否则影响司法功能的整体发挥。② 目前法院内部存在审判职权资源配置失衡的问题,主要表现在两个方面:一是审判业务部门之间资源配置失衡;二是审判业务部门与综合管理部门人员之间资源配置失衡。审判部门基本按照案件类型设立,由于人员配比不同以及各类型案件收案数量的不平衡甚至相差悬殊,导致人员配置相近的部门之间的人均结案数存在较大差异,工作量分配不够科学,一定程度上造成了审判资源的浪费。如 2010 年度,笔者所处法院专门审理知识产权和建设工程合同纠纷案件的民四庭人均结案数为 84 件,而同期审理传统的婚姻家庭、劳动争议等案件的民一庭的人均结案数为 198 件。

现今,法院内设机构越来越细化,行政、人事、后勤部门越来越多。在有些基层法院,审判执行业务部门与综合部门在人员数量上几乎各占一半。根据《法官法》第二条的规定,"法官是依法行使国家审判权的审判人员,包括最高人民法院、地方各级人民法院和军事法院等专门人民法院的院长、副院长、审判委员会委员、庭长、副庭长、审判员和助理审判员。"然而在实践中,法官绝

---

① 参见应勇:《上海法院审判职权配置的优化与完善——以机制创新为视角》,《人民法院报》2011 年 2 月 10 日第 8 版。

② 参见丁寿兴:《司法功能完善与审判职权配置模式的构造》,《人民司法》2010 年第 19 期,总第 606 期。

不仅仅限于行使审判权的审判人员,有审判员之名而无审判员之实的大有人在。法院中行政、人事、后勤等服务部门的人员也算在法官序列里面。相当一部分已获得审判资格的人,却在从事着党务、人事行政、后勤管理等与审判无直接关联的工作。法院的基本职能是对进入法院的案件依法开展审判工作。这就决定了审判工作应当是法院工作的中心,反映在人力资源配置上,处于审判岗位的法官应占到整个法院全部具有法官资格人员的绝大多数。但实际的情况却并非如此,以笔者所在地区 A、B 两个基层法院为例(见图 1),在 A 法院具有审判资格的人员总共有 84 人,但在非审判岗位上的有 35 人,比例达42%。在 B 法院(见图 2),具有审判资格的人员总共有 123 人,在非审判岗位上的有 53 人,比例达到 43%。"法官资格实际上成了法院内部平衡利益,安抚老弱的一种待遇。"①此话虽然有点偏激,但真切地揭示了法官与非法官职务序列界限划分不明,行政人员和工勤人员占编比例过大的问题。而且从事党务、人事行政工作的法官,因行政角色突出而法官身份淡化,也导致审判人才的"隐性流失"。笔者所在法院主要担负行政管理职责的庭长的年均办案仅为 65 件,这种行政管理模式下优质审判资源的"隐性闲置",也进一步凸显了案多人少的矛盾。时至今日,法官队伍不断壮大,但是"案多人少"依然是法院工作面临的最突出的困难和问题,这与法院内部机构设置不合理,内部资源配置失衡,法官职务序列与非法官职务序列界限不清有直接的关联。

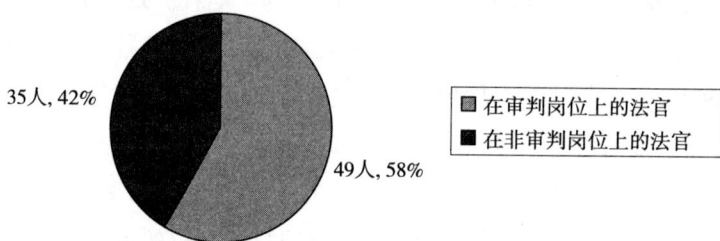

35人,42%

49人,58%

■ 在审判岗位上的法官
■ 在非审判岗位上的法官

图 1　宁波地区 A 法院审判岗位上的法官与非审判岗位上的法官数量比例

## (二) 审判工作与审判管理工作职能交叉

审判管理工作是围绕审判工作所进行的一系列程序性工作和审判辅助性

---

① 李汉昌:《司法制度改革背景下法官素质教育之透视》,《中国法学》2000 年第 1 期,第49 页。

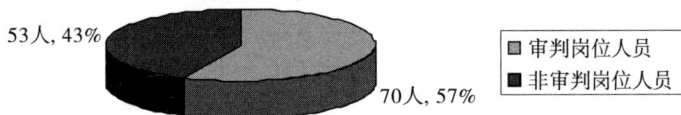

图 2　宁波地区 B 法院审判岗位上的法官与非审判岗位上的法官数量比例

工作,其目的在于保障审判活动公正高效运行,主要有两大内容:①一是管理
规范职能,包括审判管理规范文件的起草、审判流程管理、案件质量日常评查
职能、司法统计、审判运行态势分析等审判事务管理职能;二是组织协调职能,
即负责组织协调涉及全院不同业务部门的审判管理事务,以及上下级法院之
间的审判管理工作等。可见,审判管理工作与审判工作具有密切的联系,但两
者又是不同的,审判业务工作关涉的是审判权的运行过程,是司法权,而审判
管理工作是行使审判管理权的活动,具有准行政权的特征,两者在主体、客体
等方面存在着本质的区别。如审判工作的行使主体是独任审判员、合议庭与
审判委员会等审判组织,审判管理的主体则是院、庭长或专司审判管理的审判
机构;审判工作的客体是进入诉讼的案件,功能是为人民群众的合法权利提供
一种最终救济渠道;审判管理的客体则是法官的审理过程,功能主要是维护良
性的审判活动秩序。② 审判业务工作与审判管理工作在本质上的不同决定了
两者的职能不能交叉、混同,即同一个主体不能既从事审判工作,又从事复杂
而细致的审判管理工作,否则审判工作与审判管理工作都会出现混乱,进而影
响司法公正与效率价值的实现。然而,实践中许多基层法院对审判工作与审
判管理不做分工,审判庭的庭长既是审案者,又是管理者,③拥有审判权的法
官同时行使审判管理职权,如此裁判的正当性不可避免地受到影响和质疑。

### (三) 审判人员与辅助人员分工不清

审判管理以审判活动以及与审判活动密切相关的事物为工作对象。完

---

① 广东省高级人民法院宣传处:《论法院审判管理组织的合理设置》,广东法院网,2011 年
　7 月 19 日访问。

② 牛敏:《审判管理模式构建研究》,《人民司法》2009 年第 7 期。

③ 以宁波地区 C 法院为例,审判业务部门的负责人除了自身办案之外,还须履行业务管
　理、办案质量管理、效率管理、效果管理等管理职责,涵盖案件核稿签发、案件质量评查、
　案件信息录入、案卷移送质效、案件结案率、调解率、息诉率、陪审率等内容。

善、科学化的审判管理制度有助于法院公正而高效地解决社会纠纷,它应当是对法院审判人员、管理人员及其他辅助人员进行业务分工,它可以使审判人员从琐碎繁杂的管理事务和辅助工作中解脱出来。但在审判实务中,仍存在诸如审判工作与辅助工作职能交叉、法官与辅助人员分工不清、审判质量与效率管理不科学等问题,还没有完全适应新的形势。如法官既进行独立的审判活动,又负责辅助和管理工作;不仅要开庭审理案件,而且还负责安排开庭时间,甚至填发传票,亲自送达法律文书。在"案多人少"的压力之下,有些基层法院甚至出现书记员顶替法官从事审判工作的现象,严重混淆了法官与辅助人员的分工。这种法官除了主持庭审、依法裁判之外,还要作送达、庭前准备、调查取证、组织调解、起草文书、归档和接待当事人信访等大量事务性工作的状况,致使法官事务缠身,无法集中精力对案件进行耐心而细致的审理,不仅影响了自身审判素质的提高,也无疑削弱了法院整体的司法能力,影响了审判工作的公正与效率。

## 三、配置方略:优化审判职权配置的实践途径

公正与效率是现代司法运作的两大目标。法院的核心职能是审判职能,审判工作是法院的中心工作。因此,寻求一条走出审判资源紧缺的困境,破解审判力量的不足与人民群众日益增长的司法需求之间矛盾的途径,从而达到司法公正与效率的最佳结合,坚持"以审判工作为中心,优先保障审判工作需要"的原则,自是审判职权配置优化与完善的题中应有之义,也是我们在优化完善审判职权配置时应当具备的思维和视野。

"三五改革纲要"将优化人民法院职权配置作为改革的首要方面,提出了改革的新举措,明确要优化审判业务部门、综合管理部门之间、审判业务部门与综合管理部门之间的职权配置;完善人民法院人事管理制度和机构设置;完善法官及其辅助人员分类管理的制度等。笔者以为,审判职权配置的优化与完善应当以此为方向标,并以此为契机,优化审判职权配置,合理配置审判资源,规范法官岗位设置,充分发挥司法资源的潜力,有效解决法院面临的问题。

### （一）职务序列的合理划分

如前文所述,具有法官资格的人数众多,法官职位"泛滥成灾",但是在非审判岗位上的人员却占有相当一部分比例。由此带来的一个显著弊端就是处于审判工作一线的法官不堪重负。法院处于一方面普遍感到人手不够,要求增加编制;而另一方面增加的编制却又用在了非审判岗位上的尴尬局面。为此,必须创新法官的岗位设置,实行审判职务序列与非审判职务序列,将法院工作群体划分为法官与法官助理、速录员等司法辅助人员序列,合理配置每个序列的资源。阻断法院中行政、人事、后勤等服务部门以及档案管理、财务、文秘的人员走向法官系列的趋势。这种"人人都有法官职称的做法,不利于培养法官群体的精英意识、荣誉意识,人数众多也难以优其待遇、隆其地位"①。但是,实行这项变革不能一蹴而就,"罗马不是一天建成的",实行岗位分类管理制度,需要循序渐进,可以采取先分类,后分层次,最后定编的方法,从而达到把审判辅助人员逐步从法官队伍中彻底分离出来的目的。应当明确只有判案法官才是真正意义上的法官,从而推动法官队伍沿着少而精的方向迈进。②现行法院里,法官与审判辅助人员相比,法官数量太多,而审判辅助人员太少。必须改变这种人员构成状况,努力创建法官数量少、审判辅助人员多的"精干"法院。减少或者限制非审判岗位上法官的名额,根据受理案件的数量及其他因素合理确定法官的员额。不能走单纯依靠增加法官数量的老路,增加法官数量也不是解决问题的长远之策,"铁打的营盘,流水的兵",唯有改革队伍管理,实行岗位分类管理制度,才能激活内部潜力。

### （二）理顺法官与法官助理的关系

"三五改革纲要"明确要建立以法官、法官助理、书记员和其他行政人员的绩效和分类管理为主要内容的岗位目标考核管理体系。可见,法官助理制度是人民法院改革和完善队伍管理的重要内容之一。法官助理制度是合理配置有限审判资源的重要途径,有利于促进司法分工的科学化和审判资源的优化配置,提高审判效率,也有助于消除审判职责不清,人员职责不清等弊端。

① 孙新军:《基层法院人力资源配置的现状与出路》,《山东审判》2008年第5期,第74页。
② 参见董皞:《审判管理改革问题再认识》,《法律适用》2004年第8期,第13页。

理顺法官与法官助理的关系是当前需要注重的任务。笔者以为应当把建立以主审法官为核心,法官助理为辅助的审判运行体制作为推进法官人员分类管理的重要方式与渠道。法官队伍的精英化建设意味着法官数量的减少。但是在目前案件受理数量节节攀升的情况下,要保证司法效率的提高,除了法官自身素质必须提高外,配备法官助理实为必要。① 法官助理顾名思义是法官的助手,协助法官从事审判辅助工作。如果对法官与法官助理不进行科学的界定和划分,就有可能出现法官助理职责不明,或出现越俎代庖的现象。法官助理要发挥作用,实现法院审判资源的合理配置,应当将审判中的非核心事务和辅助性工作交由法官助理承担,由其组织庭前证据交换和调解;整理案件争议焦点、准备与案件审理相关的参考资料;协助法官进行庭前、庭后调解;提出法律意见、草拟审理报告及法律文书初稿;协助法官证据保全;办理委托鉴定、评估、审计等工作。通过上述明确的职责界定,把法官助理的工作职责与法官的工作职责明确分开,使法官不再陷入繁琐的事务性工作中,专司审判工作。

### (三) 剥离审判权与审判管理权

审判工作与审判管理工作两者不分家,职能交叉所带来的混乱,导致审判公正和效率大打折扣,当前我们迫切需要摆脱审判资源紧缺,案多人少矛盾突出的窘境。因此,剥离审判工作与审判管理工作势在必行。审判管理的根本价值在于通过对审判权及审判行为的组织、控制和协调,实现对审判公正高效的保障,而要真正达到此目标,必须丰富、细化审判管理的手段,使之具有实践的可操作性,可从以下三个方面设计:

1. 案件长效考评机制的建立。案件质量考评机制通过对生效的案件进行规范化的考评检查,界定案件差错和差错责任,从而强化案件的内部质量监督,实现对审判的长效管理。当前存在司法权行使不当、案件质量不高等问题,使得司法的实际效果与社会对司法公正的期待有差距,而案件质量考评机制具有引导法官正确办案的功能。因此,为提高审判质量,实现审判管理的科学化和规范化,必须建立审判质量长效考评机制:一是设立专门的案件质量考

---

① 笔者所在法院对法官与法官助理的改革进行了有益的尝试,大力推行法官和法官助理"1+1"模式。

评机构,使质量评查工作专门化;二是规范案件质量考评的程序,确定严格的案件质量评价标准;三是明确分工,落实责任,根据案件质量评价的结果进行相应的处理。

2. 节点管理的有效控制。审判流程管理的实质是将实体审判权和流程控制权实行相对分离。审判权与流程控制权的分离改变了审判权和管理权之间模糊不清的关系,使二者的关系明朗化。审判流程化管理通过对案件运行的立案、排期、审理、结案、归档等不同阶段进行合理分工、明确职责及管理目标、确定公开化监督考核指标的方式,以避免超审限、久拖不审、久审不决的现象。流程管理既为法官独立行使审判权创造条件,让法官成为真正意义上的裁决者,从而达到提高审判质量和效率的目标,又按照流程的各个节点推动诉讼进程,对诉讼行为进行制约和监督,防止法官滥用审判权,督促法官依法审判以实现司法公正的目标。① 目前,许多基层法院仍然沿用传统的模式,审判流程管理权分散在法院的多个部门,对审判流程由立案庭、审监庭以及分管领导来负责,这种多头监管的局面不利于在整体上提高监管的有效性,实质上却赋予了法官对个案审判进程的控制权,审判流程处于一种放任自流的状态,诉讼拖延的现象无法得到有效遏制。为此,应由专门的机构对审判流程负责管理和监督,②根据各类案件在审理过程中的不同环节,对立案、送达、开庭、结案等不同审理阶段进行跟踪管理,并就运行中存在的问题进行科学梳理、分析。其中节点管理是有效的审判流程管理手段,可以使我们有的放矢加强管理,将管理、监督作用落到实处。如笔者所处法院,推行案件节点数据管理,把案件受理到办结所有节点的耗时,均以数据的形式展现,并将数据结果纳入考核系统(见表1、2),作为部门和法官奖惩的重要依据,起到了监督和提高案件审判工作与效率的作用。

**表1  2011年12月份全院民商事案件节点数据**  单位:天

| | 立案至副本送达期限 | 立案至开庭期限 | 开庭至法律文书制作期限 | 签发至送达期限 | 法定审限 | 自然审限 |
|---|---|---|---|---|---|---|
| 简易 | 4.65 | 21.29 | 5.44 | 6.74 | 29.47 | 29.86 |

---

① 参见廖小鑫:《论审判流程管理权与审判权的冲突及协调》,《韶关学院学报》2008年第2期。

② 目前,宁波地区大部分基层法院设立了专门的审判管理机构。

续表

| | 立案至副本送达期限 | 立案至开庭期限 | 开庭至法律文书制作期限 | 签发至送达期限 | 法定审限 | 自然审限 |
|---|---|---|---|---|---|---|
| 普通 | 9.5 | 46.93 | 9.68 | 7.6 | 69.24 | 124.62 |
| 驳回起诉 | 3 | 33.5 | 3.5 | 4.83 | 28 | 28 |
| 撤诉 | 4.04 | 28.08 | 24.54 | 5.79 | 29.88 | 39.74 |
| 调解 | 4.91 | 27.58 | 4.73 | 4.76 | 34.61 | 41.47 |
| 判决 | 7.98 | 32.76 | 6.47 | 8.91 | 52.12 | 79.98 |
| 移送 | 5 | | | | 44 | 44 |

表2　2011年12月份各庭民商事案件平均节点的比较　　单位:天

| 名称 | 民一庭 | 民二庭 | 民三庭 | 民四庭 |
|---|---|---|---|---|
| 法定审限 | 30.59 | 47.91 | 45.91 | 80.1 |
| 自然审限 | 30.59 | 72.64 | 54.14 | 158.3 |
| 立案至副本送送期限 | 3.54 | 7.52 | 5.93 | 4.38 |
| 立案至开庭期限 | 21.48 | 33.68 | 22.62 | 54.67 |
| 开庭至文书制作期限 | 18.88 | 5.8 | 13.82 | 2.78 |
| 签发至送达期限 | 6.21 | 8.39 | 6.03 | 5.13 |

3.定性与定量相结合的评估体系。司法绩效评估制度从客观反映司法质量、效率、效果和社会公众满意度各方面情况出发,运用法学、统计学、经济学、管理学等多学科知识和数理研究方法,通过利用司法统计指标,结合各种统计资料,采用多指标综合评价的方法和技术,形成整套评价指数,建立审判质量与效率评估的量化模型,实现在定性基础上的定量管理,对法院和法官的司法绩效进行总体性、数量化的评价和判定,从而提高审判管理的准确性和管理效率。[①] 但是,目前法院对个体工作绩效的好坏,主观性很强,缺乏客观的评价标准,缺乏明确的评价尺度。笔者以为应着眼于构建符合审判工作规律、操作性强的司法绩效考评体系,在人员岗位分类管理制度的基础之上,将个体考核评估对象分为审判法官、执行员、业务部门负责人、综合部门负责人、司法辅助

---

① 参见胡夏冰:《审判管理制度改革:回顾与展望》,《法律适用》2008年第10期。

人员、司法综合人员等几大类,采用定性与定量相结合的方法,按照工作实绩、司法能力、职业道德、外部评价四大方面和办案数量、质量、效率、效果、庭审驾驭能力、裁判文书制作能力、办理疑难复杂案件能力、化解重大社会矛盾纠纷能力、司法调研能力、司法廉洁、遵章守纪、工作作风、个人品行等具体项目对个体进行考核评估,并把考评结果与评先评优、晋职晋级、干部任用、学习考察、体检疗养等有机结合起来,以发挥绩效考评的审判管理"指挥棒"功能,实现对案件的管理和对人的管理的有机结合,从而有效激发个体工作的积极性和主动性。

**(本文获"司法学论坛暨首届司法管理学研讨会"征文二等奖)**

# 人民法院审判管理创新之路径

## ——兼议审判权运行中的"综合管理型"模式

许建兵 *

按照西方学者的经典表述和分类,国家权力分为立法、司法和行政三权,主张三项权力相互约束、彼此制衡,保证政治权力在法律规章的限制下运行。① 我国现行《宪法》第 126 条规定:"人民法院依照法律规定独立行使审判权,不受行政机关、社会团体和个人的干涉。"审判权是国家权力的一种,自然也应受到严格的限制以避免对个人自由和权利的侵犯和威胁。然而就独立行使审判权的问题,许多大家学者以及法律实务者各有见解,笔者比较赞同独立行使审判权属于审判权的外部关系的观点,②不能将这种规范外部的关系引入法院内部,而否定法院通过自身的审判管理权对审判权加以制约。③ 那么在当下审判管理语境中的一个重要且敏感的命题是:如何依法确保审判权力公正高效运行? 法学家从立法层面,偏重于研究传统的诉讼制度并力图通过立法手段对其加以科学化的整合与创新,如 2008 年 4 月 1 日实施的民事诉讼法修正案,以及将于 2013 年 1 月 1 日正式实施的新刑诉法修正案。④ 实务界

---

* 许建兵,江苏省东台市人民法院院长。

① 参见[法]孟德斯鸠:《论法的精神(上册)》,张雁深译,商务印书馆 1987 年版,第 154—166 页。

② 参见胡云腾、范跃如:《审判权与审判管理权运行机制研究》,《审判前沿》总第 35 集,法律出版社 2011 年版,第 129 页。

③ 这种观点已越来越被理论界和实务界广泛认同,并成为主流观点。

④ 法学界认为:民事诉讼法修正案对于保障司法公正,兼顾程序正义和实质正义,维护法律的严肃性,都将起到积极作用。刑诉法修正案对简易程序适用"扩容",实现了"繁简分流",对节省司法资源,提高诉讼效率有积极意义。

关注的不仅是要获得法律制度层面的系统化设计,且更多地注意到了我国当前的司法现实情况,以及司法权在国家政治制度架构中的特点,正在寻求一种在现有法律制度框架内,建立以审判权运行为中心的管理体制,形成配置科学、运行顺畅、公开透明的审判管理工作新机制。

当前,人民法院以审判权运行为中心的审判管理机制已初具规模,积累了较为丰富的理论和实践经验。然而,社会现代化进程的反复,法院制度改革不可能一蹴而就,因为法院制度改革受制于社会经济、政治、文化、历史条件。①法院改革的重点被确定为长期存在的审判工作行政管理模式。当下,法院审判管理制度的改革和创新亦如此。审判管理应该坚持什么样的管理理念,应解决审判工作中的哪些问题,认识依然模糊。审判管理应该确立什么样的发展方向,审判管理权属性如何界定,定位仍然不明。审判管理的边界问题(管什么)、管理方式问题(怎么管)仍未解决,②定位准确、职能科学、管理高效、运行良好的审判管理机制还需要不断探索、健全和完善。

# 一、审判管理语境下的审判权运行

人民法院的审判管理是根据法院审判工作发展的具体情况提出来的,经历了一个较长的实践过程。与之相生的审判权运行概念也随着审判管理的建立和不断发展,在不同的时期有不同的认识和理解。笔者从以下四个时期去理解,以期厘清审判权运行为何是审判管理的中心。

## (一) 初始时期

1999年人民法院"一五"改革纲要提出的审判流程管理,开始了对传统的行政化审判管理机制进行转换的探索。从2003年开始,最高人民法院在第一次全国法院立案工作会议上,首次明确将审判管理中的流程管理的职能明确

---

① 参见左卫民:《法院制度现代化与法院制度改革》,张明杰主编:《改革司法——中国司法改革的回顾与前瞻》,社会科学文献出版社2005年版,第253页。

② 2012年5月25日,最高人民法院常务副院长沈德咏在全国法院审判管理工作座谈会上讲话中指出:各级人民法院要进一步解决好审判管理管什么、审判管理怎么管等重大问题。《人民法院报》2012年5月26日第01版。

到立案庭。至此,全国法院系统中无论是高级法院还是基层法院都陆续探索建立以审判质量效率指标体系为核心的审判管理机制。① 当审判管理出现在仅对审判流程管理的初期阶段时,审判权运行也仅限于对案件流程的理解,即立案、受理、审理程序的管控,实质上还是停留在对案件承办人的行政管理上,审判权运行尚未进入审判管理的视野。

### (二) 探索时期

2004 年,人民法院"二五"改革纲要提出了建立健全审判管理组织制度、建立规范审判管理权行使及其与审判权之间的协调机制等改革目标。自"二五"改革纲要实施后,以一些法院成立审判管理机构为标志,主要通过对案件流程、审判质效指标、案件质量评查、审判绩效考核等内容的动态管理,提出了对审判权的控制,由此引发了理论界与实务界对审判管理是否影响甚或剥夺法官独立行使审判权的大讨论,也更促使实务界在审判管理实践中艰难探索,主要有三个要解决的问题:一是审判管理向何处走,二是审判管理究竟管什么,三是审判管理怎么管。

### (三) 发展时期

2010 年 8 月,全国大法官审判管理专题研讨班,时任最高人民法院院长王胜俊提出了人民法院审判管理的基本理论框架,标志着人民法院审判管理理论的初步形成。② 在加强和创新审判管理理念下,就审判权和审判管理权进行了明晰和界定,提出"两权改革",审判权运行和审判管理权运行的概念开始出现,并受到理论界和实务界的关注,司法"行政化"与"去行政化"的问

---

① 2003 年,上海高院在全国法院系统率先建立了审判质量效率评估体系。(参见上海高院 2008 年 1 月 26 日在上海市第十三届人民代表大会第一次会议上的工作报告)江苏省高院于 2011 年 4 月对 2003 年下发的《关于建立全省法院审判质量效率统一指标体系和考评机制的实施意见(试行)》进行了修订。(参见江苏高院 2005 年 1 月编印的《审判管理工作文件汇编》及苏高法审委[ 2011 ]4 号审判委员会会议纪要)2004 年下半年,湖南省高院建立并实施了司法绩效综合评估体系。(参见《中国审判》2006 年第 6 期,时任湖南省高级人民法院院长江必新的《司法绩效综合评价的实践与思考》)

② 参见黄晓云访最高人民法院审判管理办公室主任周建平:《脚踏实地　总结提高　努力推进人民法院审判管理再上新台阶》,《中国审判》2012 年第 7 期,第 14 页。

题在"两权"运行上又被重提。①

### （四）加强和创新时期

2010 年 11 月，最高人民法院在南通召开了全国法院审判管理工作座谈会，第一次对全国法院的审判管理工作进行系统的部署，人民法院的审判管理工作完成了从理论到实践的飞跃，有组织、有系统的审判管理工作新格局基本形成。2012 年 5 月，最高人民法院在贵阳召开的第二次全国法院审判管理工作座谈会上，提出了通过管理促进审判质效提升，"规范、保障、促进、服务"审判执行工作，这决定了目前的审判管理在手段、目的、效果等方面都不同于原有的审判管理方式。② 正如最高人民法院副院长沈德咏所概述的审判管理：人民法院的专门审判管理，是为了有效整合司法资源，科学安排审判工作，严格规范审判过程，客观考评审判质效、服务保障审判权依法、独立、公正、高效、廉洁行使而开展的组织、协调、评估、考核、指导、督办等一系列管理活动的总和。③ 因而可以说：审判管理实质上是对审判程序运行过程的管理，即通过规范化的管理手段，审判权运行的过程被"程序化"地依法控制、监督、防偏、纠错和保障。

审判权运行概念的提出根植于审判管理不断发展的基础。根据以上不同时期对审判管理的不同解读，就当下审判权运行概念的认知，笔者结合长期的审判管理实践，认为应当是指广义上的审判程序运行过程，包括案件的立案受理、审判流程信息、案件事实认定、诉讼程序进展掌控、法律选择适用、案件实体处理以及执行程序等权力的运行过程。

## 二、审判权运行与审判管理应然目标背离

检视正在探索运行的审判管理制度设计及运行状况，一些制约审判管理

---

① 参见蒋安杰：《"两权改革"：中国审判运行机制的微观样本》，《法制日报》2010 年 12 月 1 日。

② 参见黄晓云访最高人民法院审判管理办公室主任周建平：《脚踏实地　总结提高　努力推进人民法院审判管理再上新台阶》，《中国审判》2012 年第 7 期，第 15 页。

③ 2012 年 5 月 25 日，最高人民法院常务副院长沈德咏在全国法院审判管理工作座谈会上的讲话，《人民法院报》2012 年 5 月 26 日第 01 版。

目标实现的阻碍因素日益凸显,背离了保障审判权公正、高效、公信运行的目标。

### (一) 审判管理权威不高背离审判权运行效果

围绕所设定的审判质效指标,通过指标排名给法官带来的高压态势,以及多层级对法官质效指标的苛求管理,功利性的要求跨越,反而引起法官的反向力增强,不少好的审判管理制度被弃置甚至被"奴化",由此引发人们怀疑改革审判管理体制是否能有效控制审判权运行。如在最高人民法院开展的长期未结案件清理活动,[①]以某省法院为例,该省三级法院 2011 年度,纳入全省法院清理范围的长期未结案件总数为 5144 件,其中发现了不少的隐性超审限案件和超 18 个月以上的未结案件。作为审判管理重点的审限管理未能真正落实到位,导致对审判权运行进行制度控制的权威性受质疑。我们通过了解基层一线法官,相当一部分法官认为法官仍处于单纯的被管理者的角色和地位,司法者的主人翁意识缺乏;管理者与被管理者之间的张力增加,法官们对被管理的心理压力远远大于放权所产生的主观能动性,审判管理事务的繁琐增加了法官的额外负担,审判生产力并未得到充分解放,[②]使得本应绝对信仰和忠诚于法律,对审判管理体制改革应当满怀信心和历史责任的司法者本身都敬而远之,甚或漠然、担忧,极大地制约了审判管理体制改革所应期望的效果。

笔者认为:审判管理权威不高在于管理制度缺少适当"温度"。审判管理中针对法官本人的管理力度大于对法官审判活动的管理力度,管理的对象发生错乱,使得审判管理与行政管理相互混同,各自的职责范围和界限模糊,缺少明晰的区分。[③]"激励能够赋予管理者掌控未来的力量"。如果以牺牲法官参与改革的主动性、创造性来片面追求案件的质量效率,那么可以这样说,以

---

① 长期未结案件是指从立案之日起超过六个月未结的审理和执行案件。开展此项活动,旨在促进审判效率提升。在清理中发现了不少问题,值得高度关注。

② 笔者通过调查走访发现的上述存在问题,来自于中级法院和基层法院中相当部分法官的认识。他们认为审判权的约束需要审判管理,但对审判管理中各种繁杂化的制度、规定,特别是上下级法院之间制度上的不协调不一致普遍感到无所适从,并产生厌烦情绪。

③ 参见胡昌明、杨兵、王耀承:《构建科学的审判管理机制》,《人民司法》2011 年第 1 期,第 4 页。

这种方式所能实现的公正高效是虚荣的,仅能被看作是为缓解外部环境压力和内部案件压力所采取的权宜之计,仅可获得短期效益,真正要担忧的是随之而来的对司法固有属性的巨大冲击,以及要恢复改革期待的权威性所要耗费的巨大司法成本,将会成为对审判管理体制改革的长期侵害。因此,对审判权运行进行管理控制,有必要重新审视现有的管理机制,重塑管理理念,重构以人为本的现代管理模式:"主客体目标协调→激励→权变领导→管理即培训→塑造环境→文化整合→生活质量法→完成社会角色"。① 根据马洛斯的需求层次论,要满足法官尊重的需求和自我实现的需求,在人本管理中强调主客体的协调互动和对人的激励与塑造,以和谐管理并借以司法者的自主管理,达到树立审判管理权威。

### (二) 审判管理程序低效运作背离审判权运行效率

审判管理制度中有关程序的运作是管理者设计的重点,但程序设计所允许的迟延及其所导致的迟延,却成为影响审判权高效运行的重要原因。从长远看,真正能够证明一个制度的合理性和正当性的必定是该制度在诸多具体的社会制约条件下的正常运作,以及因此而来的人们对于这一制度的事实上的接受和认可。② 围绕审判程序而进行的大量程序设计,实践中存在的程序运作对程序设计发挥高效运行优势的掣肘和抵消并没有引起重视。有的法院评价指标设计不全面,比如以发回重审率和改判率为主要指标评判审判质量,除有"硬伤"应发回改判之外,也有一二审法官对案件法律适用和事实认定的主观认识差异、二审法官误判错判等因素导致发改的案件,而将此作为发改率加以考核,会迫使一审法院和法官在审理中更多地采用向上级法院请示、汇报、沟通等手段,人为地影响审判效率。有的法院在简化诉讼程序中,随意减少法定诉讼程序的适用,电话通知强行调解,劝说放弃答辩等,使基本的诉讼程序权得不到保障;有的法院随意滥用程序,与诉讼法打"擦边球",审理案件的中止,执行案件的终结,审限的变更,特别是扣除审限的设计导致了合法的

---

① 姚作为:《人本管理研究述评》,《科学学与科学技术管理》2003 年第 12 期,第 68—73 页。

② 参见苏力:《基层法院审判委员会制度的考察及思考》,北大科教园法硕名师论坛,2005年 12 月 3 日。

"隐性超审限案件"。为追求审判效率功利地运作程序、突破程序、滥用程序所赋予的权利、规避程序所要求的义务,使得程序以一种不良的状态低效随意运行,反而扩大了程序设计的劣势,增加了诉讼成本,严重影响了司法效率。①

笔者认为:任何管理体制都需要体现效率价值。良好的管理体制应该是程序运作良好,以较低的管理成本来获取最大程度的管理收益,取得最佳的管理效果和价值。就目前实践层面,要摒弃制度设计所带来的负面影响,注重程序运作对程序设计的反制作用,至少应在程序设计上做到四个方面:程序设计者应领会并体现立法本意而不曲解程序设计的本意;将程序运作当作是实现程序设计的保证形式和工具,具有独立于程序设计的价值和意义;使任何具体甚至相当细琐的程序均应得到有效运作;渗透管理成本与收益关系的经济合理性要素;良好的程序运作能发挥程序设计的效率优势,"让审判权在阳光下运行"有良好的载体。

### (三) 审判管理控制无序背离审判权运行秩序

"秩序或次序,即常度,指在自然界与社会中存在的某种程度的一致性、连续性和确定性。与秩序相对的是无序,无序表明普遍存在的无连续性、无规律性现象,即缺乏可理解的模式。"②而当拥有审判权的司法者在职权行使、运转程式的秩序中发生异化,审判权的拥有者就会成为保障人类社会最基本秩序最强大的破坏者。如社会公众反映强烈的久审不判,久执不结,案件严重超审限的问题;滥用强制措施,乱争案件管辖权,甚至造假案,司法严重不公的问题,都是审判秩序不良的反映。重要原因是,组织控制不力,审判权控制机制运转不畅,审判流程节点的控制形式化,审判管理模式中缺少了规范的一致性、连续性和确定性,极易导致审判权恣意滥用,不利于秩序的建立和秩序价值的实现。③

笔者认为:秩序是法律永恒追求的基本价值,是构建科学审判管理机制的理论和价值基础。"所以,现代法律的重要任务就是控制公权力,将公权力秩

---

① 参见张红、司缓:《程序运作视角下司法效率冷思考》,万鄂湘主编:《现代司法理念与审判方式改革》,人民法院出版社 2004 年版,第 238—240 页。

② 周永坤:《法理学》,法律出版社 2004 年版,第 225 页。

③ 参见黄新华:《完善审判管理制度的若干思考》,中外民商裁判网,2012 年 6 月 6 日访问。

序设计为相互牵制的体系"。① 鉴于此,限制审判权行使的审判管理机制的设计和运行,应当首先确定有序协调运行,使各类制度的规定形成相互牵制的管理体系。在组织机制上,设立职能全面并赋予一定权限的专门管理机构,作为保障运行的"轴心",使审判管理权"集约化";在管理形式上,更要走向科学化,要有序管理,以计算机信息系统为管理平台和手段,强化科学集权,对案件进行审判节点监控和质量控制,从而保障程序公正和实体的公正。

### (四) 审判绩效考核偏向背离审判权运行公信

科学的审判质量效率评估指标体系是推进审判管理改革的前提和基础,而审判业绩指标是案件质量与效果的最直观反映。依托现代科技开展的法院绩效、部门绩效和法官绩效考评,如果忽视了定性的正确性,机械地移植定量研究于法院管理,一味追求指标达标,就有可能出现指标优化但违背管理初衷,并在不易察觉的情况下偏离管理的正确方向。② 然而,在审判业绩考核这个大的指挥棒下,审判绩效考核发生了偏向。一个不可回避的现实是,法院上下级之间以及法院内部的业绩考核或多或少陷入了"唯数据论"的窘境,单纯的量化管理的一些负面效应目前已经出现,这可以说是审判管理改革带来的"副产品"。如,不尊重审判规律,为提升"案件结收案比"和"调撤率"而动员原告从程序上撤诉;为追求"当庭结案率"而草率下判;为达到"均衡结案度",或限制收案或四处招揽批量案件等等。更有甚者,为了追求表面光鲜的数据而玩数字游戏,对内统计与对外报送"两张皮",这一问题在上级法院对下级法院的业绩考核中表现得尤为突出。这些现象已经严重背离了司法规律和审判管理制度设计的初衷,甚至已经偏离了"公正与效率"的工作主题,有些直接导致了当事人不断信访上访,影响了司法公信力的提升。

笔者认为:审判绩效考核应以建立科学的审判质量效率评估指标体系作为前提和基础,体现现代司法理念对审判质量效率的要求,依据诉讼过程中反映审判质量效率的重要因素,设置一整套的量化指标,对审判质量效率进行全面评估。③ 这

---

① 周永坤:《法理学》,法律出版社 2004 年版,第 228 页。
② 参见郭俭:《时代语境下的审判管理解析》,《法治论坛》2009 年 9 月第 24 卷第 5 期,第 90 页。
③ 参见江苏省高级人民法院审判管理办公室:《关于审判管理改革的认识与探索》,《法律适用》2008 年第 10 期,第 17 页。

一指标体系的建立,要能够覆盖司法审判活动的全过程,并且重点明确,要将审判权运行中的重要节点作为评估审判质量效率的基本要素,比较全面准确地反映了审判工作的真实状况,为指导审判工作提供丰富的信息源。不过,必须指出的是,当前不少法院的审判质效指标无论是上下级法院考核普遍要求的,还是法院内部管理自行设定的,这些指标不是太少,而是太多。而且这些纷繁复杂的考核指标不稳定,几乎是年年调整,有的甚至是一年之内几次调整,让基层法院和法官无所适从。因此,审判绩效考核应当着眼于确保司法公正高效、实现案结事了,充分考虑审判工作特点和规律,对审判考核指标进行全面梳理,该修订的修订,该废止的废止,该设立的设立,以精简有效为原则,科学合理地设置指标,从而发挥其对审判执行工作、对法官的正确导向作用。此外,现代管理学的一个突出成就是实现了从单纯的定性研究向定性、定量复合研究的转变,管理学的精确性和可验证性得到加强。那么,如何正确进行"定性分析",使现有的评估体系更为科学合理,更有利于促进司法公信的提升,也是审判管理应当解决的问题。

## 三、审判权运行中的"司法管理行政化"

不可否认,"司法行政化"仍然存在。中国经历了漫长的封建社会,司法、行政合一是其特色。新中国成立后的人民司法,其管理方式仍不能摆脱行政化色彩,即司法权的行政化。《中华人民共和国公务员法》将法官仍列其中,足以证明中国司法行政化还将继续存在。"以权力制约权力",权力必须接受监督的理论是审判管理的控制论理论基础,本土化的新型审判管理模式根植于"行政化管理"土壤,行政管理的高效能模式在控制审判权运行上还会发挥其独特作用。因此,实现真正意义上的"司法管理"将定位于宏远蓝图,在司法管理中合理植入行政管理方式将在一段时期存在具有必要性和现实性。①

---

① 为何要"合理兼采行政管理方式"?对于涉及"行政化"问题的利弊,国内知名法学家和实务界都作了充分论述,许多的学者和法官也都发表了自己的观点。就本文中作者的观点来说,印证了不可全盘否定摒弃的论点。这里就不再赘述。

**（一）审判权运行中的"管理行政化"**

人民法院的审判管理理念、方法伴随着法制的发展和社会大众日益增长的法制需求不断革新，经历了一个较长的实践过程，行政化管理的影子仍伴其左右。纵观审判管理发展的历程，可以将其分为五个阶段①：

第一阶段是 20 世纪 80 年代以前的强行政化阶段，管理者依托从行政权脱胎而来的权力进行管理，从现代管理的意义看，实质上并没有审判管理，而是行政管理。

第二阶段是 20 世纪 80 年代至 90 年代初岗位目标管理的混沌阶段，采用"计件工资"式模式对办案数量进行管理，这种管理依托司法行政化基础而展开，不能体现审判工作的内在规律要求。

第三阶段是 20 世纪 90 年代审判方式改革后的真空阶段，法院自下而上兴起了审判方式改革，"放权"成为改革最显著的特征。但对审判权力如何监控，依然停留在强调管理者对案件实体裁决权的控制，审判管理具有较强的行政化管理色彩，建立符合审判规律和实际需要的审判管理模式，尚未形成理论认识，也未有真正成功的实践。

第四阶段是"一五"改革时期以审判流程管理、质效评估为代表的探索阶段，部分法院以高级法院为主导，推出了审判流程管理制度，借鉴了英美法系国家构建的司法绩效评估体系，建立了审判质效指标体系。这种审判管理新模式虽关注了新时期为何加强审判管理的命题，但缺少了审判管理组织的统一管理，院、庭长对审判绩效的关注热情和渴望，迫使行政控制权加强，导致许多好的改革措施被闲置或无序执行，管理成本增加。

第五阶段是"二五"改革以来，特别是正在进行的加强和创新审判管理阶段，确立以建立审判管理组织制度、规范审判管理权行使及其与审判权运行之间的协调机制等为改革目标，人民法院普遍建立了审判管理组织，最高法院审判管理机构的设置成为我国审判管理制度改革发展的里程碑。这一阶段，着力打破和淡化司法管理行政化问题，将审判管理的目的确定为"规范、保障、促进、服务审判"。

---

① 有的法院认为是四个阶段，如江苏省南京市玄武区人民法院，详见其《再论构建科学的审判管理新模式》，江苏省高院编印：《人民法院审判质量效率评估体系研讨会论文集》，第 316—318 页。笔者认为从审判管理模式的发展过程来看，应当分为五个阶段较为符合客观的发展过程。

### （二）域外司法行政管理参鉴

外国法院司法行政事务的管理有以英国为代表的法院外部分离和以美国、日本、韩国、俄罗斯等为代表的法院内部分离两种方式。采外部分离的国家较多，大致分为两种形式：一种是加拿大、德国、法国等采取的由司法部或司法部主导的司法委员会管理，但各国在司法委员会依托的主体、机构的性质、职能、在负责"人"的管理上都还有所不同。另一种是英国的独立机构管理。①以美国为例，美国法院的司法行政管理是伴随着法院案件的急剧上升、人们对司法活动的关注而产生的。1969年8月，沃伦·伯格成为美国联邦最高法院首席大法官后不久，他观察到"这个国家的法院需要加强管理，这是在诉讼案件大增的情况下，忙碌和超负荷工作的法官无法给予的。我们需要一批训练有素的行政人员或管理者来管理并指导这个机构，以使我们的法官们能更专注于他们的审判职责。目前，这样的管理者还不存在，联邦法院系统没有，州法院系统也没有。我们必须立即培养一批行政人员和管理者，开始创建这项工作。"他们相信，一个法院在有能力的法院管理团队带领下就能够不断发展进步。他们的司法行政管理包括案件流程管理在内的十一项管理职能。案件流程管理强调对案件从立案到裁决整个审判过程的管理，包括对过去裁决行为的监督，以保证法院审判过程的公正。有效的案件流程管理，要求进行不断地评估、适时地解决问题和有技巧地调整管理决策。法院执行职责的基本过程即案件从立案到裁判的全过程，包括预审、审判及执行。有效的案件流程管理，能在个案和司法体系内促进司法公正，有助于保证每一个当事人得到程序公正和同等保护。可以这么认为，案件流程管理是法院管理的最主要的核心。②

另一方面，我们也看到，当今世界，无论是强调职权主义的大陆法系国家还是强调当事人主义的英美法系国家，都已经接受了"管理型司法"的理念并将其作为司法改革的方向。③一些法治发达的国家和地区，如美国、英国等法院都有一套非常具体、苛刻的管理体系，他们叫绩效管理体系，只是各国法院

---

① 参见孙亚群：《法院司法行政事务管理权研究》，《中国司法》2004年第7期，第27—28页。

② 参见叶邵生编译：美国法院管理协会2006年编辑的英文版未出版物《法院行政人员手册》，《法律适用》2007年第4期，第90—92页。

③ 参见王福坤：《建立以"法官为本"的法院管理机制》，天津法律网，2012年6月20日访问。

管理的方法内容不尽相同。英国法院为更有效地管理上诉法院的案件，更简便地评估法院工作绩效，上诉法院开发引进案件管理信息系统。[①] 美国的 National Center for State Courts 之"Trial Courts Performance Measures"，从 10 个方面设计了司法绩效指标，对司法绩效综合评估。"尽管评估司法体系的真实效率（包括成本、审理速度和公平性）是个难题，但反映人们对司法体系运行表现感知的指标体系还是构建起来了。"[②]

这里的法院管理等同于司法管理。[③] 笔者认为，以这些具有代表性的域外法院内部管理为研究对象，按照我们对审判管理的理解，他们的司法管理主要有两种方式，一是司法行政管理，其中以行政管理为主，兼容了部分审判管理的内容；二是纯粹的审判管理，将行政管理交由外部的独立机构进行管理。

**（三）行政管理方式在我国审判权运行管理中的借鉴**

审判管理权是既区别于审判权，又区别于行政权的一种权力。然而，审判管理权的运行需要以审判权的运行为基础，又需在审判权运行的管理中吸收司法行政权的管理精髓。

1. 从审判管理的含义来看，审判管理的手段是对审判权运行过程的规范、控制、监督、防偏和纠错。而这些都需要"行政强制"方式去开展。这种控制和管理是依审判权运行的过程及法定的先后顺序实施的，包括三种：一是审判权运行前的控制和制约，主要有是否依法立案、审判组织和审判人员的合理配置等；二是审判权运行中的控制和监督，主要是案件流程、诉讼程序、审限跟踪、法律文书审核签发等；三是审判权运行后的监督和纠错，主要是审判绩效

---

① 参见徐昕：《英国民事诉讼改革之进程》，鲍曼法官对上诉法院民事审判庭的评审。鲍曼报告的建议目的在于：上诉法院民事审判庭由经验丰富的高级法官组成，要确保它解决与其人员构成相适应的适当数量的案件，改进法院的工作方式，更加迅速地审理案件，从而促使人们更好地接近司法。天涯法网，2012 年 6 月 20 日访问。

② 屈国华：《司法评价的理论与实践问题》，2005 年江苏省高院编印的《人民法院审判质量效率评估体系研讨会论文集》，第 60—61 页。

③ 这里的法院管理主要涉及两个领域：一是法院组织和人事的管理，一是诉讼运行的管理。法院管理包括若干具体的事项，诸如法院的组织和管辖，法官的选任和任期以及法院中所有人员的聘用、训练和监督；以及例行文秘事务。诉讼的运行管理通常涉及案件处理的进程和花费以及建立法院运作的统一规则以减少案件处理过程中的混乱和不均衡。参见肖宏：《中国司法转型期的法院管理转型》，《法律适用》2006 年第 8 期，第 66 页。

分析、案件质量评查等。

2.从审判管理主体来看,各级人民法院审判委员会、院长、庭长、审判管理专门机构等,构成了法院的层级管理主体,他们均对案件的运行过程享有管理权。尽管法院内的这种行政化的控制和管理是违反司法职业及司法决策的内在要求的,但这种机制便利了对法官行使审判权的控制和管理。这个道理用"组织理论之父"马克斯·韦伯的"理想的官僚组织体系"(Bureaucratic Model)理论来阐释其存在的合理性再妥当不过了。行政管理在于对人的控制,而经常被用于政府机构且最具合理性的官僚制组织的最大特点就是强调通过层级结构来行使权威。"从纯技术的观点来看,经验无一例外地倾向于显示,纯粹的行政官僚模型能够实现最高的效率,因而也是形式上已知的对人进行控制的最理想的方式"。① 但是,对法院审判审理不加区分,统统采取行政化的管理模式,用苏力的话说就是形成了"行政化审判制度"②,是不符合审判管理客观要求和审判规律的。笔者极为赞同四川大学顾培东教授的观点:院长、庭长都是具有相当专业水准的法官,当明显触犯法律底线的裁决意见摆在面前时,良知和责任都不允许他们采取漠然的态度。院长、庭长可以参与和过问实体裁判,但其参与的范围、方式及效力应当受到限定。

3.从审判管理效果来看,需要解决本文前述审判权运行背离审判管理目标的现实问题。解决这一问题的方法就是借鉴、移植和承继有效的审判管理方式方法和内容,科学合理地取舍。首先,需要舍弃的是:错误的管理对象,对人的管理;错误的管理内容,对实体裁决权的全面控制;错误的管理方向,对质效指标的过度追求;错误的管理手段,滥用管理制度制定权。其次,应当保留和选取的是:控制型管理方式,强化案件流程和诉讼程序等的控制力;规范型管理方法,强化案件质量,特别是差错案件的评查力度;激励型管理方法,保护法官独立审判权;服务型管理理念,便利审判工作顺利开展;保障型管理意识,提供客观合理的决策依据。

---

① ［美］罗伯特·登哈特:《公共组织理论》,扶松茂等译,中国人民大学出版社2003年版,第33页。

② 肖宏:《中国司法转型期的法院管理转型》,《法律适用》2006年第8期,第68页。

## 四、创新:审判管理"管什么"和"怎么管"的探索

现阶段新型的法院审判管理模式,需适当借鉴"政府推进型"法治变革方略,合理移植域外审判管理制度,保留已有的审判管理经验基础上,从遵从审判权运行的规律出发,科学而客观地确定审判管理的内容,合理融入司法行政管理方式,不断推动"综合管理型"的审判管理新发展。

### (一) 管理组织机构的内化式

《人民法院五年改革纲要》直接明确了审判管理机构的隶属关系,是设立在人民法院内部的专门审判管理机构,是人民法院为实现司法公正高效权威的价值目标,运用计划、组织、指挥、协调和制约等方法,对审判工作各环节进行科学管理,对法院审判质量效率效果进行宏观监测、动态管理和全面评估,保证审判工作严格依照法定程序公开、公正、高效、有序运行的综合性工作机构。这区别于一些英美法系国家的审判管理机构在法院外设置的形式,他们更倾向于社会机构和社会公众对法院的案件审判进行民意调查和监督管理。但近年来,这些国家法院的司法行政工作有一种由司法部转交法院或者独立机构管理的趋势。[1] 同时,管理需要一套合理、高效的人员组织结构来保证改进活动得以顺利实现。[2] 由于审判管理机构是综合性的管理机构,按照分类管理的要求,在专门审判管理机构内,还需建立一套纵向的分工不同的管理人员组织,即建立案件质量评查组、质效数据统计分析组、案件流程管理组以及其他审判管理事项综合组。通过建立审判管理组织网络,能够克服审判管理指挥链过长、协调环节过多、信息传递不畅等问题,有效降低管理跨度,提高管理效能。

### (二) 管理职权的多功能型

发展中的我国审判管理的职能定位,应不同于国外绩效评估的单一性。

---

[1]  参见肖宏:《中国司法转型期的法院管理转型》,《法律适用》2006 年第 8 期,第 70 页。

[2]  参见《六西格玛管理的人员结构》,http://club. youshang. com/home. php? mod = space&uid=68309&do=blog&id=47234,2012 年 6 月 20 日访问。六西格玛是一种管理方法也是一种管理哲学。

通过对江苏省高院、盐城市中院、东台法院三级法院形成的一套行之有效的综合性审判管理体系的考量,借鉴全国其他各地法院一些好的做法和经验,集约化的绩效评估应占据主导地位,①涵盖六大管理职能:第一,案件流程管理。主要包括案件从立案到归档的流程跟踪监控,案件鉴定评估、中止、延期审理和审限临界警示等审判节点管理等,确保案件审理程序合法、高效运转。第二,审判质效态势分析。主要包括案件基础数据管理、质效指标数据管理、质效指标态势评价等,确保质效指标客观真实,在对数据的研判中掌控审判工作总体态势,为宏观决策提供准确的情况分析。第三,案件质量监督评查。对审理、执行中案件的程序不当行为进行纠正;对已结的各类案件,从程序、实体、卷宗等方面进行严格评查,分析研究并及时反馈,纠正差错,警示和防止类似的错误再次出现,培养法官整体统一的司法理论,引导法官正确办案。② 第四,审判绩效综合考评。设定科学、合理的绩效考核指标,按月度、季度和年度时序,进行全面而动态的评估、考核全院、各审判业务部门及法官的综合审判业绩。第五,法官业务能力考核。主要包括法官的法律适用能力、庭审能力、裁判文书制作能力、调研能力以及业务知识能力等,通过行政方式的刚性考核,力促法官司法能力提升。第六,综合管理协调工作。主要包括审判委员会日常事务、审判管理制度制定等。

### (三) 服务职能的广角度

审判管理服务职能的设置,一方面,可结合我国各级法院对案件质量管理的成功做法,对法官自主性案件质量管理,提供动态的案件质量波动信息。另一方面,可借鉴英国、美国等西方国家的审前程序管理模式,③围绕强化效率

---

① 2008 年 2 月,最高人民法院下发《关于开展案件质量评估工作的指导意见(试行)》,并在江苏等 11 个省(市)重点试行。该意见根据审判工作管理的需要,评估指标体系划分为审判公正、审判效率、审判效果 3 项二级指标,还有 33 项三级指标。这是一项庞大复杂的系统工程,不仅需要依托现代化信息技术的层面支撑,让其发挥公开透明的作用,更需要建立专业化的甚至是精英化的管理队伍和管理机构。

② 参见谢国伟:《案件质量监督评查的理论基础与制度构建》,《人民司法》2005 年第 1 期。

③ 审前程序管理的主要功能是通过程序法官在审前程序中实施案件分配和案件管理工作,解决诉讼效率低下的问题,最大限度地缓解法院的审判压力。卢静娟、周江:《英国案件管理制度改革评析》,《广西政法管理干部学院学报》2003 年第 6 期,第 92—93 页。

管理,节约司法成本和人力资源的管理目的,在诉前和结案后提供管理服务,提供资源配置所需的基础数据和相关信息。一是提供案件质量服务。根据全院案件审理情况,适时撰写案件评查报告及全院的审判质量分析报告,对案件发回改判、差错的原因进行详细研析,提出相应对策;将审判质量信息及时提供给审判业务庭和一线审判人员,提示容易造成案件发回、改判的风险点。二是案件归档服务。案卷是审判工作的重要载体,对案卷的归档是案件审理最后的环节,将此作为与结案同时归档的管理方式,不仅要对案件的归档率进行管理和考核,更主要的是为审判业务部门的案卷归档提供及时、周到的服务。三是能动司法类服务。随着能动司法的拓展,审判管理的服务职能应随之而拓展,审判工作推进到哪儿,审判管理服务就需跟进到哪儿。如服务诉前调解、涉诉矛盾化解,提出司法建议等。四是辅助性事务服务。审判管理机构起着承上启下的协调、沟通的关键作用,应当为人事管理、政务管理部门解决以案配人或以人配案的审判资源配置、法官绩效考核等各项管理工作,提供全方位数据、信息支撑等辅助性工作,为推进审判工作发展提供决策依据,推进法院"三大管理"格局形成合力并发挥整体效应。

### (四) 管理方式的层级制

人民法院审判管理模式,应在各级法院审判委员会和院长宏观管理的总体框架之下,构建审判管理办公室综合管理、庭级主导管理、法官自律管理等①层级管理系统。

**1. 审判管理办公室综合管理**

(1)以案件为管理对象。如制定案件质量评查标准,案件流程管理标准,审判质效综合评估标准。而在这些大的制度设置的标准中,又涉及具体的管理标准,亦须加以规范。如差错案件评定标准、优秀法律文书评定标准、疑难复杂案件和重大案件评定标准、优秀案件评定标准、审理报告差错标准,以及

---

① 如 2011 年江苏东台法院在长期的审判管理实践中,摸索出在庭级审判管理组织内,建立审判管理联络员管理制度和书记员协助管理制度。该制度的建立有利于各项审判管理事项顺畅落实,改变了过去审管办下达审判管理工作任务难以及时到位的现象,促进了庭局审判工作的有效开展。该项制度被江苏省高院以《审判管理工作简报》向全省法院推广。

变更审限案件规范、报结案规范、案件信息录入规范等。

(2)以人为管理主客体。审判管理说到底是对人的管理,以人为中心的管理是一切管理的关键。法院的庭局负责人、审判人员、审判辅助人员既是审判管理的主体,同时也是审判管理的管理客体。在对审判权的限制上,对审判流程的控制上,对案件从立案受理到立卷归档的规范上,需要对程序性司法加以规制,设定公正运行标准。如按职能不同,分别制定庭局长、审判人员、书记员审判管理职责,在规范标准的指引下,各司其职,不仅符合定位管理的原则,更是实现审判质量公平、正义的需要。

(3)以审判质效为管理中心。审判管理办公室的最为核心的职责就是负责管理全院的审判质效管理,也是最重要的基础管理职能。主要包括审判质效指标监控和态势研析、案件质量监督评查、案件审判流程管理和审判质量综合绩效考评。在这四项管理职能中,又可细化多项子职能。在这里笔者不再赘述怎样从这四方面去开展审判管理,这点已经成为审判管理者的共识。

**2. 庭级主导管理**

庭长对其主管部门的审判管理究竟如何开展? 总体上,首先要明确庭长管理事项的具体标准;其次明确管理事项的操作程序;再次明确每项管理所要达到的效果或目标;最后,庭长对其履行管理职责情况向审委会汇报,并交审管办和本部门全体人员当面评议。具体设计上,把握庭级案件质量是审判管理的大动脉,以此重点选择管理方式:

(1)繁简分流管理。在庭局内部设置简易案件和普通案件审判组,庭长对每一件案件初步审查后确定适用的程序,并按案件管理模块随机分流到承办法官。

(2)案件质量评估。通过信息化网络审判管理手段,实施一案一考评,对每一起案件在某一程序办理完毕后即启动评估工作,案件报结后进行综合评价,实行结案前评估与案结后评估相结合。

(3)质效指标动态评判。按照"系统管理和重点管理相结合"的准则,将立案质量、庭审质量、裁判质量、执行质量纳入评价范围。制定全庭绩效目标,建立庭级质效指标态势研判机制,每月对影响本部门审判质量效率的重点指标实时动态关注,针对弱项指标、变动异常指标及时调研,实施全庭整体的审判质量效率自评。

（4）相关配套事项管理。每天检查部门所有案件流程信息，对已结案件、未结案件，特别是审限较长案件，区别不同情况检查重要流程节点，对案件流程事后督查，事中跟踪。对本部门案件质评员检查案件卷宗的情况，审核每卷重点程序事项、实体裁判、法律文书核签等，且对每案卷宗必须审签。

### 3. 法官自律管理模式

美国著名的第四任最高法院首席大法官马歇尔，用他的司法智慧和自我约束意识，成就了他"一个法官所能得到的最伟大的位置"①。这种"自我约束"就是我们通常所说的法官的自律管理。英国案件管理制度中，案件管理的主体是程序法官。通过法官行使案件管理权能够避免当事人及其律师为了诉讼策略和诉讼技巧上的考虑对诉讼程序操纵和故意延迟，②从而避免诉讼效率低下。而在我国，法官自主管理一度颇受质疑，原因在于普遍认为，让法官自己管理监督自己审理的案件，有瓜田李下之嫌。随着司法理念的不断更新，法院管理文化的移植与承继，逐步确立了审判管理的最高境界是自我管理的新思维，审判管理是法院搭建的加强法官自我约束的一个有效的载体。在法官自律管理的标准模式下，主要从个案的程序性司法和实体性司法两个方面展开管理。

（1）*程序性司法管理*。程序性司法是指法院对所属法官在案件审理的程序违法行为用司法手段进行纠正。③ 笔者通过对程序性司法的理解，结合法官对个案审判质量的自律管理，认为程序性司法管理是法官自己作为管理者对案件流程、审理时限、诉讼程序、审判组成人员以及审判人员的资格等程序性问题自行纠正，自行管理。这种自行纠正有两种情形：一是审判过程中。审判法官自己发现在审判过程中违反了诉讼程序，可以自行及时弥补；法官以外的管理主体发现了案件存在程序问题，应提示承办法官予以纠正。这样可以减少管理环节，有利于提高审判的质量和效率。二是审判程序结束作出裁判后。这限定在未上诉、申诉的程序中。审判法官自己发现程序错误应主动按诉讼法规定报院长提请审判监督程序。

（2）*实体性司法管理*。与程序性司法管理相对应，实体性司法管理是法

---

① 孔祥俊：《司法理念与裁判方法》，法律出版社 2005 年版，第 107—108 页。
② 参见《英国民事诉讼规则》，徐昕译，中国法制出版社 2001 年版，第 18 页。
③ 参见张玮：《法官独立审判与程序性司法》，《山东法学》1999 年第 5 期，第 19 页。

官自己作为管理者对案件的实体审理和裁决等存在问题自行纠正、自行管理。实体性司法管理主要涉及案件的裁判,而案件的裁判形成机制直接关系到审判的质量。因此,需要规范法官的独立裁判形成机制。通过赋予法官既是审判者又是管理者的双重角色,从而实现审判独立的实体裁判权和独立的司法管理责任,为法官独立公正并自负其责地审判案件创造良好的审判环境。

## 五、审判管理发展的方向

法院地位的确立和权威的形成,都是长期累积的结果。法院的威望不可能是迅速形成的。即便就权力最大的美国最高法院而言,它也是历代大法官们用了二百余年的时间苦心经营,才铸就了今日的成就和辉煌。我国正处于建设法治国家的时期,法院在法治中的地位正在彰显,法官的职业化、精英化进程正在推进。审判管理模式也需要一个渐进的过程,通过创造性转化,实现与现代化法院制度之间的嫁接与耦合,最终脱离"行政化管理"。笔者展望并相信:当我国法院真正成长起来,审判管理机制也终将会构建起司法人理想中的"司法管理"模式。

**(本文获"司法学论坛暨首届司法管理学研讨会"征文二等奖)**

# 审判绩效评价良性区间导向管理研究

## ——指标考核功利化下的回归纠偏

江苏省徐州市中级人民法院课题组

按照科学发展观的要求,树立正确的政绩观,建立科学的司法工作考评体系,强化责任意识,完善法院科学奖励和惩罚制度是人民法院新形势下司法改革的重要内容。近几年来,人民法院以案件质量统一指标体系为基础的考评机制的实施,有力推动了人民法院审判管理工作水平,促进了案件质量、效率和效果的提升,得到了司法内外普遍肯定。但这项制度的运行,也出现了绩效考核被功利化的弊端,背离审判规律,损害当事人合法权益,绩效考核下的功利化倾向要予以扭转,合理的、良性的指标运行区间理念要确立。建立审判质效指标良性区间值引导管理制度具有现实意义,它是人民法院正确实施审判绩效评价和科学引导审判工作的客观要求。

# 一、引 言

2003 年年末,江苏全省法院建立审判质效统一指标体系,新审判绩效评价同步运行,历经 2004—2007 年质效指标排位等差计分评价①和 2008 年至今的综合指数评价②两个阶段。同期,上海、四川、湖南、福建等全国部分高级

---

① 按个体指标排位,第一位给定 100 分,最后一位给定 60 分,第一位至最后一位之间的评价分按等差数列进行分配。

② 以指标值、最优值、最差值为基本功效系数和加权算术平均为主要技术的审判绩效综合评估办法。

法院也先后建立和实施了类似的审判质效评价指标体系。多年来,全国部分高院先行在审判管理上的规范完善和整体推进,特别是审判绩效评价体系的践行,对人民法院加强司法监督管理,促进司法公正高效,发挥了很大的作用,取得了很好的效果。但审判绩效评价在引领法院审判管理,推动法院审判工作提升的同时,也出现了一些新问题,强推拔高审判质效指标,违背司法审判规律,造成审判绩效评价的目的性、科学性、激励性被扭曲。实践中,应用审判绩效指标良性区间值进行评估管理的呼声越来越高,审判绩效评价良性区间的研究①逐步成为先行法院摸索思考与践行的课题。

## 二、国内外绩效运行评价现状

绩效最早用于投资项目管理方面,后应用于企业管理特别是人力资源管理。司法机关作为国家机关的组成部分,法官作为公务员的组成部分,其司法绩效当然应当接受国家和人民对其的考核和评价,同时司法作为一种公共产品,也应当接受人民群众的监督和评价,即使审判绩效评估在运行中出现了违背初衷的做法,但其正当性和合法性毋庸置疑,审判绩效置入社会公共绩效的发展历程中解读有其必然性。

### (一) 国外司法内外绩效评价发展

在西方国家,绩效管理起源于 20 世纪初的企业管理,绩效管理真正运用到政府等公共部门的管理中始于 20 世纪 50 年代美国的绩效预算制度,而 70 年代以来西方发达国家掀起的"新公共管理运动"则使绩效管理、绩效评估在政府管理中得到广泛运用②。80 年代,西方国家开始全面推行政府绩效评估。绩效评估同样也推及西方国家的司法部门。美国、加拿大、荷兰、英国、法国、德国、奥地利、日本等国逐步建立了司法质量评估或司法绩效评估等制度,涉

---

① 《法律适用》2010 年第 8 期上江苏省宿迁市中级人民法院撰写的《论如何构建以质效指标合理区间为基础的审判工作评价机制》,是有文可查法院研究的专题调研报告。

② 绩效管理较具代表的是:1973 年,尼克松政府颁布《联邦政府生产率测定方案》,使公共部门的绩效评估得以系统化、规范化。至 1981 年,美国有 36 个州通过了相关法律,使政府绩效评估走上了法制化轨道。

及法院整体绩效的评估和法官个人的绩效评估。较具典型的是美国在 1987 年由全国州司法中心和司法协助局发起的一项质量改革措施的模拟实施——刑事法庭性能标准(TCPS)研究,涉及美国 1000 多家法院,目的旨在为美国各州的一审法院提供质量评估体系。1999 年,荷兰启动了司法质量强化项目,引进司法质量保证措施,制定法官职业活动质量评估体系,确定一系列法官能够接受的职业质量评估指数,开发专门软件以介绍并自由获取这些指数,引入外部观察,建立衡量公众满意程度的信息,撰写包含以上各方面内容的质量契约。

### (二) 国内司法内外绩效评价发展

20 世纪 80 年代到 90 年代初,我国开始对公共部门进行粗放型的部门考评,没有固定的评估模式和评价指标,大检查、大评比、专项调查就是评估的主要形式。20 世纪 90 年代以来,公共部门评估逐步发展,绩效评估作为一种有效的管理工具已经为大多数政府部门所接受,一些部门和地方政府建立了较为成熟的绩效评估体系。在新的世纪里,建立科学的政府绩效评估体系,落实科学发展观、树立正确政绩观是各级政府及其部门适应国内外形势深刻变化的需求下,积极实施的政府绩效战略①。人民法院审判绩效评估作为一项体系内容提出和研究始于 2002 年,最高人民法院提出建立审判质量评估体系,并将该课题下达给四川省高级人民法院,标志着审判绩效评估体系启动。虽然此前也存在一些案件质量评估,如 1998—2003 年的个案质量评估②,包括同期各法院沿用的结案率、改判发回重审率指标评估,多为单一或专题评估。2004 年后,随着全国一些先行法院建立的审判质效评估体系付诸实施,全国法院审判绩效评估在自下而上、横向影响和自上而下多维推动下,审判绩效评

---

① 我国政府建立多指标绩效评价体系在近年来得到长足发展,按照《中国 21 世纪初可持续发展行动纲要》中提出的可持续发展的重点领域,即经济发展、社会发展、资源保护、生态保护、环境保护、能力建设等六大领域,设计了经济发展、社会发展、资源与环境、行政效果四大类绩效评价指标体系,其绩效评价主要应用了对数据的标准化处理、指标权重设计、合成模型计算综合指数等当前国内外较为成熟的多指标绩效评价技术。

② 1998 年以来,全国一些高级、中级和基层法院开始探索建立法院内部的个案质量评估制度,主要定位为审判监督的职能,当时一些法院已将其评估结果作为评价法官工作业绩的重要参考指标。

估快速发展,当前已建立了全国相对较统一的审判绩效(质量)评估体系①。

### (三)审判绩效良性区间研究的现实性

从司法内外绩效评估发展历程来看,探索一套科学合理、客观公正、切合实际的绩效量化评估体系一直是不同行业的不懈追求。国外司法内外绩效评估主要由相对独立的评估机构来完成,中立的评估机构,完善的体系设计以及弱化的行政化考核运作机制,保障了评估程序及结果的客观性。我国的司法内外绩效评估多来源于内部和上下级之间,且结果利用具有强烈的行政管理属性,量化的绩效评估易滋生不正确的政绩观,常被社会各界所诟病的"数字出干部,干部出数字"实指绩效评价中统计弄虚作假的现象,如政府绩效评估中出现的各地盲目追求高 GDP 的现象,法院绩效评估中也出现类似盲目攀高质效指标,"唯数据论"偏执定量评价现象,并有蔓延发展之势,应当警觉与反思。从我国政府实施的新世纪政府绩效战略,最高人民法院不断完善案件质量评估体系和先行法院对质效指标合理区间研究等来看,对指标良性区间导向管理研究很有现实意义。

## 三、现行审判绩效评估成效与指标功利化的现状

审判绩效评估作为审判管理的一种方式,是衡量审判质效的重要标尺,发挥着重要的导向和规范作用,得到了各法院的重视和积极践行,其运用的正当性不容否认,存在指标功利化的倾向亦不容忽视。

### (一)审判绩效评估管理取得的成效

以审判质效指标为导向的绩效评估管理取得较好的成效。一是推动了司法审判的深度管理。法院通过指标运行趋势的导向功能,实施协调、控制审判

① 2008 年最高人民法院下发法[2008]4 号《最高人民法院法院关于开展人民法院案件质量试行工作的通知》、法发[2008]6 号《最高人民法院印发〈最高人民法院关于开展案件质量评估工作的指导意见(试行)〉的通知》的两个通知,标志着全国法院统一的审判绩效评估体系建立试行。2011 年 3 月,最高人民法院下发法[2011]55 号《最高人民法院关于开展案件质量评估工作的指导意见》,审判绩效评估体系在全国法院正式实施。

工作流程,规范、监督引领审判活动,推进、提升审判管理工作水平。事实证明,依据审判质量效率指标数据及审判绩效评估,客观评估法院的审判质量效率,理性分析法院的审判工作态势,正确指导审判工作决策,逐渐成为各级法院的重要领导方法,院庭长比以往任何时候都更关心质效指标,一个以审判工作为中心,加强审判管理工作的浓厚氛围业已形成,而且以审判绩效评估指标体系为导向的审判管理工作辐射到与审判工作密切相关的法院其他各项工作,审判工作在法院整体工作中的中心地位更加突出。二是促进了审判质效的大幅提升。审判绩效评估运用了功效系数和加权算术平均等当前绩效评估的主流技术,促进了各法院审管力度,营造了浓厚的争先氛围,审判质效同比、环比和横向比不断提升,江苏全省法院审判质量评测结果近几年来处在全国法院前列。徐州全市两级法院95%以上的指标出现了较大幅度提升,有些指标比运行之初提升了一倍,如民事案件调解率、行政一审撤诉率、被改判发回重审率、案件平均审理天数等指标①。审判质效的大幅提升也体现在人民群众对人民法院的正面评价上,近几年来,人民法院的人民群众的满意度②逐年提升,党委、政府、人大、政协等对法院的司法工作肯定、支持更多。三是增强了司法规范化的体系建设。审判绩效评估体系,为法院领导搭建了衡量审判管理、队伍建设、司法为民工作评价的平台,形成了以公正高效为目的,审判质量为中心,审判工作规律为导向,考评机制为动力的规范化体系。更多的法院将监督制约和行为激励的对象由院、庭扩展到个人,实现了院、庭、法官三位一体的监督评价体系。评估体系的运行,还使得各地法院裁判文书和执法尺度得到了相对统一。法官们也越来越注重自身的审判业绩提高,注重司法行为的规范。同时,各级法院进一步细化规定了案件评查、分案定案、流程管理、上诉案件移送、"四项案件"③审批、绩效考核、业绩档案等方面规范文件,从制度

---

① 法定正常审限内结案上升了4.9个百分点、民事案件调解率上升了21.24个百分点、被改判发回率压降了2.06个百分点、执结率提升了24.39个百分点、执行标的到位率提升了19.08个百分点、向上级法院投诉率压降了3.18个百分点、申诉申请再审率压降了4.01个百分点、民事案件撤诉率提升了5.18个百分点、行政一审撤诉率提升了48.73个百分点,等等。

② 由江苏知名的社会中介评价机构组织调查,并向受委托的江苏省高级人民法院反馈评价结果。

③ 四项案件指依法延长审限、中止审限、中断审限和暂停计算审限案件。

上加强司法审判管理的体系化建设。四是拉近了社会公众客观评价司法工作的距离。过去,因缺乏对法院整体评价的客观标准和量化依据,当事人、社会和法院对司法的评价常常相互冲突或是反差很大。社会公众对法院的评价往往通过个案来判断,个别裁判不公的案件被媒体炒作,被放大为对司法的整体评价,误导了公众对法院审判工作的整体认识和客观评判。实施统一的司法审判绩效评估体系后为社会公众提供了客观认知法院、评判法院的一个沟通平台,引导了社会公众全面认知法院的司法工作。法院有个别裁判不公的案件,更有占百分之九十九点九几的裁判公正案件,快捷高效办结的案件,化解了大量矛盾纠纷的案件,在统一的评价标准面前,司法面对公众有了底气,交流对话有了依据,也因信息强大客观对称,法院与社会公众距离拉近了,相互理解更多了。

### (二) 绩效考核下指标功利化的表象

在开展审判绩效实际运行管理中,其不足也愈加明显。一是盲目攀高指标致管理简单化。唯指标数据论,盲目攀比、攀高指标的现象在当前不同程度存在,以指标最大化的简单管理也相应存在。为了指标提升,注重打"擦边球"、多"水分"、找"批量案件"等,忽视基础管理,迷信使力少,见效快的管理□□□浮气躁,管理简单化。二是不正确绩效观致导向功利化。在不正确的□法绩效观诱惑下,唯指标、抓指标,就指标、抓指标的倾向抬头,审判管理功利意识浓厚,纳入评先评优的指标全力抓,甚或不顾及审判规律,不纳入评先评优的指标就束之高阁,为了绩效靠前,数据背后不规范的操作、虚假的状况,或默许或放任,片面重视了审判质效指标的评价功能,忽视了绩效评价的引导、激励、监督制约等功能。三是失真指标数据致效仿蔓延化。失真指标数据效仿蔓延的问题,在近几年反映比较多。如执行备案,先执后立,不执不立,反复程序终结;诉前调解中,如交通事故处理中心调处的道赔案件等,地方调解中心与人民法院重复统计;标的较小的水费、电费、电话费等,过去因司法资源有限严格控制受理,现争相受理;劳动报酬系列案件,互为原被告,虚增案件数量等等。前几年这些是个别现象,现在是普遍存在。四是强势绩效评估质疑声增大化。以最大值、最小值功效系数套用的绩效评估,当指标均进入高位良性区间时,仍存在着"高指标,大差距,低评价"的现象,这引发了一些法院的质疑和不理解。如行政撤诉率已达到 80% 了，绩效评价还靠后；执结率已达到 98% 了，评估分还落后；被改判发回重审率只有 0.5%，还是垫底的等等。越来越多的法院对指标盲目攀高下没有有效的制衡措施而不满，对绩效评估简单套用公式计算的科学性提出质疑，对启用良性区间值实施绩效评估要求和呼声越来越高。

### （三）审判绩效不良运行的危害

一是评估价值方向偏离。审判绩效评估的根本价值取向是规范、保障和促进审判工作，直接目标是增强审判管理把握全局的功能，推进审判工作的科学、规范管理。但为了追求审判绩效评价获益最大化，盲目攀比、攀高指标，不规范的司法行为争相效仿，质效指标数据虚高，审判管理方向出现偏差，绩效评价结果的可利用价值削弱，评估结果利用价值不高。二是司法决策信息误导。以客观、真实的指标数据为依据，能准确评估法院的审判质量效率，正确判断法院的审判工作态势，为各级法院院领导、党组、审判委员会提高科学的、正确的工作决策水平。但不真实、虚假的指标数据必然带来错误的司法决策信息，导致工作坐标不明确、差距查找不准确、决策部署不科学、不具有针对性。三是审判管理功能错位。当前的审判绩效率指标无疑已成为各法院抓审判管理工作的牛鼻子。但一些法院忽视了最初指标的定性，机械地移植指标数据简单地进行绩效评价和审判管理，导致一些法院一味追求指标提升，出现了指标优化但违背管理初衷，渐渐地偏离审判管理的正确方向。一些法院审判管理唯指标数据论，不尊重审判规律，不注意司法规范，制定不合理、不可行的工作目标，审判管理出现方向性错位。四是司法公信权威下降。为了提高审判质效指标，背离司法规律，年底人为阻滞收案；诉前超期调解、久调不立；年底动员当事人撤诉，撤后再立；疑难复杂的案件，不立案等当事人立案难的现象较为普遍。为了提高效率，撰写法律文书简单说理送达；为了提高调解率，以判压调、以拖压调，或一调了之，调解内容不能兑现等案结事不了，引发当事人、代理人投诉，也引起人大代表、政协委员关注。这些情形的初衷是为了改善审判质效指标，但行为却后续影响了法院整体的司法公信力。当事人，社会公众因为这些点点滴滴对法官的职业形象、裁判的公正性、程序的合法性产生质疑，降低了法院形象和司法公信度。

# 四、科学构建审判绩效良性引导管理体系

审判绩效评估运行实践证明,评估体系在深入推进的行程中,评估组织者与被评估者对评估体系的期望值均较高。构建审判绩效良性运行机制要从指标初始设置、绩效数据利用、指标真实性保障、指标良性区间引导、评估技术筛选、管理导向等多方位入手,实行疏、导、管、制等多维管理,并从思想认识上重视、构建体系上科学、组织实施上认真、机制运作上严谨等方面,实现良性评估、良性竞争、良性利用和良性管理的目的。

## (一)严谨设置指标

审判绩效良性评估是建立在一个个单项质效指标基础上的,指标设置是否严谨,是构建审判绩效良性运行机制的重要基础。指标设置严谨分为个体指标设置严谨和指标体系设置严谨两方面。

1.个体指标设置严谨。个体指标设置严谨是绩效良性、公正评估的基石。置不严谨的指标最易被投机虚高、最易被评价者排斥、最易出现非良性绩效个结果。如"诉前调解成功率"指标①,指标口径理论上存在(负值,∞)的严谨的情形,实践中,该指标也出现了异常数值,后来省法院对指标口径进行了调整。指标设置不严谨会导致三个方面的不利影响,一是给钻营指标者带来发挥的空间,指标无限虚高;二是良性区间值难以确定,如上在(负值,∞)区间的指标值,良性区间作如何取舍的确给评估依赖的软件和评估的组织者带来调整设置困难;三是打击了规范管理法院的积极性,有投机取巧就有吃亏的,同一竞争平台遭到破坏,对于守规矩者是不公平的,而指标设置不严谨又为操弄指标者找到借口。指标设置严谨至少要做到两个方面,一是逻辑推理要严谨,指标的理论极值是检验的一个重要标准,不能仅在常态下靠想当

---

① 江苏涉诉矛盾纠纷化解工作考评设置的指标。诉前调解成功率=诉前调解成功数/(民事一审诉讼案件收案数-调解出具确认书的案件数)。该指标分子=诉前调解出具确认书的结案数+诉前调解不出具确认书的案件数,而分母为民事一审结案数(含诉前调解出具确认书的案件数)-诉前调解出具确认书的案件数。

然设置一项指标,给予一个口径①,一定要将指标置于特定环境下反复论证、修正、调整;二是符合审判规律和普适性认知。符合审判规律在任何时候均是要坚守的原则,普适性认知就是指标设置要尽可能通俗简单,社会公众能实际感受到并能接受它。

2.指标体系设置严谨。审判质效指标体系存在内在的相互制约、相互补充、相互监督的因素,指标体系设置严谨能实现绩效评价的良性互动、自动制衡。指标之间也存在正逆、互补等关系。整个指标体系设置严谨分为指标体系间的关联制衡和层级指标体系间的互动制衡。指标体系间的关联制衡,如结案率、结收案比与结案均衡度(见结构图),单独设置上述任何一项指标均会出现审判工作不能在良性轨道上运行的现象。调解率、调解案件申请执行率、裁判自动履行率指标间的相互制衡②;执结率、实际执结率、执行案件程序终结率指标间的相互制衡③等均有类似的上述制衡机理。

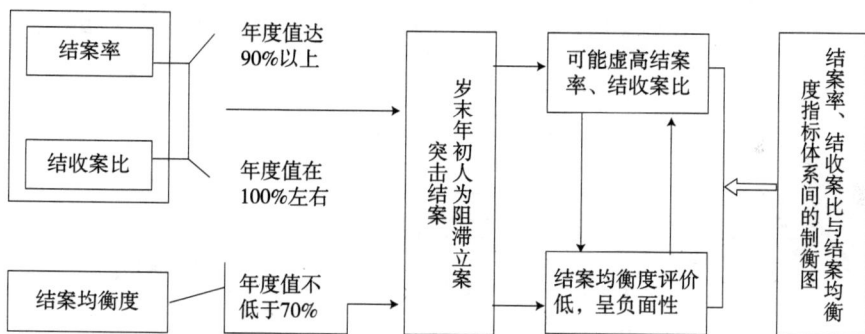

**图1　结案率、结收案比与结案均衡度指标间相互制衡**

层级指标体系间的互动制衡。主要是避免上下级法院为了一方指标优化而庇护勾兑。2011年前比较典型的评估指标就是被改判发回重审率。未分

---

① 这样设置的指标通俗的名称为"拍脑袋指标"。

② 调解率高、调解案件申请执行率高、调解案件自动履行低,"两高一低"现象,反映了在调解案件申请执行率、裁判自动履行率未纳入评价体系时,片面追求高调解率,引发调解质量不高、案结事不了的问题,指标间缺少制约。

③ 近几年来,一些法院的执结率达到或接近100%,多使用违规实体终结、程序终结的方式。纳入实际执结率、执行案件程序终结率评价后,违规实体终结、程序终结不能带来实际利益,在相互制约下实行绩效评价的良性互动。

解前,因对二审法院没有制约,为了照顾一审法院案件质量指标,对一审法院
有瑕疵、有问题的案件该改不改,该发不发,即使改发,也争取靠上新证据达到
在考核时不计入改发数量①。新审判质效"一审改判发回重审率""二审改判
发回重审率"两个指标的图解可以看出(见图2),改发率既要一审质量,也要
二审能力的理念被设计融进指标。对分解前后值得肯定的上下级法院联动调
解,也给予了正确的引导,一审法院帮助二审法院将本该改发的案件调解息诉
了,看似二审法院纠错能力少了1件案件,但调解率指标多了1件案件,综合
考量,改发率失,调解率得,两级法院联动调解化解纠纷均有正面利益并得到
救济。在新审判质效指标体系中"生效案件改判发回重审率"、"对下级法院
生效案件改判发回重审率";绩效考评指标中的"对下级法院生效案件提起再
审率"、"下级法院生效案件被提起再审率"等均是层级指标体系间的相互
制衡。

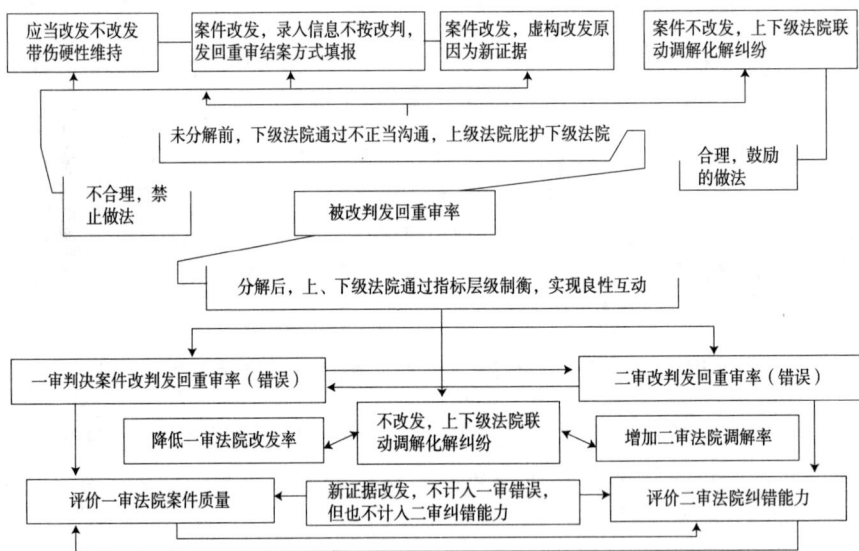

**图2 改判发回重审率指标一、二审法院相互制衡影响结构**

设置具有制衡的关联指标和层级制衡指标,就是利用多指标发挥的牵制
作用,增大通过不正当手段提升指标的成本,实现自动制约、良性引导,促使评

---

① 2009、2010、2011年市中院二审改发案件被认定新证据的高达60%以上。少数基层法
院的发改案件高达90%被认定为新证据。

价和管理的自我调节,促进绩效评价的良性运行。

### (二) 科学定位良性区间

　　绩效评价下的指标盲目攀比、攀高的负面性、破坏性已逐步显露,运用指标良性区间实施绩效评价已逐步成为多数法院的共识。审判绩效评价良性区间管理重要的一环就是指标的良性区间值设置。科学定位指标良性区间值要充分考虑以下因素①:一是符合司法规律和法律规定。法律有明确规定的,指标的良性区间值设置要从其规定。如超审限未结案率、司法赔偿率等,指标的良性区间值的上限可以取"0",下限取该指标所对应法院的最大值就可以。符合司法规律与设置良性区间值的量化具体数值虽有一定的难度,但可以从理论与实践的结合来确定一个合理区间值。如法定正常审限内结案率,一个法院在一定期间内是存在一些疑难复杂案件的,在诉讼法规定期间内难以审结,良性区间值上限取100%是不合理的,结合对该指标历史值的研究,指标良性区间值可以取90%—96%。二是能正确引导司法行为。指标的良性区间值不宜取得过高或过低。目标值过高,达不到,会引导一些法院违规作假;过低,达不到司法管理的目的。如一审服判息诉率、再审审查率,良性区间值上限设置过高,一些法院会不惜损害当事人的上诉权、申诉权,以达到高指标的目的;设置过低,一些法院做当事人服判息诉工作就不够积极主动。调解率也是如此,过高,易产生违背当事人意思强制调解、违法调解的现象;过低,不能体现"调解优先、调判结合"司法引导成效。三是共性与个性区别对待要求。高级法院、中级法院、基层法院审理的案件难易是不一样的,同一指标的良性区间值设置要区别对待,如法定正常审限内结案率,不同级别的法院要有区分。一审简易程序适用率,人民法庭的良性区间值设置要高些,市内基层法院要低些。四是注意指标发展趋势变化。审判质效是不断提升的,设置良性区间值时要适当考虑指标的发展变化趋势,仅以历史指标值作参考,设置之时就意味着是滞后的,达不到司法管理正确引导的目的。如中级法院的调解率,2004年,江苏全省中院很少有达到20%的,而当前,很少有中院达不到的。五是注重审判一线合理意见反馈的吸纳。指标的良性区间值的设置是一个不断

---

　　① 参见屈国华《司法评价的理论与实践问题》阈值的确定。

摸索、调整、优化的过程,注意吸纳审判一线合理意见是一项重要原则,不仅在设置之初要注意征求审判一线意见,还要在指标良性区间运行管理过程中收集审判一线的意见,将合理的意见充分吸纳进来,不断完善指标的良性区间值的设置,实现客观的、科学的、完善的指标良性区间值管理体系。

实际设置指标良性区间值时要注意方式、方法。指标良性值取得方式五步骤:熟悉指标的口径→通悉指标间的关联→累积指标历史数据→收集一线合理意见→设置指标良性区间值。熟悉指标的口径是前提,同一指标,口径不同,指标值会有很大的变化,如执行标的到位率,以执结案件的到位标的÷受理案件的申请标的为口径,执行标的到位率就比较低,指标应当在 60%—80%区间,以当前的质效指标口径,即(自动履行+强制执行+和解执行+程序性终结)的到位标的÷[(自动履行+强制执行+和解执行+程序性终结)的申请标的-和解放弃标的],则指标应当在 90%—100%区间;通悉指标间的关联,主要是通悉指标体系内有相互制约、相互联系的指标和上下级法院制约的指标,如法定正常审限内结案率、案件平均审理天数、"四项"案件未结案率、18 个月以上未结案件等相互关联的指标,设置良性值时要综合衡量;一审判决案件改判发回重审率与二审改判发回重审率属上下级法院制约的指标,设置良性值时,要结合考虑等;累积指标历史数据,将各法院一个指标近几年来的数据进行集中比对,取各法院间、各年度间的众数作为良性值的参照标;收集一线合理意见,大量收集一线法院或业务庭的指标良性值意见,分析和衡量其合理性,综合考虑其他因素设置指标的良性值。最后,根据指标的特性,指标良性值大致可分为两类:一是区间值,指标值偏低与偏高均不是我们所期待的。如结收案比,年度结收案比在 99%—102%区间是良性的,低于 99%,会产生审判效率偏低与存案积存较多的弊端,高于 102%,会出现人为阻滞收案和突击结案的现象。二是良性目标值,反对指标盲目攀高,这是指标良性区间导向管理常用的类别。如行政一审撤诉率已达到 90%,再引导追求 100%的极限值就不客观了,事实上,一些法院行政一审撤诉率高于 90%,甚或低于 90%的,是通过案件体外运行,案外协调,不撤不立的方式抬高指标的;再如"二审开庭审理率"规定保底目标值比较适宜,鼓励二审开庭,对二审能开庭而不开庭的单位要作负面评价,引导承办法官从程序上保证了审判活动的"公开公正",增加了审理案件的透明度,通过开庭审理查清案件事实和争议焦点,固定案件证据,落实法院的"阳光审判",提高审判质量,减少当事人的申诉及上访。

### (三) 评价技术支持

指标良性区间评价需要先进的评价技术支撑,需要自动化计算支持。研究适用指标良性区间评价的统计技术方法,利用和改造当前绩效评价常用功效系数、加权算术平均、假定函数等数学统计方法,实现精确评估、自动计算,确保评估实施经济化,操作简单化,使用方便化。

良性区间值指标评估技术主要是通过改造当前的功效系数公式[①],并结合"IF"假定函数来完成(在当前的电脑编程软件或 Excel 电子表格中可以轻松实现)。评估技术对应上文的良性目标值和良性区间值可作相应的设置。良性目标值是按"两段式"来评估的。达到目标值使用功效系数 $d_i = (\dfrac{x_i - x_i^s}{x_i^h - x_i^s})^{1.4} \times 20 + 80$,进行计算评估,低于目标值使用功效系数 $d_i = (\dfrac{x_i - x_i^s}{x_i^h - x_i^s})^{1.4} \times 40 + 60$,进行计算评估。其评估计算的结果为,指标进入良性目标值的,评估值在 100—80 分区间,低于良性目标值的,评估值在 80—60 分区间。如对基层法院一审服判息诉率设置良性目标值为 95%,各基层法院一审服判息诉率指标若均达标,则指标值最低的法院至少得 80 分,但如不采用良性区间评估技术评估,指标值最低的法院,即使指标值达到 99%,评估分也只能得 60 分。良性区间值是按"三段式"来评估的。指标在良性区间的使用功效系数 $d_i = (\dfrac{x_i - x_i^s}{x_i^h - x_i^s})^{1.4} \times 20 + 80$,进行计算评估,低于良性区间下限的使用功效系数 $d_i = (\dfrac{x_i - x_i^s}{x_i^h - x_i^s})^{1.4} \times 40 + 60$,高于良性区间上限的按 100 分封顶。如结收案比指标,良性区间值为 99%—102%,以下 10 个基层法院的指标值和评估。

---

[①]　审判绩效评估中的功效系数公式: $d_i = (\dfrac{x_i - x_i^s}{x_i^h - x_i^s})^{1.4} \times 40 + 60$,其中 $x_i$ 为指标值,$x_i^s$ 为不允许值,$x_i^h$ 为满意值。

表1　江苏徐州全市基层法院结收案比良性值评价对照表

| 结收案比 | A法院 | B法院 | C法院 | D法院 | E法院 | F法院 | G法院 | H法院 | I法院 | J法院 |
|---|---|---|---|---|---|---|---|---|---|---|
| 指标值 | 94.17 | 99.3 | 99.9 | 100.12 | 100.79 | 101.2 | 100.17 | 100.25 | 102 | 106.7 |
| 按良性区间评估 | 低于良性值下限 | ← 　　指标在良性区间内　　→<br>（99%—102%） | | | | | | | | 高于良性值上限 |
| | 60.00 | 91.06 | 92.92 | 93.62 | 95.81 | 97.20 | 93.78 | 94.04 | 100.00 | 100.00 |
| 不按良性区间评估 | 60.00 | 71.46 | 73.38 | 74.10 | 76.37 | 77.81 | 74.27 | 74.53 | 80.71 | 100.00 |

　　情况见表1，按良性区间和不按良性区间技术评估，B法院至I法院的8个法院评估值分别得91.06分至100分、71.46分至80.71分，差别明显，而A法院与J法院评估值分别得60分、100分，是无差别的。从表中可以清晰地反映指标进入良性区间后或大于良性区间后评估分值的科学性。

　　综上，指标良性区间评价需要的函数公式，只要在原绩效评估技术函数即功效系数、加权算术（几何）平均函数的基础上，增加"IF"假定条件判断函数即可，其评估经济化、简单化、方便化是现实可行的，评估结果是科学的，从徐州中院2011年对全市10个基层法院审判绩效采用良性区间评估技术试行的情况来看，成效明显，并被基层法院普遍认可就是佐证。

### （四）数据保障客观

　　指标数据的真实性、准确性是审判质量效率统一指标体系和审判绩效评估健康运行的生命线。审判绩效评估无论是采用最大值、最小值评估，还是良性区间值评估，指标数据的准确性均是赖以正常运作的基础，从某种程度上，采用良性区间值评估，不真实、不准确的指标数据的危害性更大。保障数据的客观真实一是要牢固树立从源头上确保指标数据真实准确的观念，强化审判流程管理和审判信息数据网络管理，严格按照有关规定把好源头数据的输入关。二是各项检查制度要落实，例行检查、突击检查相结合；常规检查、专项检查相结合；主动检查、被动检查相结合；条线检查与审管检查要配合好，增强违规指标数据曝光率和危机感。三是突出对虚假数据严惩的高压态势，指标数据有水分的要作出惩罚性负面评价,指标数据弄虚作假的要坚决取消评先资格,以明确的导向、强有力的保障措施,保障审判质效指标数据的客观、真实。

**(五) 审管导向正确**

正确的审判管理导向,重视指标数据,但不唯指标数据论;正确的司法绩效观,重视评价结果的反馈,但能自觉践行和重视客观规律的引导。近几年来,一些法院领导和审执部门主要负责人不能正确看待审判质效指标,简单化地将各项质效指标的高低和排序情况作为审判业绩的主要考核依据,导致了片面追求指标排序、人为拔高指标数据的现象。审判管理是一门科学。各级法院和审管职能部门都要进一步加强对各项审判质效指标的意义及其相互关系的深层次研究,以进一步确立真正符合审判规律的审判管理导向和审判业绩考核导向。各项审判质效指标之间都存在着一定的内在联系,许多指标之间存在着一种此消彼长的关系;对每项审判质效指标的设定与评价,都应该有一个合理的限度,而并非越高(或越低)就一定越好,否则会"物极必反",使绩效评价的牵引作用难以发挥,绩效评价和审判管理将会偏移正确的方向。

**(六) 整体氛围切合**

运用审判质效指标良性区间进行绩效评价不可回避的问题是:小区域性推行压力较大。审判绩效良性区间评价实质上是当审判质效指标已进入高位或良性值区间时,绩效评价给予一种认同,并在评估分值上体现这种认同,而这种认同的导向信号是:盲目攀比、攀高指标利益降低或不存在,虚高指标能带来的是风险,而不能带来收益。但如果一个区域整体的评价导向不是按这种思路进行,只有辖区某个法院按良性区间评价,则会出现使用良性区间法院的工作被动,绩效评价滞后,因为不使用良性区间评价的法院仍在追高指标、攀高指标,指标是良性了,但却在整个区域滞后,本区域评价可能是肯定的,但大区域内评价却是否定的,显然来自自上而下和同级对比的压力是很大的。因此,审判绩效良性区间评价一要有大区域的环境,二要自上而下推行,三是各级法院能接受认同,并自觉践行,实现上下法院一盘棋运作。审判绩效良性区间评价整体氛围形成,才具有强大的生命力。

正视审判绩效评估运行过程中出现的问题,特别是指标数据、审判绩效偏移良性运行轨道问题,不是说简单地否定现行的审判绩效在法院审判管理中的功效,而是回归审判绩效管理之初明确的原则、期望的目标,在审判绩效管理快速前行的征途上不妨注脚反思。本课题在科学构建审判绩效良性引导管理体系中提出的一些浅薄思路,更多的是发挥抛砖引玉的作用,呼请更多的法院、更多的审判管理精英从应然的视角科学、客观地纠偏当前审判绩效评估体系运行上存在的不足,完善人民法院的审判管理制度。

**(本文获"司法学论坛暨首届司法管理学研讨会"征文二等奖)**

# 关于优化人民法院审判绩效
# 考核机制的若干思考

刘红兵　陈宇*

随着人民法院三个五年改革纲要的顺利实施,人民法院审判管理工作得到了较快发展。特别是 2008 年最高人民法院新一届党组履新以来,加强和创新审判管理已成为当前优化人民法院职权配置改革的重要方面。① 审判绩效考核是审判管理的重要内容②,对于强化审判管理效果,最大限度地调动法官的工作积极性具有重要意义。但如何建立健全人民法院科学公正的绩效考评机制,避免脱离实际和形式化倾向,在理论和实践上均有不同的认识和做法。我们以 2008 年以来江苏省及南京市推行的审判绩效考核指标体系为蓝本,比照兄弟法院实践经验,借鉴法学界及司法界各位专家学者的观点思路,拟对审判绩效考核中的若干问题作进一步的分析研究,以期对完善审判绩效考核机制有所裨益。

---

* 刘红兵,南京市中级人民法院审判管理办公室主任;陈宇,南京市中级人民法院审管办综合管理科科长。

① 最高人民法院 2009 年 3 月发布的《人民法院第三个五年改革纲要(2009—2013)》,虽然继续要求改革和完善审判管理制度,但着墨不多,仅延续了"二五纲要"的基本思想和举措,同时强调制定符合审判工作规律的案件质量评查标准,以及统一适用的审判流程管理办法等。2008 年 3 月王胜俊院长任职以来,法院工作整体呈现出加强管理的趋势。2010 年以来,最高法院进一步强调加强审判管理,并结合"社会管理创新"的政法工作总体要求,提出了加强审判管理的新的思想和工作内容。参见龙宗智:《审判管理:功效、局限及界限把握》,《法学研究》2011 年第 4 期,第 22 页。

② 最高人民法院在 2012 年 1 月 6 日下发的《关于加强人民法院审判管理工作的若干意见》,确立了案件信息管理、审判流程管理、案件质量评查、审判运行态势分析、审判质效评估、审判绩效考核、审委会事务管理等七项专门审判管理机构的基本职能。

# 一、关于为什么要开展审判绩效考核的问题

## （一）围绕审判绩效考核工作存在的各种争议

人民法院的审判管理伴随着审判而生,古今中外,有审判活动就有审判管理。审判管理作为对审判活动的组织、协调、评估、考核、指导和督办等管理活动,在我国传统司法模式中即已以司法权行政化、审判与管理紧密结合的模式存在并发挥作用。随着三个五年改革纲要的相继实施和一些法院案多人少矛盾的凸显,专门而独立的审判管理活动日益得到各级各地法院重视。在《人民法院第三个五年改革纲要(2009—2013)》发布之前,审判管理工作特别是作为其子系统的审判绩效评估机制就已经在法院管理领域得到比较广泛的重视和运用,绩效考核的严格性与精细化也在不断提升和强化①。时至今日,建立和实施以数字化、指标化、无量纲化为主要特征的审判绩效考核机制已成为人民法院审判管理工作的重要内容。与此同时,法学界与司法实务界对绩效考核的反对诟病及批评建言亦是不绝于耳。综合来看,主要观点集中在以下两个方面:

1.全盘否定的观点。有学者指出,"法院当像法院",业绩考核是行政管理的一大特点,法院不是行政机关,司法的目标是实现公正,此外别无其他。法院独立审判无需通过漂亮的指标数据取悦上级法院和地方党政机关,无需介入以各类评比奖惩为诱导或强制的社会规训体系。司法问责须有自身的标准和惩戒程序,案件指标仅作司法统计之用,不能以此衡量法院或法官的业绩。法院业绩考核制度不符合司法活动科学评价应有之义②。实务界的同志也尖锐指出,当前审判绩效考核制度直接导致法官角色被异化为生产流水线上的"熟练工人",这种以牺牲法官参与改革的主动性、创造性为代价,片面追求案件质量与效率的绩效考核思路,其所能实现的公正与高效必然是虚荣的,仅可获得短期利益,随之而来的是对司法固有属性的巨大冲击,以及要恢复改

---

① 参见胡夏冰:《审判管理制度改革:回顾与展望》,《法律适用》2008 年第 10 期。
② 参见徐昕:《法院应强调业绩考核吗》,《南方周末》2012 年 4 月 13 日。

革期待的权威性所要耗费的巨大司法成本,并将会成为对审判管理体制改革的长期侵害①。还有观点认为:在配备了奖惩机制的量化考核制度下,中国法官的行动方向不仅有损我们珍视的审判独立、程序正义等法治原则,更和理想考核模式下廉洁、高效、公正的预期目标渐行渐远。由于很难设定一套能有效反映法官工作质量的指标体系,再加上法官"趋利避害"的理性制约,以激励法官努力工作,实现法院廉洁、高效和公正解决纠纷的绩效考评设定目的基本落空②。

2. 温和的批评观点。目前,司法实务界与法学界更多的呼声是要求对现行审判绩效考核模式进行变革,使之更加符合司法审判规律。在整体设计层面,主流观点认为,近年来法院内部尤其是上级法院对下考核力度不断加大,审判管理与绩效考核呈现重约束轻激励、重能动轻限度和重数据轻引导等三大矛盾,导致了评价工作在很大程度上异化为"数据处理器"。各地法院迫于考核排名、奖惩挂钩的双重压力,或多或少地下意识甚至主动参与到"数据制造"当中,或是背离审判工作内在规律盲目追求数据的最优化,或是利用法律、制度等既有规定,通过"技术手段"变通处理,人为修饰美化指标数据,甚至违反规定直接伪造数据、假造案件。审判绩效考评机制的架构和设计,要警惕和防止出现所谓"迁就式""投机式"和"篡改式"等不正常的数据游戏③或"数据功利主义"④现象。在法官考核层面,多数观点认为审判工作是一种复杂的、高智能的、诸多因素交互作用的社会活动,在案件负担加重、裁判考量趋向复杂,法院和法官的权威性严重滑坡的背景下,严格细化考绩与评查而有效激励不足,极易产生"约束疲劳",诱发一线法官对审判岗位缺乏荣誉感与自信心,缺乏积极进取心态,法院工作的可持续发展堪忧⑤。在法院发展层面,有观点提出,在强力的审判绩效考核模式下,审判人员的积极性可能受到抑制,过于繁琐的绩效考核指标往往束缚法官的主观能动性,在一定程度上形成偏于行政化的"路径依赖",这并不是治本之策,相反

---

①　参见徐建兵:《中国特色审判管理机制构建之构想》,《法律适用》2009 年第 9 期。

②　参见艾佳慧:《中国法院绩效考评制度研究——"同构性"和"双轨制"的逻辑及其问题》,《法制与社会发展》2008 年第 5 期。

③　参见宋长琴、徐俊华:《论审判管理实践中的三大矛盾》,《审判研究》2011 年第 6 辑。

④　龙宗智:《审判管理:功效、局限及界限把握》,《法学研究》2011 年第 4 期。

⑤　参见肖宏:《激励型管理与司法效率》,《人民法院报》2011 年 1 月 19 日。

可能导致恶性循环,愈发加剧一线不强的状况①。

### (二) 审判绩效考核机制的内在机理

我们认为,审判绩效考核工作虽然招致众多的质疑批判,但这一机制的产生和运行,并非上级法院、管理部门甚至个别法院领导一厢情愿的凭空设想,而是有其产生的内在机理,具有鲜明的中国司法制度特色。

1. 司法"还权"改革后出现的失范现象,是人民法院加强内部监督、管理和考核的历史背景。在"一五"改革纲要实施以前,审判管理带有比较浓厚的行政化色彩,在反思这种高度集中的审判管理模式的基础上,最高法院相继颁布"一五""二五"改革纲要,其着眼点在于遏制司法行政化趋势,强调尊重司法规律,还权于法官与合议庭,但在司法体制和基本运行机制改革配套缺位的背景下,司法腐败与司法不公问题随之凸显出来。② 法官数量多但整体素质尚未得到普遍提升,保障制约其勤勉廉洁的机制尚不健全,审判权的肆意行使与懈怠不作为必然同时显现。如何在资源有限的条件下,确保审判工作依法有序进行,确保案件公正高效处理,成为摆在各级法院领导面前的突出问题。加强审判管理与绩效考核,规制审判权的逾制与无序,抑制司法腐败,提升审判质效,成为我国法院系统上下的共识和必然选择。

2. 社会主义法治建设赋予人民法院的历史使命,是推行审判绩效考核的内在要求。任何社会形态下的司法活动,都承担着调整社会意识形态与价值取向、维护整合社会观念整体同一的政治责任。我国司法机关在社会主义法治建设过程中,不仅要承担保证国家法律正确适用的责任,更要承担贯彻党的路线方针政策、维护社会和谐安定的重大社会责任和政治责任。司法审判不仅要实现法律效果,还要做到社会效果和政治效果的最大化,不仅要强化案件的审结,还要做到案结事了、不诉不访、社会和谐。③ 所谓"能动司法"即是这一内在要求的具体体现。完成这些目标任务,必须要明确工作导向,分解工作目标,细化工作要求,量化工作成效,依靠体系化、数据化的指标控制与精细

---

① 参见孙海龙、高翔:《深化审判管理若干问题的思考》,《人民司法》2011 年第 1 期。

② 参见孙海龙、高翔:《深化审判管理若干问题的思考》,《人民司法》2011 年第 1 期。

③ 参见王忠华:《审判绩效考核管理:价值、现状及完善路径》,《人民法院报》2010 年 8 月 18 日。

化、过程化的考核管理,确保法院工作一体化运行并有效落实司法政策的要求。

3.人民群众对审判工作的新要求新期待,是加强审判绩效考核管理的外在动力。近年来,法院工作的社会评价虽然整体上逐年提高,但人民群众对社会公平正义的追求,对人民法院公正高效司法的要求也在不断提高。从人民群众反映突出的问题看,主要集中在法官办事效率、服务态度、执法水平以及司法公正等方面。这些问题虽为个例,但影响人民法院的公正形象和司法公信力,不可小视。从原因上分析,它与审判管理弱化、对法官审判活动监督考核缺位不无关系。因此,要从根本上解决这些问题,必须树立满足社会公众多层次、多角度司法需求的价值追求与目标导向,在尊重审判规律的基础上,引入现代管理理念和管理方法,从精细化管理和过程化监督入手,规范法官司法行为,约束司法懈怠和恣意,最大限度地保证合格司法产品的产生。

### (三) 审判绩效考核机制的现实意义

相对于法院传统内部考核中重印象、轻定量评估的做法,现行审判绩效考核模式具有明显的优越性。

1.准确量化,公平透明。以数字化、指标化为特征的绩效考核,克服了传统考核模式中人为因素过重的内生弊端,将审判质量、效率和效果等通过无量纲化、同度量化的指标数据加以反映,考核结果简单、直观。对工作任务性质具有同质性的被考核法院及法官而言,[1]更能公平地在同一平台上用相同尺度予以衡量,管理层的人为因素被降到了最低。同时,考核标准事先公布,考核数据及排序结果全部公开,更能有效地打破业绩考核与人事管理过程中的暗箱操作,化解被考核主体的疑虑与不满,最大限度地激发被考核主体对考核目标及结果的认可度。[2] 审判绩效考核工作引入无量纲化指标考核机制后,在法院机关考核历史上头一次拿出了一把完整的"标有尺度的透明尺子"。

---

[1] 对工作领域具有较大跨度的各条线及其法官之间的考核标准问题,实践中多采用共性指标辅之以个性指标的方法,将考核评分结果在标准设定上予以拉平。

[2] 在本文写作过程中,对绩效考核提出质疑和不满的主要声音集中在考核指标的选取、统计口径及计分标准等技术性问题的争议上,对应否实行数字化公开性的统一绩效考核工作本身几无反对意见。

2. 过程控制, 及时纠偏。传统考核工作多在年终岁末, 由人事部门组织各业务庭室集中人力物力, 按平时工作表现及结案数、调撤数、上诉率等个别指标对承办法官进行考评打分, 而对部门、条线等被考核主体的测评则掺杂更多的人为评定以及平衡因素, 不仅主观因素偏重, 更由于考核程序的繁琐和考核成本较大, 对日常工作的引导、纠偏作用滞后。数字化指标考核机制不仅公正公开性显著提升, 更可在信息技术的支撑下, 每季、每月、每周进行适时预评实测, 在法院、部门、法官的日常工作过程中即可对标找差, 及时发现工作疏漏并有针对性地加以改进。①

3. 导向明确, 轻重有序。我国司法审判机关担负着一定的社会管理职能, 随政治经济社会发展各阶段形势与任务的不同, 工作目标和工作重点呈现出阶段性要求。利用数字化指标考核体系, 可以经由指标的筛选及其权重的权衡, 及时有效地对工作目标与工作重点予以调整和推进。在各指标统计口径、考核作用得到周密考量的前提下, 能为被考核主体提供明确直观的工作导向。这与层层传达会议精神、领导讲话、提口号、部署方案的工作推进方式相比, 其准确、及时、有效及成本低廉性无疑更加彰显。

### (四) 坚持审慎推进审判绩效考核工作

1. 要充分肯定审判绩效指标考核机制的合理性。审判绩效指标考核作为现代目标管理与绩效考评制度的有效结合, 有助于上级法院和法院领导及时有效获取辖区内法院、法庭和法官的司法行为信息, 有利于客观、公正、有效地评估评价各层级主体的审判业绩。当前对绩效考核工作的负面评价, 多是由于绩效考核忽视审判工作规律, 机械僵化理解考核机制, 人为割裂和忽视各指标之间的逻辑关系、适用条件, 简单从评估体系中照搬个别指标, 热衷于排名

---

① 执笔人在承担最高法院 2008 年重点调研课题《人民法院信息化建设》的过程中, 曾走访南京市公安局信息中心。据介绍, 当时南京市公安系统已全面实现工作绩效考核数字化与实时化。全市公安干警无论工作条线与岗位差别, 均有不同指标对应相关工作职能及业绩, 每处置一起报警求助、每查获一条破案线索, 每查处一起交通违法行为, 均有不同业绩加分项目核算, 并能实时反映在个人警务终端上。每一名干警每天均可自行查看其工作绩效及在本单位、本条线甚至在市局的整体得分排名情况, 年终评优评先及晋职晋级依据均按照排名得分情况加以廉政考察等补充扣减得分事项予以公布, 赋予了明确的工作导向与奋斗目标, 极大地调动了干警积极性。

排序,重约束轻激励,盲目下达硬性指标考核任务所导致,①而并非指标考核模式本身不科学、不可行。

2.要清醒认识审判考核数据固有的局限性。任何考绩机制均非十足完美,任一指标体系都无法全面反映工作实绩。在构建考评机制的过程中,要认识到指标只是一种相对性的管理手段,在指标设定之初仍是处于"未知之幕"之下,且作为具有"趋利避害"本性的被考核主体在考核要求下也会寻求应对规避,这些都可能导致指标考核评判工作的局限性。与此同时,审判活动是自由裁量的创造性主观行为,证据采信上的灵活性和法律规则适用上的可操作性,使得对法官裁判行为的质量与效率评判上具有浮动空间,企图通过简单套用若干指标、人为设定评判标准,即将创造性、多样性的司法审判活动纳入"流水线操作规程",实现标准司法产品的输出,其结果只能适得其反。

3.要审慎对待审判绩效考核结果的运用性。深刻认识"过分强调量化考评的排名,可能催生对真正的管理制度的扭曲"②,充分尊重审判工作规律,注意区分收案数、上诉率等客观性数据和结收案比等主观性数据,按照"绩效横杆"原理科学设置考评系数与指标阈值,慎重对待量化考评,注重强化"正绩效"的激励作用,尽量弱化指标量上作用,增强数据质上引导,克服"唯数据论"的排名冲动。同时,必须尊重法官的荣誉和独立判断与负责精神,科学制定法官裁判行为守则,综合运用定量与定性的多重标准,实现对法官审判行为的有效引导和规范,防止由于实行单项考绩而损害法官的独立性、积极性与责任意识。

## 二、关于审判绩效考核机制目标与原则的问题

### (一)当前审判绩效考核工作存在的突出问题

1.考核理念不正确。审判管理以指标评价为本,以绩效考核为重,必须牢

---

① 参见佟季、覃丹:《谈人民法院案件质量评估体系的几个特征——关于评估体系几个问题的理解》,见最高法院研究室编写:《人民法院案件质量评估体系培训材料》,2011年11月。

② 奚晓明:《以人为本 尊重规律 科学管理 完善符合国情的民事审判管理制度》,《人民法院报》2010年8月13日。

固树立正确的司法政绩观和考核理念。应该讲,一定范围的排名进位、末位通报等措施,有助于鼓励先进、鞭策后进。但如果片面追求数据排名尤其是单项数据排名,会导致出现唯数据现象,不仅违背审判管理机制的设立初衷,更有损于司法从业人员对绩效考核工作基本目标与理念的认同,伤害司法工作者对公平正义的内在追求。

2. 考核导向不明确。囿于审判工作内在规律以及统计学的局限性,考核指标体系中的诸多目标价值之间并非并行不悖。相反,在特定情形下还会存在冲突矛盾关系。实践中,导致被考核对象从自身利益出发实施各种所谓的规避行为。这种不顾及制约关系简单讲求单项排名、指标彼此冲突的考核体系,不仅会造成一线审判人员无所适从,也会为日常审执工作带来人为的混乱与冲突。

3. 考核模式不科学。实践中被广泛运用的综合绩效指标考核模式,大多对单项指标数据采取幂函数计分法,按当前值在最高与最低值之间的差值相比,以规定系数核算计分,按得分高低排名。其优点在于精准客观,可以显示出被考核主体工作成效的细小差别;弊病在于未考虑司法工作的主观因素和客观制约环境,容易导致受考核主体将注意力更多地投注在数据本身。①

4. 考核结果不认同。目前的绩效考核模式在受考核主体特别是基层一线法官中的认同感不高。笔者通过随机抽样和不记名反馈方式调查发现,当前绩效考核模式的认同度与法官职务层级成正比,也随被调查人员身份愈向基层纵深,其对绩效考核的认同度愈低(见图1),对此应当引起足够重视。

### (二) 审判绩效考核工作的基本目标

时任最高人民法院院长王胜俊在全国大法官审判管理工作专题研讨班上明确指出:要通过人民法院创新和加强审判管理,实现司法公正、廉洁、为民这一总目标,确保审判工作坚持正确的政治方向,切实维护最广大人民的根本利

---

① 2012 年初,最高人民法院组织部分高级人民法院的司法统计人员,分成五个检查组,通过核查统计报表数据、检查案件信息系统和案卷、电话访问当事人等多种方式,对山西、黑龙江、上海等 10 个地区的 41 家法院进行了重点检查,发现有的法院不恰当、扩大化地使用案件质量评估指标;有的工作环节司法统计数据的核报不规范、不细致甚至不负责。参见佟季:《推动司法统计工作科学发展,更好服务执法办案第一要务》,《人民法院报》2012 年 8 月 24 日。

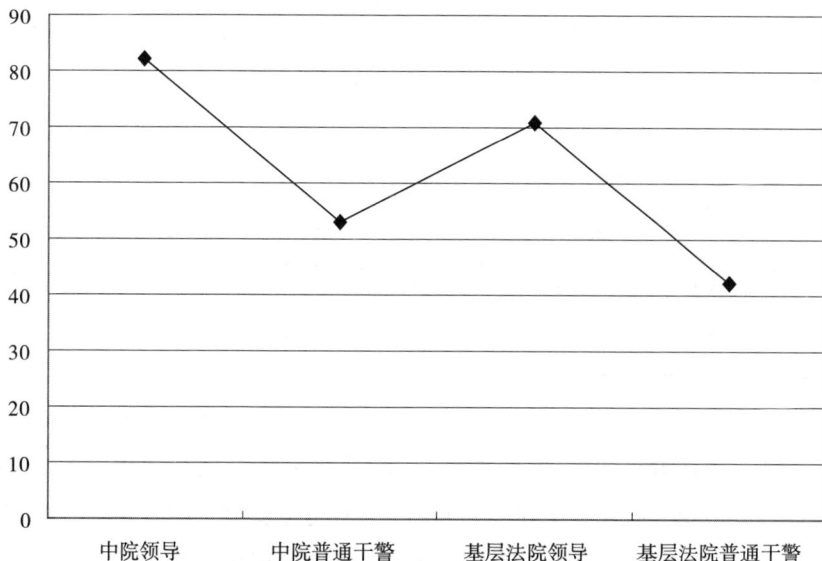

**图1　各层级法官对绩效考核模式认同度对比图**

益,实现司法审判法律效果和社会效果的有机统一。① 笔者认为,应当始终围绕这个基本目标,建立和完善审判绩效考核机制。

1. 审判绩效考核明确案件质效方面最基本、最核心的指引要求,可以产生明显的激励、约束效应,有利于调动法官追求审判质效的内在动力,为法官的努力方向提供准确定位,为法官行为提供有效激励。

2. 开展审判绩效考核是为深入推进审判管理规范化建设、建立法院内部全新的动态监督机制和科学化管理提供有效抓手,为实时掌控与规制一线承办人员的工作进展和质量,优化审判资源配置,不断提高审判质效提供完整、详细的参考依据与操作平台。

3. 开展审判绩效考核在于建立符合科学发展观的审判价值取向,促使审判工作不断逼近公正和效率的平衡点,从根本上促进法院审判工作的良性循环和可持续发展。

---

① 参见时任最高人民法院院长王胜俊的井冈山讲话及最高法院常务副院长沈德咏于2010 年 11 月 2 日在全国法院审判管理工作座谈会上的讲话。

4.开展审判绩效考核是为了合理控制司法行为,①维护司法公正,提高司法效率,树立司法权威,促进并保障公正、高效、权威的社会主义司法体制的逐步建立。

### （三）审判绩效考核工作的基本原则

王胜俊院长在大法官专题研讨班上强调,创新和加强审判管理,必须遵循以审判为中心、以制度为途径、以统筹为方法、以创新为动力、以科技为保障等五项原则。具体到审判绩效考核工作中,我们认为应贯彻以下基本原则:

**1.尊重管理科学,注重有效考评的原则**

首先,要重视以人为本,反对数据功利主义。目前,各地法院开展的审判绩效考核工作有明显的精细化、严格化、网格化趋势。这在细化分解考评目标、强化考绩力度、加强工作导向的同时,在不同程度上也给被考核主体造成了较大压力,由此也出现考评指标数据本身而不是审执工作质量的提升成为被考核主体关注目标的不正常现象。我们认为,各级法院领导对绩效考核结果要以科学态度合理应用,要把绩效考核评估结果作为"体检表",而不是"评价表",不能唯数据、唯指标,把客观评估当成"政绩"工程,更不得弄虚作假、虚构绩效,损害司法统计、质量评估工作的真实和公信。在要求被考核单位树立"正确司法政绩观"、杜绝数据造假的同时,作为考核管理主体的上级法院,也必须摒弃数据功利主义思想②,以综合评价而非单项指标的排名甚至是小数点后的数位差异来评价被考核主体的业绩,并在考核工作中重视被考核法院、法官个人的改进提升成效,以提升被考核主体的积极性为重,避免考核管理中的物化现象。

---

① 有观点即认为,囊括绩效考核在内的审判管理工作,其主要目的即是规范诉讼行为,保证人民法院的整个诉讼活动合法、有序、高效地运行。参见王利明:《司法改革研究》,法律出版社2000年版,第3页。

② 当前实践中以单项数据全省、全市排名的先后来评价、奖惩基层法院、部门和法官的类似做法,普遍将审执工作割裂、虚化为一堆干枯、生硬的数据,不去全面评估各项指标之间的关联关系,不去深入剖析数据升降背后的主客观原因,不注重肯定法院干警投入的工作努力,而仅仅从数字表面的升降去简单评价、奖惩,实质是考核单位放弃了其自身全面深入客观评价被考核单位的应有职责,是数据功利主义的典型表现,其后果往往是"挥着指标皮鞭、只问结果不问过程",不仅磨灭了干警提升工作的积极性,更在客观上促成了投机取巧甚至弄虚作假的功利行径。

　　其次,要讲究追责合理,强调约束与激励并重。追责合理性,重视特定职责在致错问题上的合理行为,强调在管理考核过程中,必须在合理分工的基础上明确规定各部门和个人必须完成的工作任务,以及必须承担的与此相应的责任,做到奖惩分明、约束与激励并重①。如江苏法院审判绩效考核体系取消上诉率等主要取决于当事人客观心态影响的考核指标,亦是体现合理追责的举措之一。当前,法院审判管理尤其是绩效考核工作中"强约束—弱激励"②的现象比较普遍,直接导致干警心理失衡、被动应付、积极性减退等诸多问题。实际上,生产率的高低不仅受物质条件诸因素的影响,而且取决于员工工作态度的改变。所谓态度,也就是"士气",取决于安全感、归属感等社会心理方面的欲望的满足程度。③ 因此,在建构法院工作人员考核管理机制时,既要充分认识物质激励措施的积极作用,更要重视以法官为主体的法院工作人员的精神需求,通过科学考核与合理奖惩等精神激励措施提升其"士气",激发其工作积极性。

　　第三,要保持体系科学,精心设计权重与目标。根据现代管理学原理,关键绩效指标的设定一般均遵循 SMART 原则。S 代表 Specific(明确的、具体的),要求设定指标清晰明确,考核项目具体、全面,适度细化,切中特定的工作目标;M 代表 Measurable(可衡量的),要求绩效指标能够定量化则必须定量化,如果难以定量化,那也必须是行为化的,有清晰的导向性,且验证绩效指标的数据或信息是可以获得的;A 代表 Attainable(可实现的、可达到的),要求绩效指标设定不能太高,也不能太低,要具有挑战性、可完成性,员工付出努力可以达到;R 代表 Relevant(相关的),要求绩效指标要与企业的战略和目标一致,个人的绩效指标要与部门、企业的绩效指标形成层层支持的指标体系;T

　　① 参见何菊花:《法院审判质效评查工作引入管理理念之思考》,《宁夏大学学报(人文科学版)》2009 年第 5 期。
　　② 激励和约束是现代企业管理中的一对概念。根据企业管理学中的"激励—约束组合矩阵"理论,除"强激励—强约束"组合外,其余均为失衡状态,不能实现管理效能的最大化。参见赵春明:《激励约束失衡引发管理黑洞》,《中国经营报》2003 年 10 月 20 日。
　　③ 美国管理学家梅奥等人观点,转引自深圳市中级法院课题组:《法院工作人员考核管理机制研究—以法官考核管理为核心》,广东省高级法院网站(http://www.gdcourts.gov.cn/gdcourt/front/full.action? pageNo = 1&fullText = % E8% 80% 83% E6% A0% B8% E7% AE%A1%E7%90%86%E6%9C%BA%E5%88%B6&button = ),2012 年 6 月 5 日访问。

代表 Time-Table(有时限的),要求绩效指标使用一定的时间单位,即设定完成绩效指标的期限①。由此,审判绩效考评指标的设计既要体现审判管理对审执工作的具体要求,具有一定的前瞻性,也要让多数受考核主体认为考评目标经努力后是可以达到的。要注意避免人为拔高指标目标值,设定不科学考评标准,努力在工作导向与现实规律之间取得平衡。

第四,要警惕人性假设,重视信息对称交流。审判绩效考核作为法院工作的导向机制,在实现对被考核主体的评价衡量与奖惩功能的同时,也反作用于被考核主体本身,直接影响乃至改变受考核法官、部门、法院的行为方式与工作习惯。在此过程中,对考评模式给被考核主体带来的负反馈效应不可忽视。制度设定之初,不可单方面主观设想被考核方完全领会并绝对依照考核导向行事,而必须同时从被考核主体的立场角度出发,探究模拟其在此规则下将如何做出行动决策,将导致何种结果,并将其与设定意图目标相对照,根据"趋利避害"的自然倾向,以及评估统计过程中难以完全避免的信息滞后、不对称等制约因素,对考评标准及其统计口径不断予以矫正弥补,从而有效堵漏被考核方的规避与虚假行径,确保考核目的得以实现。

**2. 遵循司法规律,注重合理考评的原则**

首先,要尊重司法过程性,适度追求审判效率。审判活动必须有一定的审理时间作为保障,这是司法工作的基本规律之一。法官进行审判,必须按照法定程序来行使判断权,解决当事人纷争并充分保障当事人的诉讼权利,因而具有明显的程序性特征。加上法官承担着查明事实、分清是非的重要使命,决定了对于法官的审判活动必须给予一定的时间保障,而不能为了片面追求效率而牺牲公正。特别是在案多人少矛盾突出的情况下,绩效考核更有必要处理好效率评价与公正审判之间的关系,对诸如平均审理天数、人均结案数等评估指标是否作为考评指标应作深入研究。

其次,要尊重法官裁量权,审慎考评质效。由于法律本身的局限性和案件的复杂性,法官行使自由裁量权在所难免。绩效考核工作应遵循有限考核的原则,尊重法官的职业权威和诉讼程序的自治性,避免因考核工作影响、干预法官审判行为。这一要求应主要通过强化程序性考核,淡化实体性考评的方

---

① 参见周三多、陈传明等编著:《管理学原理》相关论述,南京大学出版社 2006 年版。

式来实现。对于那些需要法官作出事实认定和价值判断的审判"核心问题"，一般不应进行考核。如果对审判行为加以分层，通常其最表层是审判事务性行为，再深入是审判程序性行为，然后是事实认定问题，最后是价值判断问题。"审判管理权"对审判权的监督管理，一般应以前两层内容为主，而不应轻易介入事实认定和价值判断。①

最后，要尊重司法判断性，实行综合性考评。作为被考核主体的法院、业务部门和法官个体，必须认识到审判工作是一个有机的整体，不能为了单纯追求指标上的最优化而采取一些不当行为。正确的方法应当是运用各项指标数据全面分析评估审判工作状况，引导自身审判工作协调、可持续地发展。同样，考绩工作也应注意避免单项排名式，考虑地区间、条线间、部门间和不同法官之间的工作环境与裁判方式的差异，注重考评指标间的关联互动关系，针对地区条线特点，实行综合考评。

## 三、关于科学设置审判绩效指标体系的问题

### （一）绩效指标设定的技术考量

关于审判质效评估指标体系的构建，王胜俊院长明确指出，要"做到科学设定，使之更加符合实际，更加符合司法规律，更加有利于调动积极性，特别是要完善反映案结事了的效果性指标，引导法官更好地化解社会矛盾"。司法界和法律学界对此也提出过不少思路和方法。② 我们认为，审判绩效考核指标与审判质效评估指标的功能与目的不同，③在选取和设置中应把握以下基

---

① 参见孙辙、朱千里：《积极主动或谦抑克制："审判管理权"的正确定位与行使》，《法律适用》2011 年第 4 期。

② 如最高人民法院研究室副主任严戈认为，案件质量评估体系的构建原则应是法定性与目的性并重、全面性与层次性并重、结合性与可比性并重，全面而不重叠，科学而可行。最高人民法院政治部副主任龚稼立提出，绩效管理指标体系的设定要注意"宜粗不宜细、简便易行、便于操作"。胡昌明、杨兵、王耀承在"构建科学的审判管理机制"一文中指出，审判管理指标设置应遵循体系化、科学性、简明性与全面性原则。

③ 2011 年 11 月最高人民法院张军副院长在人民法院案件质量评估体系培训会上强调，要充分发挥案件质量评估指标体系对审判绩效考核制度的指导作用，既不能直接用案件质量评估指标体系代替审判绩效考核指标体系，也不应撇开案件质量评估指标体系的要求就事论事。

本要点:

1. 客观性与主观性相结合,重点关注主观指标。客观指标是指更多由客观因素(如地域经济发展状况、纠纷数量及案件类型等)决定,一般不以法官意志为转移的数据,如收案数、上诉率、申诉率等。主观指标是指受法官工作态度、工作质量、工作方法等主观因素影响较大的数据,如调解率、一审案件陪审率、法定审限内结案率、一审服判息诉率等。在绩效考核指标的选择上,区分主、客观指标可以更好地实施分类管理,有利于强化对法官实际工作状态的考评,有效调动和激发工作积极性和主动性。

2. 关联性与支配性相结合,重点关注核心指标。各项可用于绩效考核的指标彼此之间存在着依存与关联关系,应抓住其中起支配作用的核心指标,提升考核工作的针对性。① 如在结案率、人均结案数、结案均衡度等相互关联的审判效率指标中,我们应更关注结案均衡度。在上诉率、调解率、撤诉率、一审服判息诉率等相互关联的效果指标中,一审服判息诉率是核心指标。在反映基层法院裁判质量诸多关联指标中,一审判决案件改判发回重审率(错误)是核心指标。

3. 正面监督与反向制约相结合,重点关注协调发展。审判工作综合性特点,要求指标设置必须具有多维思维,促进审判工作的协调发展。如针对调解案件,不仅要通过优化调解率这一正向指标的设置,促进法官重视调解,提升化解矛盾纠纷的能力,还应通过增设反向制约指标如调解案件申请执行率,来重点考核调解生效案件是否实现案结事了,以克服法官对调解率的片面追求,纠正不当调解行为,避免引发强制调解、违法调解等调解"表面化"的问题。

4. 单位考核与个人考核相区别,重点关注层级差异。审判质效指标体系中的大多数评估指标是就一级法院审判工作整体而设计的,不能将评估指标简单地套用到对法官个人的业绩评价上。实践中,少数法院不加选择、不加区别地将一些评估指标简单"移植",直接作为审判业绩考评指标,如将结案率、案件平均审理天数、"四项"案件未结案率直接用于考评部门和法官个人,有的对上诉率、调撤率搞达标考评,不达标则予以扣罚,这些都会对审判工作和

① 参见应勇:《尊重司法规律 优化评估体系》,最高人民法院:《人民法院案件质量评估体系培训材料》。

法官的积极性带来消极影响,必须予以高度重视。

### (二) 审判绩效考核的基本方法

一段时期以来,单项指标加权幂函数无上限计分、以得分顺序排名的考核方法被广泛运用。这一做法在激励大家争先创优的同时,也产生了一些负面效应:一是过于强调排名而背离了审判工作的客观规律,二是导致"人造指标"等异化做法不利于审判管理的开展。对各项质效指标逐一进行排名式发布的做法,促使被考核单位必须重视各自指标排名情况,导致了一些不正常情况的出现,如个别基层法院为提高案件调解撤诉率和平均审理天数等指标人为制造假案,部分法院、法官为"优化"审判质效指标数据,人为更改信息,进行虚假填报等,影响了司法统计的真实性、准确性,不利于审判管理工作的有效开展。

我们认为,加强审判管理,建立质量效率指标统一体系,其目的就是为了通过对各项指标数据的统计、分析、研判,总结审判工作经验,发现审判工作中存在的问题及运行规律、发展态势,从而有针对性地采取有效措施,促进审判工作发展,而不是追求指标数据的不断提高。审判管理工作的开展,既要有力度,又要秉持一定的限度,既要防止审判管理的不当缺位,又要避免绩效考评上的不当导向,努力寻求科学有效的审判管理方法。为认真落实中政委、上级法院关于进一步建立健全人民法院执法办案考评机制的工作要求,建立和完善符合审判工作规律、符合南京法院实际的审判质量效率评价和考核机制,南京法院经过调研论证,在借鉴兄弟法院先进经验的基础上,建立了合理区间制与单项排名制相结合的全新考核模式,受到省法院的关注。①

合理区间制,即对某一纳入考核的指标项目,根据审判规律及历史数值,参照上级法院目标值及先进法院较高值,经过大量调研论证,合理确定其数据基准值及上下浮动幅度。被考核主体相应指标数值处于基准值与浮动上限(以正向指标为例,下同)之间的,确定考核评价为"良";处于基准值与浮动下限之间的,确定为"中";处于浮动下限之下和上限之上的,一律分别确定为

---

① 2011年7月,江苏高院颁布《江苏法院审判管理五年规划纲要(2011—2015)》,明确提出要"强化地区间、审级间、层级间、条线间审判质效评估工作,加强对指标合理区间的研究,积极探索综合运用指标合理区间达标制和指标排名制相结合的评估方式"。

"差"和"优",而不再根据具体数值计算详细精准得分。其后根据被考核主体各项绩效指标所处各档次的多寡,综合评价其绩效水平。采取合理区间制计分考评模式,可以在一定程度上模糊数据细小差异,给被考核主体适当减压,促使其将注意力转移至审执司法水平综合提升工作上来,更有利于调动被考核主体积极性,有利于促进法院整体质效水平的提升。

推行合理区间制,我们的主要思路是:第一,基准值盯紧全省平均值(部分优势指标以全省平均值为下限值),确保基本导向目标;第二,通过合理区间的考核取值,确保大部分被考核主体经过一定程度努力,可达到"中"及"良"的档次,鼓励先进法院争优,督促个别后进法院早日脱离"差"评,合理形成梯级层间,确保比学赶超的良好氛围;第三,基准值及上下限数值根据全部被考核主体平均水平及全省优化值综合评定、适时浮动,确保合理区间考核的督促引导作用。与此同时,对上级法院高度重视的关键工作以及被考核主体当前明显落后于上一级考核区域内其他主体的指标项目,则应仍坚持原有单项排名制,以明确的考核导向促使被考核主体提升对相应工作的重视程度与投入力度,保障相应工作得以持续优先发展。

### (三) 南京法院绩效考核指标的选择考量

中政委在相关文件中指出,要坚持一切从实际出发,将政法机关化解矛盾纠纷、维护人民群众合法权益、严格规范公正廉洁文明执法以及人民群众对执法办案工作满意等情况确定为执法办案考评的重点内容。结合上述要求和思路,我们在对全市基层法院整体审判工作进行绩效考核的层面上,重点筛选出十一项核心指标,赋予相应权重和计分模式,搭建起较为科学合理的考核指标体系①:

**1. 效率指标**

(1)法定正常限内结案率(+)。用于评估法律规定期限内审结案件数占全部结案总数的百分比,其目标追求直指审执工作效率最大化。该指标与18个月以上案件未结案率、平均审理天数等指标相关,属于典型的核心指标,是

---

① 鉴于篇幅有限,对法院内部各条线乃至法官个人进行绩效考核的指标选取,本文不再予以赘述。

传统使用的"结案率"考核指标的替代升级,更有利于优化对结案水平的准确评估。该指标应纳入合理区间设定,初步设定为90%—96%之间,基准值为92%,指标权重占比为12%。

(2)结案均衡度(+)。为最高院新增指标,要求被考核法院在各时期(月度、季度或年度)内的结案相对均衡,能有效控制"前松后紧""突击结案"等情况,对审判执行工作良序运转具有很强的指导作用,是和法定审限内结案率并重替代"结案率"的重要指标。对基层法院结案均衡度的合理区间初步设定为0.80—0.90,基准值为0.83,权重6%。

(3)结收比(+)。反映被考核法院一定时期内对收案的处理情况。鉴于目前大量一审案件向基层倾斜,故一定程度的结案任务数量要求仍应纳入考核范围。该指标的合理区间暂定为98%—102%,基准值为100%,权重占比为6%。

**2.质量与公正指标**

(1)一审判决案件改判发回重审率(错误)(-)。本指标为原改判发回重审率修订后的指标之一,主要反映一审判决案件的审判质量。鉴于该项指标的重要性及南京市基层法院一审改判发回率长期处于全省较低位次等综合因素,该指标继续沿用江苏省法院的单项排名考核,权重设为12%。

(2)调解案件申请执行率(-)。本指标是民事、刑事附带民事、行政赔偿调解案件执行收案数与民事、刑事附带民事、行政赔偿调解生效案件总数之比,主要反映调解案件的质量水平和当事人服判息诉情况。同上条理由,对该指标继续采用省法院单项排名考评,权重8%。

**3.效果指标**

(1)诉前调解案件成功数与民事一审案件收案数比(+)。本指标重在考核基层法院借助社会力量及时妥善化解民间纠纷的机制建设与案件分流能力。为避免人为扭曲该指标指向,将出具司法确认书的纠纷不纳入分子统计,并实行区间考核,设定合理区间为15%—25%,指标处于区间内的,均得满分,低于区间最低值的,按照规定计分标准予以扣分,超过区间最高值的不加分。权重6%。

(2)调解率(+)。本指标是由原质效指标体系中民事案件调解率修改后的指标。主要反映被考核法院对刑事自诉、刑事附带民事、民事、行政赔偿、附带行政赔偿案件一审、二审、再审等各类可调解案件的调解能力。鉴于南京市基层法院在涉诉矛盾考核中的民事案件调撤率目前尚处于全省中下游水平,本指标合理区间适当提升,酌定为47%—52%,基准值40%;同时加大其权重,设为12%①。

（3）一审服判息诉率(+)。本指标是原上诉率指标修改后的新指标,主要反映当事人服判息诉情况,是体现人民法院判决合理性与权威性及司法公信力的重要指标。考虑到南京市基层法院该指标数据与全省基层法院平均水平尚有差距,故采取单项排名制考核。指标权重12%。

（4）实际执行率(+)。核算执行完毕、和解并执行完毕的执结案件数占执行结案总数的百分比。主要反映当事人权益的实现情况,是人民法院生效判决既判力与法院权威的重要体现。鉴于南京市基层法院该项指标近年一直在全省平均值以上,故以全省目标值78%为最低值,合理区间为78%—90%,基准值85%。指标权重8%。

（5）再审审查率(-)。系原申诉、申请再审率,是生效调解案件再审审查率与其他生效裁判再审审查率的加权平均数。主要反映生效案件质量和法院办案的社会效果。鉴于南京市基层法院本指标在全省长期处于较落后位置,故仍沿用单项排名考评。指标权重10%。

（6）进京上访率(-)。指进京上访人次数与法院结案总数之比,是涉诉矛盾化解工作考核的重要指标,主要反映当事人服判息诉情况。鉴于南京市两级法院进京上访率一直处于全省前列,故本指标单项排名,指标权重8%。

## 四、关于审判绩效考核实施保障与结果转化的问题

### （一）建立量化数据的定性矫正机制

量化数据由于其自身的局限性,运用于绩效考核工作不能单纯作为评判

---

① 最高人民法院研究室对案件效果指标在绩效考核工作中的运用有着明确的观点,佟季、黄彩相在"案件质量评估效果指标'三问'"一文中提出,现行调解率计算方式不宜直接用于绩效考核,一审服判息诉率、再审审查率等受当事人个人主观意愿影响较大的指标在引入审判绩效考核指标体系时需要斟酌,不能预先设定不切实际、不符合规律的效果指标目标,尤其不能预设调解率、信访投诉率等指标的目标,避免个别法院片面追求预设指标而形成干警不认同、当事人不信任、社会不相信的被动局面。对这一观点,笔者亦有认同。但两害相权取其轻,为保证基层法院基本的目标导向,有效落实"一审中心主义"的工作要求,目前还应对调解率、一审服判息诉率设定目标值考核为宜。

的唯一依据,必须根据工作实际加以甄别和矫正,方可实现科学考评、合理评判。

首先,要建立指标矫正机制。部分纳入考评的指标如实际数据过高则反而说明其工作态势运行不佳,为避免被考核主体片面追求高数值,需对指标数值本身设定矫正。如结收案比如超过 100%过多,则说明上一考核期内结余案件较多,未达到结案良性循环要求,故可以设定当某一基层法院的该指标值超过 105%时,则要相应扣分。

其次,要建立考评甄别机制。如一审判决案件改判发回重审率,将当事人二审期间提出新证据及法律法规变化等不应归责于原审法院及承办人的事由造成的改发案件从统计口径中予以扣除,即是体现了这一要求。同理,对一审承办法官的裁判意见被本院审委会否决后、二审阶段却予以改发的案件,以及一审案件被二审改发后,经再审程序重新得到确认的诸类情形,亦应在考评中予以认真甄别。

再次,要建立异议反馈机制。对二审改发案件业已生效、尚未经再审程序予以变动的,如原审法院在评查中认为二审存在不当改发情形的,经本院审委会讨论,也应有权提请二审法院予以重新评查,提交二审法院审委会研究。对确实存在改发错误的应由上级法院及时依职权提起再审;对存在改发瑕疵的,应提请二审承办部门及法官警示,并对原审法院及承办法官的相应考评指标予以修正。

最后,要探索地区间分类考核。一般而言,经济社会发展程度较高地区的法院受案数量远多于相对落后地区的法院,且纠纷复杂程度也普遍较高。就南京地区来讲,这种地域差别也比较明显,年度收案量最大有 4 倍以上的差距;①且作为省会城市,部分辖区内省市级机关、驻区国企以及国家级高校明显较其余区域更为密集,新型、疑难复杂案件占比较大,社会关注度高,居民法律观念与维权意识普遍较强,案件审理及调处难度更大。而部分县级农村辖区则尚未完全过渡到"陌生人社会",群众诉讼意识不强,法院受案量小,主持调解成功几率大。目前,我省市法院的绩效考核体系未能直面这一客观差异,

---

① 据南京市中级法院质量效率评估系统数据显示,2011 年南京基层法院中受案量最多的江宁区为 17245 件,最少的下关区为 4106 件,前者是后者收案量的 419.9%。

难免出现因一刀切而带来的不合理、不公平现象。对此,笔者认为可参考重庆高院 2010 年之后将全市基层法院区分为主城 9 区、其他 10 区、渝西及梁平、垫江 8 县及其他 13 县四类的办法①,适当区分主城、城郊及农村法院,按区域分别计分排序,实行分类考核。

### (二) 大力推进审判工作信息化

绩效考核指标作为评定基层法院、审判条线及承办法官工作业绩的重要依据,其数据的真实性、全面性与及时性无疑十分重要。为确保司法统计数据真实、准确,必须全面推进审判工作信息化,加强流程节点管理和控制。

一是要积极推行案件流程管理。对以往游离在诉讼案件管理系统之外、对审限管理等环节实行"体外循环"的诉前调解、减刑假释、鉴定拍卖、法律释明等案件一体纳入流程管理,实现各类案件从立案、分案到审判、执行全过程、全环节的流程监控,确保管理无死角、考核无例外。

二是要积极推行网上办案。要改变法官原有的依靠纸质卷宗办案的习惯,加强网上办案系统软件的开发,提高法院干部的信息化应用水平,实现审判、执行工作各环节、各节点办理信息的即时生成,理顺案件审执流程前后的衔接关系,确保各环节案件进程及信息录入无迟延、无失真。

三是要积极推行节点控制。按照三大诉讼法及相关司法解释的规定,对全流程各环节的合理时限进行梳理和系统铺设,结合审判工作需要对司法实践中容易产生拖沓延误、损害当事人诉讼权益的各流程节点予以具体明确和监控提示,对无合理因素出现节点延误的,要分情节采取警示、上提审批权限及扣分和适当经济处罚等措施。

### (三) 正确应用审判绩效考核结果

绩效考核是手段不是目的。只有将考评结果运用到人事管理及审判资源配置之中,与岗位目标考核及队伍建设相结合,充分发挥其评价、引导、奖惩的功能作用,才能焕发生命力,使其真正走上领导认可、干警信服、社会肯定的良

---

① 参见 2010 年 4 月 14 日重庆市高级人民法院渝高法发〔2010〕8 号文,以及张俊文、林梅:《中基层法院工作目标年度考核制度修订内容解读》,《重庆审判管理》2010 年第 3 期。

性循环道路。要将其作为评优评先、物质奖励、晋级晋职、人员培训及岗位调整或职责调整的重要依据,在考核单位内部形成以实绩论英雄的浓厚氛围,实现以绩效引导工作、以绩效提升审判、以绩效强队伍、以绩效创一流的考核目的。

**(本文获"司法学论坛暨首届司法管理学研讨会"征文二等奖)**

# 向内寻求量化考核"标尺"

## ——以修正审判管理机制之不足为视角

况 杰*

当前,如何缓解案多人少的矛盾,更好地满足人民群众对审判工作的新要求和新期待,是摆在各级人民法院面前的现实问题。诉讼案件暴涨,法院人员编制增加却有限,即便能增加少许人员编制,但如果不能进行科学管理,则增加人员的优势也将会被无序和效率低下抵消。既然向外求援不能,眼光就只能投向内部,于是深挖潜力就成了各级人民法院的不二选择。在最高人民法院提出指导性要求①和地方各级人民法院自身需要应对案多人少困局的双重因素影响下,地方各级人民法院就审判管理工作进行了积极探索和实践,有的法院已步入审判管理规范化、制度化的良性发展之路,从中尝到了科学管理带来的"甜头",取得了较好的法律效果和社会效果。

建立审判管理机制是实现法院自身科学发展的必由之路。各级人民法院现在面临的问题不是要不要审判管理问题,而是如何科学地进行审判管理问题。囿于审判管理仍处于探索阶段,审判管理运行机制与司法制度现代化要求和人民群众对公正司法的期待还存在不小的差距。因此,有必要站在全局高度,回顾检视并修正审判管理机制中存在的不足,做到既注重从宏观上把握

---

\* 况杰,江西省都昌县人民法院。

① 1999年最高人民法院颁布的《人民法院五年改革纲要》,正式提出了审判管理改革的基本任务,此后最高人民法院在"二五纲要""三五纲要"中继续提出了加强审判管理的要求。最高人民法院还于2010年8月在江西井冈山召开了全国大法官审判管理专题研讨班,就创新和加强审判管理展开研讨。

审判管理的方向性、规律性,又注重从微观上探究其合理性、操作性,从而让科学的审判管理制度发挥其应有功效。

## 一、微观检视:审判管理机制运转存在"杂音"

审判管理机制就像时刻运转不停的"机器",只要有案件进入诉讼程序,它就不能停下来,要对案件进行流程监管和质量监控。生活常识告诉我们,一台机器如果运转得顺利流畅,其发出的声音很平和,但如果出现了故障,虽然有时还能运转,但功能发挥必受影响,声音也会随之变调,出现"杂音"。从实践中看,审判管理机制存在以下不足,需要加以改进。

### (一) 量化指标设置科学性不强

审判管理,就是人民法院通过组织、领导、指导、评价、监督、制约等方法,对审判工作进行合理安排,对司法过程进行严格规范,对审判质效进行科学考评,对司法资源进行有效整合,确保司法公正、廉洁、高效。[①] 加强审判管理需要对立案、分案、保全、开庭、调解、裁判、结案、审限、执行以及归档等流程节点进行管控,并设置量化指标,以达到准确评估法官及其他工作人员业绩的目的。实践当中,法院在设置审判管理量化指标时存在误区。比如,在审判管理中将"结案率"设置成评判法院之间和法官之间审判效率高低的决定性指标就广受诟病。众所周知,诉讼是一项消耗时间的活动,除适用简易程序即时调解或撤诉以外,案件审理需要留出应诉、答辩、举证和开庭等时间,新收案件不能马上审结是常态。为了提高结案率,有的法院在年底数据"扎口"时停止收案,让诉讼群众等一段时间再来立案或立案后人为作假编成第二年的案号,形成年底新收案件暴跌、次年初高涨的统计"怪圈",严重妨碍了人民群众依法行使诉讼权利。比如设置"上诉率"指标也不合理,上诉是当事人依法享有的诉讼权利,上不上诉与当事人的认识有关,而且无论判决如何完美公正,也不能排除当事人上诉的可能,以此考核法官业绩可能会在实践中阻碍当事人上

---

[①]　王胜俊:《创新和加强审判管理确保司法公正高效》,《中央党政干部论坛》2010 年第 10 期,第 4 页。

诉权的行使。

### （二）绩效数据信息准确性不高

从法院来看,在现有统计模式下,审判绩效数据的统计基本上都是各法院自行汇总,没有形成上下级法院数据联网,法院统计报表和审判管理质效指标数据目前还没有融合在一起,也没有严格的督查纠偏机制,仅靠各个法院自律来上报数据,绩效统计数据存在有水份的可能性较大。从法官个人来说,部分法官对审判管理重要性的认识不到位,存在抵触情绪,认为本来办案就忙得很,哪有时间及时录入审判信息,经常出现案件信息输入短缺和延迟现象,在虚报惩戒机制缺失时,数据失真在所难免。同时,填报口径不一、相关标准不明也造成绩效数据不准,比如对结案时间的确定,有的法院以送达结束、当事人签收裁判法律文书后的时间为准,有的法院为缩短平均审理周期、提高结案率,以裁判文书撰写出来的时间填报结案,更有甚者以合议结果或独任审判员拿出裁判结果的时间进行填报。

### （三）运行态势分析应用性不足

审判管理除了具有加强诉讼程序监督和评估法官审判业绩微观功能外,还有为领导决策提供参考依据的宏观作用,即可以审判管理数据为基础,对一定时期审判执行工作情况和基本走势进行分析研究,总结审判执行工作成效,剖析存在的问题,从而提出加强和改进审判执行工作意见和建议供审判委员会参考,这有利于明确下一个时期的工作重点和努力方向。但有的法院对审判管理的诉讼程序监督和业绩考核功能关注较多,对运行态势分析则不够重视,要么对现有审判管理数据束之高阁,不作任何分析整理,要么局限于一年一两次总结,不能做到每月或每季进行动态分析,在决策时不能结合审判管理运行数据反映的情况提出针对性措施。

### （四）案件发回改判规范性不够

案件发回改判率是考评法官审判质量的关键性数据,被发回改判案件也是本院案件质量评查的重点。这里隐藏着一个前提,就是上级法院发回改判案件都是正确的,所以下级法院要查遗补缺,追究承办人的错案责任,确保其他法官办案不犯同样错误。在两审终审语境下,上级法官手中掌握案件发改权,下级法院只能无条件地接受上级法院的终局结论。如果上级法院部分法官对案件发改随意性大,就会导致下级法官动辄得咎,影响其审判质量绩效考核分值,直接挫伤下级法官的办案积极性,下级法官也会口服心不服。下级法官为避免案件被改判发回,必然会主动向上级法院多请示,两审终审就形同虚设,变成了一审终审。因此,下级法院对案件质量绩效评判方面的审判管理需要上级法院规范行使案件发回改判权来配合,但现在尚未建立起下级法院对上级法院发回改判提出异议的制度化反馈评查机制。

### (五) 绩效激励机制导向性不明

运用评估体系开展审判管理,归根到底要通过对法官的有效激励才能真正取得实效。这需要建立客观公正、科学合理的法官审判业绩考评制度,把评估体系所体现的价值导向转化为法官的内在自觉,把审判管理的目标和法官个人的目标紧密结合起来。[①] 审判管理只是一种手段,目的在于引导法官能高效公正地审理好每一起案件,形成你追我赶的良好局面,这需要发挥审判管理绩效考核结果的"指挥棒"作用。但目前法官业绩考核结果运用得还不够到位,没有与评优评先、提拔重用很好地结合起来,即存在"两张皮"现象,在审判管理考核的时候强调法官要按机制运作规范办案,而在评优评先、提拔用人时将考核结果放在一边。长此以往,就会严重挫伤法官参与审判管理的积极性,从而对审判管理运行机制失去信心,会认为它是可有可无的"装饰品",如此则发挥不了绩效考核的价值指引和行为导向功能,难以形成有利于法院科学管理的长效机制。

## 二、宏观把握:设定审判管理机制运转"轨道"

审判管理相对于其他管理,有其特定的内容和自身的规律,其核心是对审判资源进行合理的配置,以寻找公正和效率的最佳结合点,不断提高案件审判

---

① 参见公丕祥:《关于审判质量效率评估体系的初步思考》,《人民法院报》2006 年 1 月 9 日 B2 版。

质量效率。① 为防止审判管理运行机制出现偏差,从宏观上看,法院审判管理应遵循以下原则:

### (一) 坚持符合审判规律原则

搞好审判管理的关键不在于管理技术有多高明,也不在于管理制度有多健全,而在于它与审判规律的契合度有多高。② 审判工作自身的运行规律与审判管理者的主观愿望、审判工作客观条件制约性与审判管理者的主观能动性之间存在矛盾,审判工作并不总是按照审判管理者的愿望与设计向前发展的。正确处理好评估主体与评估客体之间的关系,要求审判管理者能够通过评估全面掌握审判工作状况,正确把握审判规律,善于克服审判工作中的不利条件,科学地开展审判管理。③ 审判权具有独立性,由合议庭或独任审判员通过开庭审理直接亲历当事人的诉辩交锋,并结合各方举证情况,自由心证地作出裁判结论。行使审判管理权不能以损害法官的独立审判权为代价。因此,审判管理应以三大诉讼法为依托,着重加强对诉讼程序的管理,明确诉讼环节操作标准,保证法定程序能够在审判中得到严格执行,而不能干预法官的实体裁判权。在设置法官考核量化指标时,要切实回应司法实践需要,考虑期待可能性,不下达根本达不到或不科学的指标任务。在审判管理过程中,注意处理案件质量与审判效率之间的关系,不能顾此失彼,要通过制度设计,使审判管理活动在质量与效率之间达到均衡。

### (二) 坚持实事求是评价原则

一个法院的审判绩效数据统计失真会影响本院法官对审判管理制度的认可度,大多数法院的审判绩效数据存在水分,会影响最高人民法院对全国审判执行形势的研判。摒弃传统的、不符合现实需要的审判管理模式,建立符合审判规律、有利于审判权高效运行的审判管理机制,正是各级法院坚持解放思想、实事求是原则的结果。但建立一项好的审判管理机制只是第一步,更重要

---

① 参见谢新竹:《关于构建综合性审判管理体系之思考》,《人民司法·应用》2010 年第 9 期。

② 参见蒋惠岭:《审判管理制度的"三要素"》,《人民法院报》2011 年 3 月 23 日第 5 版。

③ 参见公丕祥:《关于审判质量效率评估体系的初步思考》,《人民法院报》2006 年 1 月 9 日 B2 版。

的任务是抓好审判管理制度的落实工作。录入的各项指标数据是否真实可靠、如何加强对审判管理运行机制的监督考核、对虚报好功者采取怎样的组织处分措施等等,都需要认真考虑予以应对,要坚决杜绝出现"人有多大胆、地就有多大产"的虚报浮夸现象。反之,则会让法官们认为这只不过是一场数字游戏而已,从而失去设立审判管理机制的意义。

### (三) 坚持突出以人为本原则

审判管理就是要突出法官的主体地位,通过管理帮助法官提高自身素质、规范自身行为,促进法官自律自强,调动法官的积极性和创造性,使其最大限度地发挥聪明才智。[1] 制订和运行审判管理制度要站在法官的角度思考问题,充分尊重法官职业特点,最大限度地优化资源配置,而不能把审判管理当作控制法官的工具。审判管理在强化监督职能的同时,应优化事务方面的辅助服务,建立绩效激励机制,以此增强审判管理的向心力和认同感,激发法官参与审判管理的自觉性,促使他律管理向法官自主管理转变,将管理损耗降到最低程度。

### (四) 坚持权责分明公开运行原则

权责不清、互相推诿、监督缺位是导致审判管理效率低下的重要因素之一。科学的审判管理,需要根据具体岗位特点,分别确定办案法官、审判辅助人员、综合部门人员和院庭长等在整个管理流程中的职责,确保权力规范行使、监督不会缺位。此外,审判管理还要在"阳光"下运行,以管理程序公开促绩效考核结果公正,确保广大法官和其他工作人员在审判管理方面享有知情权、参与权,让每个人既明白其自身在审判管理中的定位,又互相了解工作进度、业绩考核结果等情况,以在全院营造心平气顺的管理环境。

## 三、修正进路:机制科学与绩效激励并重

科学的管理是一切社会活动内在的、必然的要求,审判活动也不例外。审

---

[1]　参见谢国伟:《关于审判管理几个问题的认识》,《审判管理与实务》,法律出版社 2010 年版,第 36 页。

判管理就是基于对审判规律的正确认识和把握,对审判行为与过程实施调控、评价、引导的一种重要司法工作机制。① 法院审判管理要实现由粗放式管理向精细化、科学化管理转变,必须正视运行机制中存在的问题并加以修正,这个过程需要付出智慧和艰辛。

### (一) 重新评估各项考核指标

组织专门人员,对原先制订的各项考核指标重新进行评估,对符合审判规律、切合审判实践的予以保留优化,对违背审判规律、与实践脱节的予以删除或修正,比如可将原先沿用的"结案率"改为"审限内结案率"。在量化时,要按所考核项目在审判管理中所处位置和关键程度,科学确定每项考核内容在整体中所占的分值比例,使考核整体目标和各考核项目之间协调一致。可分别设立奖惩性指标和倡导性指标,其中,对大家公认应做到且容易量化的环节设立奖惩性指标,视法官完成情况加分或减分,适当拉开法官绩效考核分值距离,让干多与干少、干好与干坏的不一样;对实践中如何考核争议比较大且难以量化的环节设立倡导性指标,没完成任务的不减分,超额完成的加分,以引导法官多做该方面的工作,避免因指标设置不合理而挫伤法官参与审判管理的积极性。

### (二) 确保绩效考核数据精准

现在各地法院都在推行审判管理信息化工作,应逐步实行全国各级法院审判管理绩效数据联网,以电脑自动生成的数据为准,不必另行再报统计数据,结束司法统计数据与绩效考核数据不相融合的局面。确保绩效考核数据精准,要做好以下几点:首先,确定专人负责数据录入真实性工作,严把各项数据录入关,将信息录入工作纳入对各庭室和个人的绩效考评范围,对出现迟延、虚报等情形的,视情节对相关责任人及责任部门予以通报批评,情节严重的,依照人民法院工作人员处分条例追究纪律责任。其次,统一报录口径,确保各项信息录入步调一致,不给投机取巧者以借口。比如在结案标准上,应明确要向系统上传裁判文书,并以法律文书送达为结案时间,没送达的不能报结

---

① 参见公丕祥:《审判管理理论与实务》,法律出版社 2010 年版,第 1 页。

案。再次,审判管理部门在收到案件报结请求后,应当认真核查相关涉及司法统计、审判质量效率评估的信息录入是否存在错漏,系统中保存的裁判文书是否有误,信息录入不符合要求的,应及时通知相关部门和录入人整改,在整改完成前不得对案件报结申请进行确认。最后,本院和上级法院应加大巡查力度,不定期随机抽查各庭和个人的报录真实情况,消除填报人的侥幸心理。

### (三) 随时研判审判质效指标

应有效利用审判管理机制收集的相关数据信息,建立审判质效指标研判制度。审判管理部门应随时分析审判执行工作运行态势,尤其要注意收集审判执行工作中存在的类型化问题,对影响审判质效指标的突出问题进行专题调研,对有变化的审判质效指标及时解读,分析查找原因,研究解决办法,提出合理化建议,以应对审判工作中出现的新情况、新问题。态势分析要将评估指标作为基本立足点,但它不是单纯的司法统计分析,不能表象化地看待评估指标,而应深入到评估指标背后,分析和研究审判工作中带有本质性、普遍性和突出性的问题。① 法院党组应定期听取审判管理部门关于审判执行工作态势情况的汇报,做到对法院全局工作摸得透、认得清,在作决策时合理吸收审判管理部门提出的建议和意见,促使审判态势分析与党组科学决策之间形成良性循环。

### (四) 发改案件实行联动评查

上级法院应贯彻可以改判发回、也可以不改判发回的,尽量不改判发回的原则,以维护裁判的稳定性。为规制上级法官随意发改案件现象,有必要建立发改案件联动评查机制,即如果下级法院认同上级法院发改结果无异议,则无需启动上一级法院对该案的评查;如果下级法院认为上级法院发改不当提出异议的,则上一级法院要另行组织审判经验丰富的法官对发改是否合法进行评查,如确实属于不合法的发回改判,要扣减案件承办法官的审判质量绩效分数,从严追究其纪律责任。换言之,上级法院要将下级法院提出异议的发改案

---

① 参见公丕祥:《关于审判质量效率评估体系的初步思考》,《人民法院报》2006 年 1 月 9 日 B2 版。

件作为本级法院的必查案件对待,并以之作为本级法院加强审判案件质量管理的重要环节,评查是否存在乱发改现象,必要时启动审判监督程序予以纠错。下级法院对发改异议权的行使必须以法院名义向上级提出,而不能以法官个人名义提出,并且要出具书面异议理由。这种评查不是法律程序意义上的复议程序,完全是法院系统内部为提升审判质量而进行的制度安排,对外不影响司法权威,不动摇两审终审制度。

### (五) 建立绩效激励长效机制

定岗定责,人负其责,是建立审判管理长效机制的基础性要求。执法办案是法院第一要务。在审判管理中需要重点明确独任法官和合议庭依法享有的裁判权力和应承担的错案纪律责任。要克服审判行政化倾向,院庭长在个案上行使监督权,只能通过提供参考意见或提交审判委员会讨论的方式进行。院长的主要任务是要结合本院实际建立起科学的运行机制,同时用好人,确保每个人有动力也有压力。另一方面,一线审判人员承担着具体、繁重的审判执行工作,充分发挥绩效管理的引导和激励作用,最大限度地发挥他们的工作积极性和能动性,激励他们不断提高审判质量和效率,才能达到以绩效管理提升审判工作绩效的目的。① 因此,法院审判管理应当以人本管理为核心,把调动法官的能动性作为管理的着眼点,通过建立绩效激励机制使外部管理逐步转化为法官追求公正效率、践行司法为民的内在动力。一是要根据审判管理绩效考核情况,为每位法官建立个人业绩档案,做好日常考核数据的统计登记工作,形成动态化、全面性的日常考核记录;二是每月定期通报每个部门和每位法官在前一个月的审判管理业绩考核结果,营造鼓励先进、鞭策落后的良好氛围,让考核领先者获得应有的荣誉感;三是评优评先时,要以平时审判管理业绩考核的结果作为依据确定相关人选;四是在提拔用人时,法院党组应集中向组织部门推荐审判管理考核优胜者,并附上相关业绩考核数据以证明其符合拟提拔人选条件,形成任人唯贤的良好导向。

审判管理是法院加强自身改革和建设的系统工程,既不能因为运行过程

① 参见汤正奎:《基层法院审判绩效考核模式的思考》,《人民法院报》2011 年 2 月 23 日第 8 版。

中出现阻力而裹足不前,也不能不顾审判管理的科学性和实践需要而盲目推进。正视问题,研究对策,稳步推进,边干边改,应是各级人民法院推进审判管理工作时应有的态度。实现审判管理科学化,需要各级人民法院在总结已有审判管理经验基础上,不断强化能动司法理念,从宏观着眼,从微观入手,通过上下级法院共同努力,努力实现审判资源的合理化配置,从而有效破解"案多人少"困局,满足人民群众的新期待,不断开创法院工作科学发展的良好局面。

科学的审判管理运行机制建立之后,还需要各级法院持之以恒地坚持下去,参与人员有个从不习惯到习惯、从不自觉到自觉、从不配合到合作的适应过程,只有经过很长一段时间的良性运转,审判管理机制最终将由初级阶段向高级阶段升华,形成一种大家认同的法院文化。

**(本文获"司法学论坛暨首届司法管理学研讨会"征文二等奖)**

# 关于案件质量评估数据
# 质量管理的实践与思考

## ——基于全面质量管理理论的运用

王保林*

随着 2011 年案件质量评估体系正式运行,案件质量评估数据日趋成为审判工作的"晴雨表"和审判管理的"指挥棒"。既可利用评估数据反映审判状态,又可凭借评估数据查析审判问题;既可利用评估数据进行审判目标定位,又可凭借评估数据进行目标进度监测。在此背景之下,案件质量评估数据的质量不仅成了案件质量评估工作的生命,而且成了审判管理活动的灵魂。给予案件质量评估数据质量更多的关注、健全案件质量评估数据质量的管理已成为人民法院必须面对的重要课题。本文拟在梳理案件质量评估数据质量管理的现实态势的基础上,运用全面质量管理的基本理论,设计一套案件质量评估数据质量管理体系,为司法实践提供参考。

## 一、案件质量评估数据质量管理的现实态势

### (一) 法律规定的粗糙性

以"中国审判法律应用支持系统"中的"法律法规规章司法解释全库"为数据库,笔者进行了有关案件质量评估数据质量管理的条文梳理。根据梳理结果,可以说案件质量评估数据质量管理在立法层面没有引起足够重视。一

---

* 王保林,上海市浦东新区人民法院。

是法律文件较少。涉及案件质量评估数据质量管理的法律文件主要有三个，即《最高人民法院关于加强人民法院司法统计工作的若干规定》《最高人民法院关于进一步加强司法统计工作的意见》和《最高人民法院关于开展案件质量评估工作的指导意见》。二是主要内容缺失。上述三个文件对案件质量评估数据质量管理的规定总体呈现出条文简略性、缺乏系统性和要求倡导性的特征。第一个文件仅仅简单规定了上级法院对下级法院司法统计工作的检查与考核制度，并无其他涉及。第二个文件虽具体提出了"加强统计数据的原始记录、采集、处理、流转、存储、利用等各个环节的管理工作"的要求，但如何操作却无详文。第三个文件虽要求设立案件质量评估数据的来源、台账、核查和举报等基础制度，但也无具体配套措施跟进。

### （二）质量内涵的单一性

尽管目前国际上对评估数据质量的统一定义存有一定的分歧，但是各国统计机构都已不同程度地从评估数据提供者、生产者和使用者等多个角度来衡量数据质量，"准确性"早已不再是衡量评估数据质量的唯一标准。① 而人民法院对评估数据质量的理解还基本停留在准确性上，评估工作基本以提高数据准确性为出发点，着重防控评估数据虚报、瞒报等不良情形的发生，尽量缩小评估误差。根据问卷调查，"案件质量评估数据质量内涵是什么"（多选），认为内涵为"准确性"的有 92 人，占 100%；内涵为"适用性"的有 14 人，占 15.2%；内涵为"其他的"的有 2 人，占 2.6%。②

### （三）管理主体的模糊性

案件质量评估数据质量的管理主体不同于其执行主体，执行主体可以根据案件质量评估工作的流程来具体确定，而管理主体却并不如此简单。案件质量评估工作既涉及司法统计机构，又涉及审判管理部门。目前，司法统计机构一般设在研究室，由研究室归口管理，审判管理部门或者单独成立

---

① 参见朱建平、陈飞：《统计数据质量评价体系探讨》，《商业经济与管理》2010 年第 12 期，第 77—78 页。

② 本文采用在 S 市法院发放调查问卷（100 份，回收有效问卷 92 份）、全面统计与抽样统计、走访座谈等社会调查方法。

为审判管理办公室,或者合署于审监庭。① 这样造成案件质量评估工作的多头管理,谁是案件质量评估数据质量管理的真正主体并不清楚。根据问卷调查,"案件质量评估数据质量管理主体是谁",认为"研究室"的有 51人,占 55.4%;"审判管理办公室"的有 23 人,占 25%;"不知道"的有 18 人,占 19.5%。

### （四）事前预防的不足性

除了事前缺乏对工作人员的相关培训外,更主要的是,在评估指标设置时往往对由此产生的评估数据质量重视不够。比如,对于当庭裁判率指标的参考标准,最高法院仅仅规定当庭裁判包括当庭口头裁判和法官主持调解双方当庭签字的案件。司法确认的调解案件是否包含其中,没有明确,造成实践中做法不一,从而影响案件质量评估数据的真实性。又如,因执行标的到位率指标的统计口径不明确,实践中也存有三个不同做法。一类是总执行到位标的金额与总申请标的金额的比例,仅限于统计初执案件;二类是总执行到位标的金额与总申请标的金额的比例,包括统计初执、恢复执行案件;三类是每个执结案件执行到位标的金额与其申请标的金额之比的算术平均值。再如,对于结案均衡度指标,最高法院在《关于促进均衡结案的意见(试行)》[法(研)明传(2012)6 号]中将其细化为 8 个二级指标,尽管提高了结案均衡的准确性和精确性,但对审判管理工作人员而言,缺少可操作性,在实现结案均衡的过程中没有操作性指标来指引,仅凭模糊静态管理。

### （五）事中控制的薄弱性

根据问卷调查,"在案件质量评估过程中,评估数据质量控制措施有哪些不足"(多选),认为"岗位工作人员经常变动、影响卷宗装订和数据电脑录入水平"的有 78 人,占 84.8%;"本院卷宗归档抽查比例有点低"的有 20 人,占21.74%;"电脑输入数据校验设计不完善"的有 40 人,占 43.48%;"审判管理信息修改不能及时提示"的有 35 人,占 38.04%。通过走访座谈和参考历年

---

① 参见钱锡青等:《基层法院审判管理办公室规范化运作三题》,《上海审判实践》2012 年第 2 期,第 7 页。

审判管理信息修改情况,目前电脑输入数据校验主要是必填项的顺序校验和结案日期、生效日期的逻辑校验,尚缺少重复校验、视觉校验、总数校验、类型校验、格式校验和平衡校验等措施的广泛运用。[①] 比如,因缺乏总数校验无法有效防止当事人身份证号码输入错误。

### (六) 事后检查的低效性

事后检查的低效性体现在三个方面。一是与事前、事中相比,事后检查出来的问题,通过整改,只能有利于今后的案件质量评估工作,而对之前的案件质量评估工作无任何益处,因为基于其作出审判管理决策已经实施完毕。二是因案件质量评估结果与领导干部政绩有一定程度上的关联,所以,本级法院内管理部门检查业务部门、上级法院检查下级法院必受其或多或少地影响,既要认真查出问题,又要"妥善"处理问题,效果打折。三是因重点检查对象的确定方法欠缺,常规项目检查偏多,同时,检查方式以定时检查为常态,临时抽查运用较少。

## 二、案件质量评估数据质量管理的合理定位

### (一) 顺应统计数据质量管理的发展趋势

20 世纪 80 年代之前,在准确性作为统计数据质量代名词的传统思维的指导下,国际统计界着重在于提高政府统计数据的准确性,从数理统计和抽样技术角度,大量研究如何缩小统计误差、控制数据质量。[②] 20 世纪 80 年代以后,随着统计数据质量内涵的扩展,为了提高成员国的统计数据质量,国际货币基金组织(IMF)分别于 1996 年、1997 年、2003 年相继颁布了《数据公布特殊标准(SDDS)》、《数据公布通用系统(GDDS)》和《数据质量评估框架(DQAF)》。与此同时,欧盟统计局(ESS)制定了《统计质量管理框架》,经济合作与发展组织(OECD)颁布了《统计活动质量

---

[①] 参见张凯:《输入数据校验设计与软件可靠性》,《电脑开发与应用》2004 年第 2 期,第 17—18 页。

[②] 参见孟祥兰、陈诗、雷茜、陈春艳:《宏观统计数据质量规范研究》,《中南财经政法大学学报》2011 年第 1 期,第 74 页。

保证框架》,等等。① 2002 年 4 月,我国正式加入国际货币基金组织(IMF)的
《数据公布通用系统(GDDS)》。这些统计质量管理框架的颁布和运行为案件
质量评估数据质量管理提供了许多可资借鉴的方法和经验。

**1. 质量标准上,注重多元转变**

《数据质量评估框架(DQAF)》确立了衡量数据质量的 6 个标准,即诚
信保证、方法健全性、准确性、可靠性、适用性和可获得性。《统计质量管理
框架》确立了衡量数据质量的 7 个标准,即适当性、准确性、时效性、易得性、
可比较性、一致性和完整性。《统计活动质量保证框架》也确立了衡量数据
质量的 7 个标准,即相关性、准确性、及时性、可得性、可解释性、一致性和可
信性。

**2. 管理理念上,注重过程控制**

产品质量是产出的质量,从统计机构的角度而言是指所提供数据的质量。
这些产品生成自一个基本过程或过程序列,因此该产品的质量可能受到过程
质量的影响。在理论上,高质量的产品可以通过评估和返工来取得。然而,这
不是一个可行的途径,因为它昂贵费时。可行的替代办法是改善过程质量来
提高产品质量。② 欧盟统计局的《统计质量管理框架》以全面质量管理方法为
基础,保证统计过程的基本质量要求。经济合作与发展组织的《统计活动质
量保证框架》将统计活动分解为七个阶段,针对每一个阶段提出具体的质量
要求。

**3. 机构设置上,注重专门独立**

为加强统计质量管理工作,许多国家均成立了一个专门独立的质量管理
机构。美国自 1961 年开始成立以麦克·波斯金命名的 5 人咨询委员会,专门
对消费者物价指数的准确程度进行评价。英国皇家统计学会成立统计数据质
量评估工作组,每年对官方统计数据的质量情况进行独立评估,并对外公布评
估报告。加拿大由国家审计总长负责统计局的数据质量评审工作。此外,瑞
典、芬兰、挪威等国家统计局开展"全面质量管理"项目。

---

① 程开明:《三种国际统计质量管理框架的比较及启示》,《统计研究》2011 年第 4 期,第
75 页。

② 聂富强、崔名铠、向蓉美:《政府统计数据质量内涵的深化与启示》,《统计研究》2011 年
第 5 期,第 73 页。

**4. 管理机制上,注重方法创新**

因各国统计体制各异,质量评价标准不同,管理角度侧重不同,它们创设的质量管理办法也各不相同。即使在同一个国家内,由于统计项目不同,创设的质量管理方法也有所不同。概括起来,主要有如下三种:一是统计机构内部自我评价方法。比如,美国国民核算统计数据评估主要由经济分析局自己来进行。二是邀请统计机构外部专家来评价。比如,在英国,由有关专家、学者组成的英国皇家统计学会工作组,以每 5 年一次通过公开会议的形式,来评估政府统计数据质量状况。三是引进国际质量认证标准体系。比如,自 1995 年以来,英国采取 ISO9002 国际质量认证标准体系进行零售物价指数的质量管理工作。[①]

**（二）吸收全面质量管理制度的基本理念**

全面质量管理(TQM)就是一个以质量为中心,以全员参与为基础,目的在于通过让顾客满意和本组织所有成员及社会受益而达到长期成功的管理途径。自从 1961 年美国通用电气公司的费根堡姆和质量管理专家朱兰提出全面质量管理概念以来,全面质量管理在各国被迅速应用于各行各业,政府统计工作也不例外。在我国 1982 年第三次人口普查、1985 年第二次工业普查和 1990 年第四次人口普查中,我国都成功地运用了"统计数据全面质量管理"方法,保证了普查数据的高质量。"统计数据全面质量管理"方法并不断地在工商企业和农村抽样网点等专业统计中推行。[②] 全面质量管理制度的基本理念在统计数据质量管理中逐渐清晰,主要有以下三点。

**1. 全面质量管理的核心特征**

全面质量管理具有三个核心特征,即全员参与的质量管理、全过程的质量管理和全面的质量管理。全员参与的质量管理要求全体员工,无论高层管理者还是普通员工,都要参与质量改进活动。全过程的质量管理必须在统计方案设计、统计调查、数据回收、方法手段的使用、数据处理和数据发布等各个环

---

[①] 参见余芳东:《国外统计数据质量评价和管理方法及经验》,《北京统计》2003 年第 7 期,第 55 页。

[②] 参见傅德印、刘晓梅:《贯彻国际标准,建立健全统计数据质量管理与保证体系》,《统计研究》1994 年第 6 期,第 47 页。

节把好质量关。其中,统计方案设计是统计数据全面质量管理的起点,统计调查、数据回收、方法手段的使用、数据处理和数据发布等是统计数据全面质量管理的重要过程,而统计数据产品的质量最终是在用户使用的过程中得到评判和认可。全面的质量管理是用全面的方法管理全面的质量。全面的方法包括科学的管理方法、数理统计的方法、现代电子技术等。全面的质量包括产品质量、工作质量和服务质量。①

**2. 全面质量管理的基本原则**

全面质量管理具有五个基本原则,即用户第一、领导作用、预防为先、自检为主和持续改进。用户第一原则要求产品的质量必须符合用户的要求,始终以用户的满意为目标,且将用户的概念扩充到统计数据生产过程内部,即下道工序就是上道工序的用户,不将问题留给用户。领导作用原则要求单位决策层必须对质量管理给予足够的重视,这样才能够使组织中的成员和资源都融入到全面质量管理之中。预防为先原则要求在设计和加工过程中削除质量隐患。自检为主原则要求在全过程的生产中树立强烈的自我质量意识,而不是等到质量部门检验以后才形成质量的概念。持续改进原则要求根据用户需要不断地推进产品质量螺旋上升。

**3. 全面质量管理的基本方法**

全面质量管理的基本方法就是 PDCA 循环,四个字母分别代表计划(Plan)、执行(Do)、检查(Check)、处理(Action)四个阶段,其主要内容是指在做某事前先制定计划然后按照计划去执行,并在执行过程中进行检查和调整,在计划执行完毕时进行总结处理,具体可为八个步骤,如图 1 所示。

## 三、案件质量评估数据质量管理的体系构建

这一构建的过程并非简单复制,而是结合案件质量评估工作自身的特点建立相应的评估数据质量管理体系。

---

① 参见侯瑜、李晶:《基于 TQM 的统计数据质量管理体系构建》,《统计科学与实践》2011
年第 7 期,第 15 页。

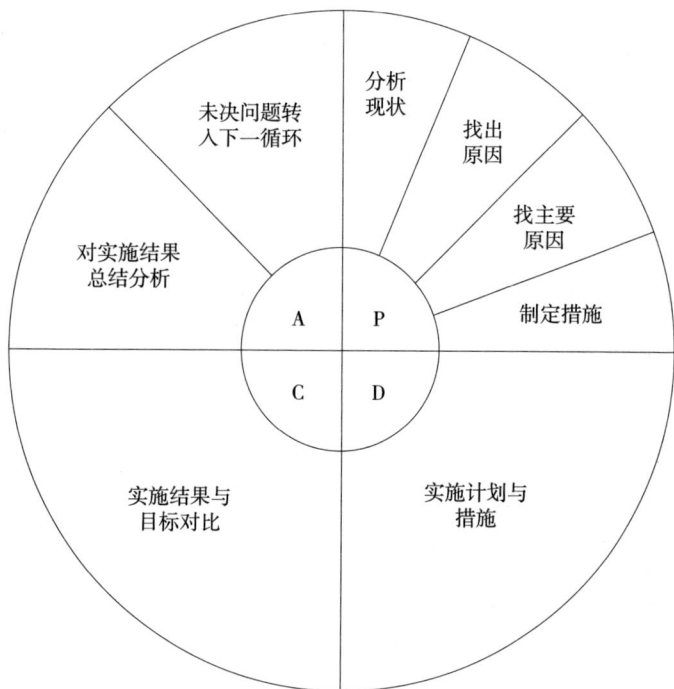

**图1　PDCA 循环的八大步骤**

**（一）质量标准①**

根据目前统计数据质量丰富的内涵,结合案件质量评估工作需求,案件质量评估数据质量标准有六项,具体如下:

**1. 准确性**

准确性是指数据收集过程中必须保证数据的真实、准确,从统计意义上讲是评估估算值与目标特征值之间的差异程度。统计误差越小,准确性就越高。

**2. 适用性**

适用性是指收集的评估数据是否有用,是否符合审判管理工作的需求,具体包含对审判管理工作的适合程度和满足程度两个方面。它要求案件质量评估机构与审判管理部门等用户保持密切的联系,防止案件质量评估数据供应与需求之间脱节。

---

① 参见朱建平、陈飞:《统计数据质量评价体系探讨》,《商业经济与管理》2010 年第 12 期,第 78—81 页。

### 3. 可靠性

可靠性是指对原始评估数据的处理结果是可信赖的,与人们的直观感受较为一致。这涉及评估人员的专业程度、评估技术的使用程度和对数据差异的修正程度等三个方面。

### 4. 可比性

可比性是指同一指标的评估数据在时间上和空间上的可比程度。这要求评估的概念和方法在时间上保持相对稳定,在不同地区使用相对统一的评估制度方法和标准分类。

### 5. 完整性

完整性是指评估数据公布的结果是完整的,包括数据的来源、调查方法、评估指标口径以及对原始数据的处理方法,必要时考虑公布源数据及介绍评估测算方法。

### 6. 可获得性

可获得性是指审判管理部门等用户从案件质量评估部门取得评估数据的容易程度,包括列明用户从案件质量评估部门可以取得的评估数据内容以及应用先进便捷的评估数据服务方式。

### (二)组织机构

#### 1. 建立机构

设立由院长担任主任、副院长担任副主任、各业务部门领导为委员组成的案件质量评估数据全面质量管理委员会,主要负责评估数据全面质量管理的决策和各业务部门相应职责的设定。同时,下设案件质量评估数据全面质量管理办公室,可以合署于案件质量评估工作部门,具体执行、监督全面质量管理委员会关于全面质量管理的决策和要求。

#### 2. 领导负责

建立案件质量评估数据质量院长总体抓,分管案件质量评估工作的副院长具体抓,案件质量评估工作部门的领导直接抓形成的一级抓一级,层层落实的领导负责机制。同时,强化领导自身对案件质量评估数据的质量意识,亲身参与案件质量评估数据的全面质量管理。

**3. 全员培训**

建立经常化、制度化、规范化的全员业务培训机制,持续保证新进人员的业务水平和不断提高相关工作人员的业务水平,使他们熟练掌握卷宗装订、数据电脑输录、评估数据分析等技能。同时,加强统计职业道德教育,弘扬求真务实、忠于职守的精神。

**4. 制定计划**

制定科学合理的案件质量评估数据全面质量管理的计划,主要包含数据全面质量管理的主要目标、程序步骤、职责分配以及为完成评估数据全面质量管理所需要的其他因素。[①]

**(三) 管理文件**

按照全面质量管理的要求,遵循先进性、系统性、科学性、可操作性和经济性等原则,将评估数据生产过程文件化,即编写质量手册、程序文件和作业文件三个层次的文件,用以指导和规范全面质量管理活动。

**1. 质量手册**

评估数据质量手册是对质量管理的核心理念、基本原则、基本方法以及质量标准、组织机构和职责分工的描述,是指导相关工作人员开展质量管理活动的宏观性、基础性文件。

**2. 程序文件**

程序文件是对某项质量管理工作所规定途径、步骤和职责。在制定程序文件时,我们应当先分析影响评估数据质量的主要问题有哪些,分布在哪些部门和环节,再在这些关键环节设置质量控制点,具体规定相应管理途径、步骤及其主要职责。比如,上海市浦东新区人民法院制定的《审判管理信息系统输入手册》。

**3. 作业文件**

作业文件是对某一业务部门或具体岗位工作要求的详尽描述。在制定作业文件时,我们结合评估数据具体质量标准和该部门或岗位工作内容,根据先

---

① 参见马三元:《基于全面质量管理的统计数据质量研究》,《宏观经济研究》2010 年第 11 期,第 67 页。

前大量的质量记录,将相应职责确定到每一个固定的岗位上,使与评估数据质量相关的每一个环节都受到完备的、系统的控制,并能对导致生产出不符合评估数据质量标准要求的评估数据的所有环节进行追查、纠正并改进。比如,上海高院制定的《书记员卷宗归档实务技能手册》。

### (四) 过程管理

评估数据质量管理是要从事前预防、事中控制、事后检查和评估改进等全过程进行质量管理,如下面图 2 所示。

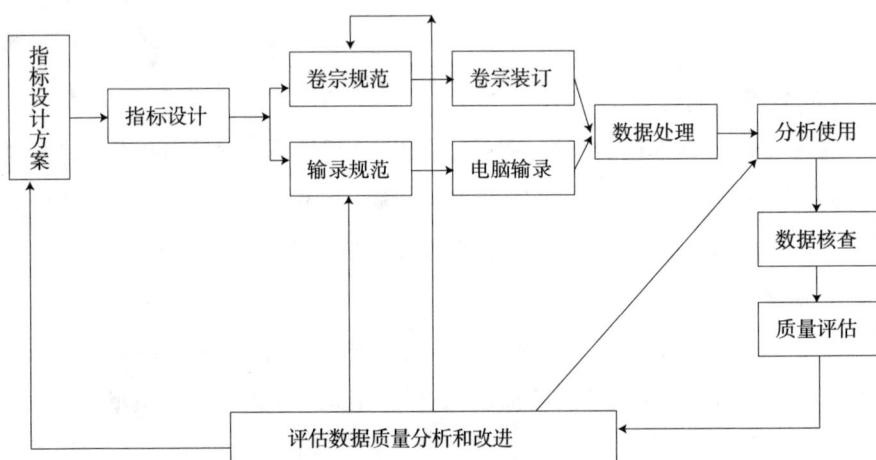

**图 2  评估数据质量管理循环图**

#### 1. 事前预防

事前预防主要是指评估指标设计工作中对评估数据质量的考虑问题。根据每一个评估指标的价值导向,综合不同诉讼领域、不同法院层级和不同地区等差异,周密设计其评估口径、评估范围和计算方法,最大程度地保证评估数据的质量。

#### 2. 事中控制

事中控制就是从搞好原始记录的卷宗装订、审判信息的电脑输录、到抓好评估数据的处理和评估数据的分析运用的全程活动,就是从生产评估数据的工作标准、技术标准,到生产出来的评估数据的全面工作,从而建立评估数据质量全程管理监控体系,按照产品生产流程进行全员管理。

**3. 事后核查**

事后核查就是对待重点调查的评估数据或汇总的评估数据进行可靠性检验或误差判断工作。对此,我们既可以运用抽样调查法推断总量指标的准确性,也可以运用回归分析法检测评估数据的可信度。

**4. 评估改进**

在人民法院内部建立评估数据质量评估中心,结合自我事后核查结果、审判管理部门等用户的评价结论等因素,定时对评估数据质量进行评估,根据评估结果不断改进评估数据质量的全面管理工作。

或许受专业限制,抑或习以为常,对于审判质量评估数据质量管理没有给予应有的重视。因此本文的写作就像拓荒,只要能吸引更多人的关注,便达到笔者撰写本文的目的了。

**(本文获"司法学论坛暨首届司法管理学研讨会"征文二等奖)**

# 论"隐性超审限"的危害及克服

## ——以审判管理为视角

吴宇轩[*]

放眼世界,民事审限制度应该是一项彰显中国特色、令中国学者和实务界人士皆引以为傲的民事诉讼制度。这一制度的设立,目的在于使我国有限的司法资源既能实现国家及时化解社会矛盾的期望,也能满足人民对快速解决利益纷争的司法需求。然而审限制度在实际运行当中,却没能很好地实现既定目标,反而是超审限的现象以各种隐秘的方式愈演愈烈。超审限现象背离了我国设立审限制度的初衷,危害甚远。本文拟就审限制度的性质、功能,超审限的表现形式与危害,当前审限管理的疑难问题,以及如何建立行之有效的综合性审限管理体系略陈管见,以求斧正。

## 一、性质与功能——审限制度之基础理论

### (一) 审限制度的性质

民事诉讼审限制度主要体现在我国现行民事诉讼法第一百四十九条:"人民法院适用普通程序审理的案件,应当在立案之日起六个月内审结。有特殊情况需要延长的,由本院院长批准,可以延长六个月;还需要延长的,报请上级人民法院批准。"第一百六十一条:"人民法院适用简易程序审理案件,应

---

* 吴宇轩,厦门市同安区人民法院审判管理办公室。

当在立案之日起三个月内审结。"第一百七十六条:人民法院审理对判决的上诉案件,应当在第二审立案之日起三个月内审结,有特殊情况需要延长的,由本院院长批准。民事诉讼法以及其他相关规范性文件的具体规定共同构成了具有中国特色的审限制度。[①]　就性质而言,审限是一种法定区间,其具有起止时间的法定性,以及效力的法定性等特性。具体而言,审限的法律效力体现在如下两个方面:一是约束了法官司法行为的行使时间,即法官受审限的约束,必须在法律规定的期间内完成相应的司法行为,超出审限的司法行为不能产生相应的法律效力。当然,审限也约束了当事人诉讼行为的行使区间。二是审限不仅仅是一种审判纪律,法官违反审限不能简单地看作是司法为民意识不强、办案效率不高,而应当看做是一种严重的程序违法。[②]

### (二) 审限制度的功能

#### 1. 保护当事人权益

审限制度保护当事人权益的功能是显而易见的。就微观而言,当事人在经济生活中发生了纠纷,权利受到了损害,进而选择了国家权力来对其权利进行救济,权利受侵害的时间越长,权利人遭受的损失也就越大,因而权利人要求法院尽快审结案件的愿望尤为迫切。若人民法院在审限内正常结案,当事人权益受侵害的时间得到有效的控制,诉讼成本和诉讼风险得以降低,权益得以及时的保障。

#### 2. 促进经济发展

市场经济是法制经济,同时也是时间经济。时间可以反映出人们经济利益的需求。当事人在民事交往中,产生经济纠纷,诉求人民法院对受损的权益进行保护。如果案件一再超审限而未结,权利始终处于有争议的状态,特别是在商事纠纷中,市场的行情和机会瞬息万变,当事人的交易风险必然陡增,甚至面临绝境。2011 年我国国内生产总值为 47.2 亿元[③],而人民法院的结案标

---

[①]　除民事诉讼基本法律外,其他规范性文件也对审限作出了具体的规定,如《最高人民法院关于在经济审判工作中严格执行〈中华人民共和国民事诉讼法〉的若干规定》第二十条、《关于规范法官和律师相互关系维护司法公正的若干规定》第九条、《关于严格执行案件审理期限制度的若干规定》,所有这些共同构成了中国特色的审限制度。

[②]　参见唐莹:《审限制度研究》,河南大学硕士学位论文。

[③]　详见温家宝 2012 年政府工作报告。

的就高达 1.7 万亿元①,占 3.6%。"如果纠纷得不到及时解决,市场便无法有效的运行。市场的行为者不再相信自己的愿望会得到尊重。他们不得不通过对自己的行为进行事前和事后的扭曲来保护自己——合同价格将会上升、市场价格将会上涨、本可成交的交易和投资将会泡汤、经济上无效益的行为将会泛滥。"②所以,从宏观而言,法院在审限内尽快结案,结束权益的受争议状态能有效地保障市场的有序运行、财产权益的有效流转,促进国民经济的发展。

### 3. 提高法院工作效率

公正与效率是人民法院工作的两大主题。效率作为我国民事司法改革的一个基本价值目标,在历史上从未像今天这样受到如此的关注和重视,甚至已经成为衡量一个国家民事诉讼制度是否科学性的一个重要尺度。有学者分析指出"决定的公正性、诉讼时间与诉讼费用是总体评价一个国家民事司法制度的三个相互联系的参数。"③亚太地区首席大法官会议也曾经数次将提高审判效率、减少积压案件列为一项重要的议题。特别是近些年来,人民法院受理案件数不断攀升,2008 年首次突破 1 千万件,2009 年 1137 万件,2010 年 1170 万件,2011 年更是高达 1220 万件④。诉讼案件的激增,在一定程度上预示着,"诉讼爆炸"已经从遥远的"神话"变为身边的现实,我国将不可避免地成为一个"超级诉讼大国"。而"审限制度通过设定区间对法院完成诉讼行为的时间做出明确的规定,旨在促使法院及时地实施诉讼行为"⑤解决矛盾纠纷,避免"能在 20 世纪审结的案件拖到 21 世纪"⑥,帮助法院消化收案压力,提高工作效率。

### 4. 限制法官的裁量权

任何权力都要受到监督,缺乏监督容易滋生腐败,司法权亦不例外。我国传统文化中官本位的思想残留依然较为严重,特别是在我国超职权主义诉讼

---

① 详见王胜俊 2012 年最高人民法院工作报告。
② [美]葛维宝:《法院的独立与责任》,葛明珍译,《环球法律评论》2002 年春季号。
③ Civil justice in crisis :comparative perspectives of civil procedure,erited by adrian A.S.Zuckerman ,Oxford University press,1999,pp.1—10.
④ 详见 2009—2012 年最高人民法院工作报告。
⑤ 张佳:《民事审限制度研究》,西南政法大学硕士学位论文。
⑥ 王立文、王艳彬:《〈关于严格执行案件审理期限制度的若干规定〉的理解与适用》,《人民司法》2000 年第 1 期。

模式的影响之下,法官的权力往往得不到有效的制约,以至于戕害当事人的权利。这种权力的滥用在审限方面尤为明显。有的法官接受当事人吃请,偏袒一方作高压调解,调解不成者,便把案件扔在一边。当事人为了尽早摆脱讼累,迫于无奈不得不放弃部分权利。有的法官出于主观、客观原因在规定审限内不能正常审结案件,便滥用审限上的自由裁量权,任意地进行简易程序到普通程序的转换,或者是随意地扣除审限等等。落实严格的审限制度,在一定程度上能督促法官在合理的时间内尽快解决纠纷,减少"人情案"的生存土壤和空间。

# 二、形态与危害——超审限现象之透视

在妥善并迅速地解决矛盾纠纷、提高诉讼效率的需求和呼声之中,民事诉讼的审限制度应运而生。然而,包括审限制度在内的民事诉讼中的一些优质制度,若弹性过大,或存在诸多漏洞的话,可能使其制度效能难以充分发挥甚至形同虚设。被人们寄予厚望的审限制度在实际运行中却没能圆满地完成任务,相反的是案件超审限的现象,却如烧不尽的野草,春风吹又生。据笔者调查①,某省某基层法院 2007—2011 年共收民商事案件 16764 件,其中进行审限变更达 2124 件,占 12.67%,扣除的审限天数更是高达 230884 天,其中大部分扣除符合法定要件,然而经仔细研究发现,不乏部分案件,以合法的形式掩盖了违法的超审限的事实。由此观之,中国的审限制度,隐性缺口甚巨。

## (一) 超审限的表现形式

顾名思义,超审限是审判人员在审理案件过程中,无正当理由而超过法律所规定的诉讼各阶段可以持续的最长时间,尚未审结案件的行为。超审限在司法实践中有两种表现形式:显性超审限和"隐性超审限"。显性超审限就是审限内未结案已经外化,而"隐性超审限"则指的是法官通过滥用审限上的自由裁量权或者是使用弄虚作假的手段掩饰案件超过法定审限的事实,使其表面合法化的行为。显性超审限较为容易发现和管理,司法实践中的超审限绝

---

① 调查的数据来自于某省司法管理信息系统。

大部分以隐性的面向出现。具体而言"隐性超审限"主要有如下表现形式：

**1. 简易程序任意转换为普通程序**

民事诉讼法第一百六十一条规定，人民法院适用简易程序审理案件，应当在立案之日起三个月内审结。在《最高人民法院关于适用〈中华人民共和国民事诉讼法〉若干问题的意见》第一百七十条中进一步规定，适用简易程序审理的案件，审理期限不得延长。在审理过程中，发现案情复杂，需要转为普通程序审理的，可以转为普通程序。由于何为案情复杂全赖审判人员主观判断，且对于转换的条件和程序没有进行详细规制，因而程序的转换在实践中屡屡被滥用为法官违反审限制度的合法外衣。据笔者调查①，仅 2010—2011 年两年，某省某基层法院通过简易程序转为普通程序的案件有 82 件，平均审理天数达 127.67 天，其中有 5 件更是审理超过 300 天而未结。经核查，发现不少案件并非案情复杂而是基于其他原因未能及时审结，当审限临近时再仓促进行程序转换以争取缓冲时间，损害了当事人的权益。

**2. 利用中止诉讼作为掩饰超审限的手段**

民诉法第一百五十条规定了当事人死亡、丧失诉讼行为能力、有正当理由不能参加诉讼等多种情形下案件中止诉讼。而我们知道，案件中止的这段时间是不计入法定审限的。实践中有的审判人员利用该条(特别是第四款和第六款)的规定，任意地中止诉讼，轻松安然地规避审限的监督与管理。甚至是有的个别审判人员在发现案件已超审限后，在卷宗中补充一个中止裁定，作为掩饰超审限的手段。

**3. 虚报公告与鉴定的时间**

民诉法规定了公告作为被告下落不明时的一种送达方式，且当案件涉及专业领域的事实判断时也往往需要专业的鉴定机构出具鉴定结论。公告和鉴定的时间要在审限中作相应的扣除。实践中有些案件没有公告而虚报公告，或者是扣除的天数远超实际公告的天数。而鉴定的案件则是惯常利用让当事人修改提起鉴定的时间(如当事人 2 月 1 日申请的落款时间却是 1 月 1 日)以及虚报收到鉴定结论的时间(如 3 月 1 日已经收到鉴定报告审限却扣除到 4 月 1 日等)来变相延长审限。例如某基层法院 2010 年以来，有公告或鉴定的

① 该数据来自于某省法院司法管理信息系统。

案件共 248 件,而扣除的相应时间与实际不一致的有 67 件,占 27.01%。

**4. 假撤诉、假结案**

有的案件审理期限已经届满,审判人员遂用尽各种手段动员原告假撤诉,将案件报结,而后通过重新起诉的方式,另立案件继续审理。更有甚者,连原告被告也不告知,自行制作撤诉裁定,将案件报结后,再将案件材料复制或者让当事人再提供一份材料另立案号进行审理。卷宗中体现不出超审限的情况存在。其实案件早已被大大拖延。

**5. 强制调解、虚假调解**

"调解不计入审限"在司法实践中已成为个别审判人员应对审限管理的一个"公开的秘密"。不少并不复杂的案件出于各种主观或是客观原因,在审限内没有办法及时办结,承办人员惯用的"法宝"就是随便叫一个当事人过来,令其在承办人员事先打印好的庭外和解的申请书上签个名,然后拿着这张申请书去扣除审限。而且庭外和解的时间弹性过大,一般是一到三个月,在实践中也曾经出现过承办人员叫当事人签长达一年的所谓和解申请的情形,另一方当事人在完全不知情的情况下就赤裸裸地"被和解"了。2011 年全国法院受理的民事案件 488.7 万件,调解或者撤诉结案的达 67.3%①,若再加上经过调解最后还是以判决方式结案的案件,比例更高。由此观之,若对"调解不计入审限"不进行有效的规制,我国的审限制度有可能"瘫痪"。

### (二) 超审限的危害

**1. 超审限现象的长期存在损害当事人权益**

不言而喻,超审限的最大、最直接受害者是案件的当事人。我国的民事诉讼采取当事人负担主义,当事人必须承担因诉讼支出的费用。② 在参与漫长的诉讼过程中,由于利益的相关性,当事人往往投入大量的时间、金钱、精力以追求理想的判决结果。诉讼成本和诉讼周期成正比,诉讼周期越长,当事人不得不投入越多的诉讼成本。诉讼成本的过多投入最终导致的是即使胜诉也难挽回经济损失的局面。特别是标的较大的经济纠纷案件,案件久拖不结导致

---

① 详见王胜俊 2012 年最高人民法院工作报告。
② 参见王宝鸣、谢善娟:《民事审判中的隐性超审限现象初探》,《理论与实践》2000 年第 7 期。

当事人得承担每天消耗的利息损失,更有甚者,诉讼的拖延给予了一方当事人转移财产、销毁证据的机会,最终导致败诉或者是即使胜诉也无法执行的后果。正如学者论述"无论审判能够怎样完美的实现正义,如果付出的代价过于昂贵,则人们往往只能放弃通过审判来实践正义的希望。"①

**2. 超审限现象的长期存在侵蚀司法权威**

超审限现象的长期存在也导致法院饱受积案之流弊,而公正与效率乃司法所追求的两个基本价值目标,对于其中一个的违反,都有可能从根本上撼动司法的威信。中国的审限制度,从诞生之初就有着司法公正和司法效率的价值面向,它一方面保证着法官的裁判结果获得合理性证明,降低超期审理、错误审理而造成的司法资源的浪费和社会成本的增加,另一方面又旨在督促法官积极司法、提高效率,保证案件在合理的期间内被审结,结束权利保护的不确定状态。就当事人而言,法院能否快速地处理自己的案件是一个态度问题;而法院处理结果是否妥当是一个能力问题。如果说在特定时期下,尤其是仍有法定救济途径的情形下,能力问题是可以谅解的,而态度问题却是不可以谅解的。② 案件久拖不结,其危害并不亚于实体上办错案。公民的合法利益得不到及时的保护,甚至因为超期审理丧失了原本期待的可得利益还支付了额外高昂的诉讼成本,在这样的情况下,怎能不对司法的公正和效率产生巨大的怀疑和埋怨。这样的情绪对"司法权威的消损比一些案件实体裁判不公正对司法权威的消损来得更快、更为直接,也更为容易引起纠纷负面效果的恶性扩散"③。甚至有的当事人因不堪诉讼的拖延而寻求其他极端的解决途径,成为社会安全稳定大局的巨大隐患④。长此以往,我国本已欠佳的司法形象必然会遭到深刻的负面影响。

**3. 超审限现象的长期存在催生司法腐败**

由于国民经济的发展,以及民众权利意识的逐渐觉醒,民事纠纷高发,因而法院在纠纷解决、利益衡平中扮演的角色日益重要,权力也日益彰显。当事

---

① [日]棚濑孝雄:《纠纷的解决与审判制度》,王亚新译,中国政法大学出版社 2004 年版,第 267 页。

② 参见韩波:《审限制度:"二十周岁"后的挑战》,《当代法学》2010 年版。

③ 韩波:《审限制度:"二十周岁"后的挑战》,《当代法学》2010 年版。

④ 有学者就该问题明确指出:缩短诉讼周期是减少社会震荡的必要措施。参见顾培东:《社会冲突与诉讼机制》,四川人民出版社 1991 年版,第 110 页。

人的时间利益是法官进行交易的重要司法筹码。有的法官办人情案,又惧于审级的监督,不敢用判决的方式结案。而是转而利用手中审限上的自由裁量权恣意寻租①,在收受贿赂后,欲对一方当事人予以偏袒庇护,要么以牺牲另一方当事人的合法权益为代价强制调解,要么将案件积压箱底迟迟不予下判,通过旷日持久的诉讼程序,消磨一方当事人的意志和信心,迫其妥协。正如世界银行前总法律顾问施哈塔指出的:"在司法部门中,延误、低薪及繁琐陈旧的形式迫使人民缴纳回扣尽快结案,从而促成腐败现象。"②

## 三、问题与缺陷——当前审限管理之困境

对于超审限现象长期存在的原因,理论界和实务部门进行了较为深入的探讨。③ 学者们归纳的原因如下:法律规定过于模糊、法官素质较差、审限意识淡薄、职权主义色彩浓厚、重实体轻程序的司法理念、案多人少、外部干预等等。诚然,超审限现象是由多种复杂因素交织在一起造成的,学者们的论述都有一定的道理。本文在承认上述因素的基础之上,拟就法院审判管理的角度,剖析超审限现象产生的原因以及目前审限管理的困境。

### (一)审限管理权限过于分散和混乱

首先是法律对于审限管理的机制缺乏明确性、体系性的规定。其次是在司法实践中审限管理各地的做法不尽相同,例如普通程序之案件应当在六个月内审结,如需延长,则需报本院院长批准,简易程序转为普通程序的则只需庭长批准,鉴定公告和当事人申请庭外和解类案件扣除审限也只需承办人员

---

① 寻租理论最早是由美国经济学家安·克鲁格提出的:在多数市场导向的经济中,政府对经济活动的管制比比皆是;这些管制导致各种形式的租金以及人们经常为这些租金而展开竞争。

② 施哈塔:司法部门在预防和控制腐败方面的作用,在"腐败问题:预防和司法部门的控制"联合国大会上宣读的论文,1998年4月1日在意大利首都罗马举行,转引自怀效锋:《法院与法官》,法律出版社2006年版,第89页。

③ 代表性的论文有:骆东平:《审限时效制度建立初探》,《当代法学》2003年第8期;刘德兴:《民事诉讼的效率价值与我国民事审限制度的完善》,《西南政法大学学报》2004年第5期;蔡虹、刘加良:《论民事审限制度》,《法商研究》2004年第4期;杨翔、谷国艳;《审理期限制度浅析》,《时代法学》2006年第2期等等。

自行决定庭长签名同意即可。并且原先审限的变更具体由各业务庭内勤自行操作,随意性大且没有任何监督措施。隐性超审限现象高发于审限扣除的情况,而扣除审限的审批权限一般掌握在庭长手里,实践中不少庭长不认真进行审查,承办人员只要提交相关表格,看都不看一律批准,有的是已经发现案件存在隐性超审限现象了,由于担心年终考评以及承担领导责任而睁一只眼闭一只眼帮忙"摆平"。审限管理权限的分散和混乱,客观上使审限上的自由裁量权缺乏有效的制约与监督,审限管理虚弱无力。

### (二) 审限管理存在真空地带

首先,对第一审程序判决后到第二审程序开始之前的衔接出现空挡。很多承办人员在案件一审报结后,当事人上诉,没有及时将案件卷宗在规定的时间内移送上级法院,一个卷宗被放上三个月甚至半年的情况屡见不鲜。在这样的情况下案件虽然表面上没有超审限,但实际上早已被大大拖延。例如天津某区法院 2264 号民事判决,从立案到一审判决,历时 9 个多月,而该案件的卷宗上诉移送则用去了 5 个多月。① 其次,对当事人申请庭外和解的时间缺乏有效的规制。例如在卷宗中发现,申请庭外和解的时间为 1—6 个月不等,甚至笔者曾经见过一本民事卷宗,当事人单方提交的庭外和解申请达十份之多,原申请时间到期后继续申请,案件从立案到审结竟耗时 600 多天。那么是否当事人申请庭外和解这样的形式都符合法律规定? 是否申请的时间都应该在审限中扣除? 值得存疑!

### (三) 审限管理缺乏当事人的有效参与

我国民事诉讼的超职权主义倾向渗透在方方面面。就审限制度而言,法官可以任意地转换程序、中止诉讼、强制调解、根据案件需要扣除鉴定和公告时间等,当事人只能等待通知听从安排别无他法。"绝对的自由裁量使人民失去安全感,并破坏法治的统一。"②法官在审限上完全的自由裁量权,排斥了

---

① 数据来源于孙兆喜:《试论超审限的成因及责任》,《河北工业大学成人教育学院学报》第 16 卷第 4 期。

② 徐国栋:《民法基本原则解释——成文法局限之克服》,中国政法大学出版社 2001 年版,第 214 页。

当事人的有效参与,缺乏有效的监督,这与当下诸多专家学者在民事诉讼领域所发起并倡导的当事人主体性和程序保障的理念相冲突,也使案件的实际处理陷入了正当性和效率性的双重危机。

### (四) 审限管理缺乏严格的责任追究

作为一项法律规范,无论规范何类主体,都应有较为严密的逻辑结构,即假定、行为模式和法律后果三部分,但从现行审限制度来看,则缺少相应的法律后果。正是由于以国家强制力为后盾的法律后果的存在,才会取得人民从行为上对法律规范设定的行为模式的遵从,……然而审限制度就缺少它。[①]如果法官违背了回避制度,当事人可以申请再审,如果法院违背了管辖制度,当事人可以提出管辖异议,可要是法官违背了审限制度呢? 当事人的权利如何救济? 法官应当承担什么样的法律后果? 都没有![②] 更何况"隐性超审限"案件本身就有一层貌似合法的"遮羞布"掩盖了自身的违法性而逃避追究。有的院领导出于法院整体利益和荣誉的考虑即使发现这个问题也"高抬贵手"不作处理。一个例证就是,实践中少有听闻案件承办人员因案件"隐性超审限"而接受处理的。有学者就这一现象评论到中国的审限制度没有"脊梁"。[③]

## 四、突破与创新——综合性审限管理体系之构建

任何一项制度都需要相关的制度相配合才能发挥应有的功效,审限管理亦是如此,这也是本文所倡导的综合性审限管理制度之构建的初衷之所在。审限管理要真正落到实处,单一的措施未免显得些许的苍白无力,还需要相关的制度安排加以协调运作。

### (一) 由"分散管理"转变为"集中管理"

法院应当设置一个专门机构,对全院案件审理期限的流动情况进行动态

---

① 参见骆东平:《审限实效制度建立初探》,《当代法学》2003 年第 8 期。
② 例如在我国民事诉讼法第 179 条规定的 5 种当事人可以申请重审的情形中,并未包含案件超审限。
③ 参见骆东平:《审限实效制度建立初探》,《当代法学》2003 年第 8 期。

跟踪管理。而笔者认为该项职能由各地法院已普遍成立的审判管理办公室来行使甚为恰当。首先是案件审限变更的操作权限统一收归审管办,其余审判人员不得擅自做审限的变更以逃避监管。其次,案件审限的延长、扣除、中止以及简易程序转为普通程序的批准权和审判权应当相分离,统一提级为院领导行使,庭领导只享有审限的监督权。因为由于部门利益的影响,庭长来监督审限制度的遵守,缺乏中立的立场,很难超越自身利益格局的限制。而审限裁量权与审判权的高度同一化,直接导致的后果就是审限裁量权的失控,案件的审限管理陷入功能性失灵状态。最后,院领导应真正做到认真把关,对于扣除审限的事项要认真检查卷宗看材料是否备齐、情况是否真实,核对无误后方能予以签发。

### (二) 由"事后管理"转变为"事前管理"

当一个卷宗在上级法院检查时才发现存在隐性超审限的现象,那么,这时不管是对承办法官进行相应的告诫或者是采取其他相关的补救,为时已晚,毕竟程序违法已经产生,诉讼已被拖延。为此,应当将审限管理的关口前移,由事后管理转变为事前管理。在审判过程中,应当设立一个警示期限,普通案件超过30天不能及时审结的,由审管办及时向承办人员和庭室负责人告知,由庭长负责监督案件的审限执行情况,审限届满之前15天还未审结的,由审管办发出书面通知,并汇报分管院领导,由分管院领导及时了解案件情况并进行督办限令承办人员在规定的时间内办结。同时,审管办应当设立审限跟踪台账,跟踪每个案件审判管理流程(包括上诉案件报结后卷宗移送给上级法院这段期间的跟踪监督),并于每月中层例会之时分发给各中层以上领导,让案件的审限管理在阳光下运行,消灭"隐性超审限"的生存空间。

### (三) 由"单向管理"转变为"多向管理"

欲克服"隐性超审限"现象,仅有法院内部的单向监督机制恐难奏效,同时还应建立起配套的外部监督机制来参与管理。① "隐性超审限"现象频发的

---

① 就吸收进当事人的因素来参与审限管理这个论题,甚至有学者更加前卫地提出法院超审限导致损失加重的责任由法院承担国家赔偿的观点。详见王鹏:《法院超审限导致损失加重的赔偿责任研究》,《广西政法管理干部学院学报》第26卷第2期。

一个深层次原因在于我国民事诉讼法包括审限在内的制度设计上的超职权主义倾向,完全拒绝了诉讼当事人参与和必要的干预。对于审限的裁量权是法官权力的一种体现,这种裁量权具备了权力的一般属性和本质特征:一旦缺乏必要的监督,就有被滥用的危险。然而要推动立法从制度层面对审限制度加以重构和革新,并非一日之功。当下的应对之策,笔者认为可吸收案件当事人来参与法院审限的管理,基于审限对当事人的利益关涉性,理性的当事人必然积极投身其中。可以考虑先在法院内部建立超审限异议制度①,赋予案件当事人对超审限提出异议的权利,以实现权利对权力的有效制约,缓解当下民事诉讼审限制度的非民主化弊端。民事诉讼的超审限异议制度,应当包含如下内容:书记员在收到案件送达诉讼材料时,书面告知案件当事人有提出超审限异议的权利。当民事诉讼接近审限时,可以要求承办法官及时办理,已经超过法定期限,承办法官必须依法办理延期手续,然后向诉讼当事人出具批准手续、告知超审限的理由,并制作笔录记录在案。当事人有权知悉审限的执行,涉及审限的扣除或者延长,必须制作告知笔录并记录在案以备监督和检查。如承办人对于超期审理未给出适当理由,或者强迫案件当事人签订虚假的庭外和解申请等,则当事人可以以书面充分说明事实和理由的形式向法院提出异议,要求做出合理解释或者限日做出判决。异议成立者,由法院纪检监察部门敦促承办人员限日作出判决或者裁定,情节严重的用效能告诫等方式追究相关人员的行政责任。

### (四) 由"形式管理"转变为"实质管理"

长期以来,人民法院一直对审限实行"形式管理",只要承办人员提出申请,领导一律批准,提交相关的表格即可扣除审限,审限变更操作人员无法得知是否真正存在需要扣除审限的情形。这种只注重形式的管理,导致的危害是即使案件已经实质上超审限了,承办人员也可以通过"制造"合法的"形式"比如夸大公告、鉴定的时间、强制一方当事人提交虚假调解申请等等方式来规避审限管理。所以法院的审限管理要落到实处,就必须由传统的"形式管理"

---

① 该内容参考了许黎明、王春晖:《设立民事案件超期审理异议制度的立法思考》,《律师世界》2002 年第 2 期。

转变为"实质管理",变更审限的实际操作人员在变更审限之前要认真比对卷宗,认为符合转换程序、中止条件的或者是申请扣除的公告、鉴定天数和实际情况相一致等情况的方能予以变更。如果发现不符合审限变更条件或者是实际情况和卷宗不一致,领导却未察觉而予以批准的情形,应及时向领导反映,以便及时做出相应处理。特别值得注意的是,虚假调解是"隐性超审限"的最大缺口。所谓的"调解不计入审限"其实是不少承办人员的一种有意或者无意的误解。"调解不计入审限"最为有力的依据来自于 2004 年最高人民法院《关于人民法院民事调解工作若干问题的规定》第六条。① 通过对该条规定的仔细解读,我们不难发现"调解不计入审限"是有严格的适用条件的:一是必须组织过答辩期满前的调解;二是答辩期满前的调解失败,各方当事人同意继续调解,值得注意的是必须是各方当事人都同意。三是仅有延长的调解期不计入审限。因而审管办在做审限扣除之时,应严格把关,并检查卷宗进行比对,如果在规定的时间内没有组织当事人调解并制作相应的调解笔录,而仅仅因为审限即将届满才补庭外和解申请的情形不予以操作扣除审限。如果满足了上述条件,但是只有当事人一方申请的庭外调解的,不予以扣除审限,除非是各方当事人均提交申请或者同意庭外调解;审管办在扣除审限之时,仅能扣除当事人同意延长的调解期限,先前已经过的诉讼期限不能予以扣除。相信只要严格做到如上三点,通过让一方当事人提交调解申请来应对审限管理会变得不再那么"便捷"和"高效","隐性超审限"的现象也将在较大程度上得到遏制。

### (五) 由"柔性管理"转变为"刚性管理"

基于对审限价值认识的逐渐深入,近年来全国各地法院也相继出台了各项举措加强审限管理。然而"隐性超审限"的现象似乎没有得到有效的遏制。法院对超审限责任追究的柔弱无力一定程度上放任甚至是纵容了"隐性超审限"现象的一再发生。如果没有对审限实行"刚性管理",那么上文提及的集中管理、事前管理、多向管理、实质管理将因缺乏惩戒措施而沦为一纸空谈。

---

① 该条是这样规定的:在答辩期满前人民法院对案件进行调解,适用普通程序的案件在当事人同意调解之日起 15 天内,适用简易程序的案件在当事人同意调解之日起 7 日内未达成调解协议的,经各方当事人同意,可以继续调解。延长的调解期间不计入审限。

其实《关于严格执行案件审理期限制度的若干规定》中早就有规定"各级人民法院应当将审理案件期限情况作为审判管理的重要内容,加强对案件审理期限的管理、监督和检查;各级人民法院应当建立审理期限届满前的催办制度;各级人民法院应当建立案件审理期限定期通报制度。对违反诉讼法规定,超过审理期限或者违反本规定的情况进行通报;对故意拖延办案,或者因过失延误办案,造成严重后果的,依照《人民法院审判纪律处分办法(试行)》第五十九条的规定予以处分。"具体而言,处分的办法是:为谋私利故意拖延办案的,给予警告至记大过处分;情节严重的,给予降级至开除处分。因过失延误办案,造成严重后果的,给予警告至记大过处分。规范性文件有了明确的规定,关键在于执行,没有下大力气贯彻到底的规定,即使再完善,也只是"水中月""雾中花"。法院应当对审限实行"刚性"管理,让审限成为每个承办人员心中的红线和雷区,在监督、检查中发现"隐性超审限现象"坚决按照相关规定进行严肃处理。

**(本文获"司法学论坛暨首届司法管理学研讨会"征文优秀奖)**

# 检讨与重构:社会管理创新视野下对人民法院专业化审判庭建设的再思考

殷 华 *

当面临人民群众日益增长的司法需求与自身司法能力相对不足的主要矛盾时,基于创新社会管理和提高审判效能的现实需求,全国各级法院都不约而同地将目光聚焦到强化审判管理上来。通过设置专业化审判组织优化审判资源配置、提升审判专业化水平、高效满足人民群众司法需求已经成为一种实践选择。我国专业化审判的组织载体主要有专业化合议庭、专业化审判庭、专门法院三种①。本文将结合所在地区法院系统的司法改革实践情况,专门针对专业化审判庭建设进行深入研究,检讨实际操作中出现的问题,并在创新社会管理的大背景下进行思考,以期探索出一条符合我国司法国情和审判规律的专业化审判道路。

## 一、管窥:从网络法庭的建设谈起

2010 年 11 月 16 日,《瞭望新闻周刊》刊登文章《网络法庭缘何"有庭无案"》,介绍近年来网络侵权情况日益增多,但全国首个网络法庭却陷入"有庭无案"的尴尬。2008 年 3 月,南昌市东湖区法院成立一个专门审理网络侵权案件的法庭,被外界称为中国"第一网络法庭"。但两年多来,处理的案件仅20 多起,且逐年下降。该庭庭长告诉记者,这一状况,源于网络侵权案件举证

---

\* 殷华,北京市海淀区人民法院。

① 实践中还有如专业化审判区的概念,因其是对实践中做法的实际称呼,故本文不进行详细讨论。

难、查证难。案件减少,"说明公众网络维权的热情在降低……"①。

而另一方面,笔者所在法院也拟成立网络法庭。作为第一个国家自主创新示范区核心区所在地,该地区聚集了大量的高等院校、科研院所,特别是如搜狐、百度、新浪等网络公司的总部均在辖区内,每年受理各类涉网络案件保守估计有 1200—1500 余件。拟成立的网络法庭被定位为审理涉网络民商事、刑事和知产案件的综合审判庭,并计划进行以下探索:一是对涉网络案件特别是刑民、知刑、商刑等交叉案件,在更高层面和更广范围内探索精准和适当的法律适用;二是对新型诉讼手段和工具如远程送达、视频审判、证人视频出庭、远程提讯等先行先试,对一切方便群众诉讼的方式方法进行探索;三是对涉及的诉讼程序和工作机制改革进行研究。网络法庭面临的挑战主要是:一是对法院内部及上下审级法院的原有审判格局产生一定冲击,造成上下级法院庭室的不对应,给统一裁判尺度带来困难;二是部分工作环节可能突破现有法律规定;三是配套制度尚欠成熟。网络法庭设置的优势主要为:一是可以提高涉网络案件的审判质量、效率和效果,更好地满足诉讼群众的司法需求;二是可以创造性地适用法律和进行有益的程序探索,推动应用法学向前发展;三是通过审判组织的构建和改革,为法院发展提供创新点,提高法院的司法影响力和工作业绩;四是在目前司法保障明显不足的情况下,为法院争取更多的机构、人员编制及领导职数,法院可通过提级提职以适度提高干警待遇。

网络法庭虽只是当前各级法院进行专业化审判庭建设的一个缩影,但现有法庭在运行中出现的问题以及拟成立法庭考量的诸多因素,为进一步讨论专业化审判庭的问题,提供了一个细微而客观的视角。为何法院在依据自身最现实的需求设立专业化审判庭后会产生运行障碍,应当如何解决和矫正,才能使我国专业化审判庭建设走向更加理性,这是法院系统必须思考和解决的重要问题。

---

① 2008 年,该庭共受理案件 12 起;2009 年,受理 10 起;2010 年 1 月至 10 月,仅受理 2 起。24 起案件中,仅有 2 件刑事案件。法制网,《全国首个网络法庭两年仅受案 20 多起境地尴尬》,http://www.legaldaily.com.cn/zfb/content/2010-11/15/content_2351807.htm? node=20610,2011 年 3 月 2 日访问。

## 二、审视：对专业化审判庭建设法律依据、
## 政策变迁和实践情况的域内考察

为宏观和深入地探讨该问题，本文将在考察专业化审判庭建设实践情况的基础上，简要对涉及的专业化合议庭、专门法院情况进行研究。

### （一）专业化审判庭建设的法律依据

我国法律法规对专业化审判庭的规定比较少。《人民法院组织法》规定，中级以上法院设刑事审判庭、民事审判庭、经济审判庭，根据需要可以设其他审判庭①。一些专门性的法律法规对此也有规定，如《未成年人保护法》规定，为保护未成年人合法权益，法院可根据需要设立专门机构或者指定专人办理②。另外，对于专门法院，《宪法》明确了其定位及权力来源③；《人民法院组织法》规定："专门人民法院的组织和职权由全国人民代表大会常务委员会另行规定。"④对于专业化合议庭，除了《民事诉讼法》和《人民法院组织法》外，最高人民法院还颁布了一系列规定予以规范⑤。

从内容来看，法律法规虽然为专业化审判庭建设预留了空间，但只允许中级以上法院根据需要进行设置，基层法院进行设立没有相应的法律依据，因而其设置专业化审判庭的合法性曾遭到质疑⑥。专门法院的设置涉及更为广阔的权力层面，并非司法系统内部就可以决定和实施，所以《宪法》和其他法律对其做出相应规定，但对于设立标准、内容和程序并未、也不便规定得过于明确。对于专业化合议庭，因属于法院内部改革事项，则相对要灵活得多。随着

---

① 参见《人民法院组织法》第 23 条第 2 款、第 26 条第 2 款、第 30 条第 2 款。

② 参见《未成年人保护法》第 55 条。

③ 参见《宪法》第 124 条第 1 款、第 127 条第 2 款。

④ 参见《人民法院组织法》第 2 条、第 28 条。

⑤ 如最高法院 2002 年 7 月制定颁布的《关于人民法院合议庭工作的若干规定》；2007 年 3 月制定颁布的《关于完善院长、副院长、庭长、副庭长参加合议庭审理案件制度的若干意见》；2009 年 12 月制定颁布的《关于进一步加强合议庭职责的若干规定》。

⑥ 参见刘超：《反思环保法庭的制度逻辑——以贵阳市环保审判庭和清镇市环保法庭为考察对象》，《法学评论》2010 年第 1 期。该文中，作者认为在基层法院设置环保法庭没有法律依据和制度根源。

审判形势的不断变化、司法国情的逐步变迁,专业化审判庭在实践中的设置早已突破了法律规定,对社会和司法的实际需求做出了客观回应。

### (二) 专业化审判庭建设的政策变迁

人民法院三个"五年改革纲要"中涉及专业化审判庭以及专业化审判的内容,真切地反映出法院系统在这一问题上的思路变化。在"一五"改革纲要中,最高法院要"进一步明确审判部门的职责范围和分工,改变目前职能交叉、分工不明的状况",以及"1999年年底之前完成对现存各种'专业化审判庭'和不符合条件、不利于依法独立公正地行使审判权的人民法庭的清理、调整和撤并工作"①。这说明当时最高人民法院计划对专业化审判庭以及更深层次的审判组织分工进行梳理,希望通过司法改革进一步优化审判格局。"二五"改革纲要中,只提到要"配合有关部门改革现行铁路、林业、石油、农垦、矿山等部门、企业管理法院人财物的体制"②,意在对与某些具体行业关系密切的专门法院进行调整。"三五"改革纲要中,明确要"改革和完善人民法院司法职权运行机制。以审判和执行工作为中心,优化审判业务部门之间、综合管理部门之间、审判业务部门与综合管理部门之间、上下级法院之间的职权配置,形成更加合理的职权结构和组织体系。"③专业化审判庭建设即是司法职权运行机制的一个组成部分。从以上内容可以看出,专业化审判组织的构架一直是深化司法体制和机制改革的重要内容。随着司法改革逐步走向深入,法院开始从科学配置资源、完善司法职权运行的角度重新审视专业化审判庭的建设和所进行的改革④。

### (三) 专业化审判庭建设的实践情况

为更加清晰地说明我国已设立专业化审判庭的实际情况,笔者尝试根据

---

① 《人民法院五年改革的纲要(1999—2003)》第24、27条的规定。
② 《人民法院第二个五年改革纲要(2004—2008)》第49条的规定。
③ 《人民法院第三个五年改革纲要(2009—2013)》"优化人民法院职权配置"部分第1条的规定。
④ 在2010年12月20日举行的全国高级法院院长会议上,时任最高法院院长王胜俊要求,各级法院要多设立一些为社会、为群众、为企业提供方便的专业法庭(合议庭)……此外,王胜俊院长还专门针对少年审判提出"少年法庭工作只能加强不能削弱"等。这在一定程度上表明了最高法院在专业化审判工作方面的态度。

设立标准和案件范围等因素对其进行如下分类:

1. 按照案由进行划分,如劳动争议、破产、交通、家事法庭①。此类法庭设置一般都基于某种法定案由的案件数量过大或具有较强的特殊性,需要从传统审判格局中予以分离而产生。因根据案由划分案件相对较为容易和成熟,故此类法庭在实践中运行较为流畅,实际效果也比较明显。如笔者所在法院,因为劳动争议和交通案件数量过大(见图1),而专门成立交通案件审判庭和劳动争议审判庭,实际运行比较平稳。

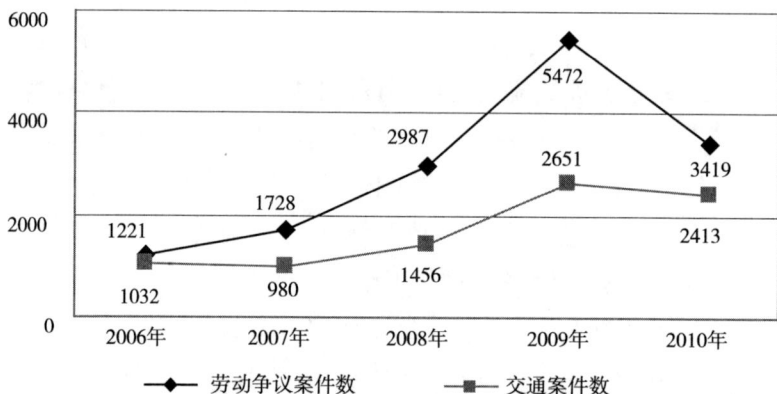

**图1　2006—2010 年劳动争议和交通案件变化趋势图②**

2. 按照地域的实际需求或数量较大的某类型化案件进行划分,如金融法庭、网络法庭、环保法庭。金融法庭集中设置于经济较为发达的地区③,这些地区涉金融案件较多,司法需求大;设置时一般先经过金融专业合议庭的实践;成立后部分为综合审判庭、部分只审理民商事金融案件。在金融法庭实践

---

① 此处不列举实际上属于专业化审判庭的知识产权庭,是因为该法庭的设置并未引发过多的问题和争议。

② 图1为笔者所在法院近五年来劳动争议案件和交通案件的变化趋势图。劳动争议审判庭成立后有法官9名、书记员17名,专门审理因劳动关系、人事关系和用工关系引发的民事纠纷。交通案件审判庭成立后,有法官6名,书记员9名,主要审理因道路交通事故造成的人身或者财产损害赔偿案件。

③ 如2008年11月13日,上海市浦东新区人民法院正式成立金融审判庭;2010年7月1日,重庆渝中区法院设立西部首家金融审判庭;2010年7月1日,辽宁省沈阳市中级人民法院民事审判第五庭正式成立,专门审理金融纠纷案件等。

的基础上,也有相关人员提出要根据现实需要,设立金融法院①。网络法庭正式成立的只有南昌市东湖区法院一家;环保法庭在全国范围内已成立多家②。网络和环保法庭成立后都面临案源不足的问题,环保法庭还因专门环境诉讼机制的缺失受到一些非议③。

3. 按照主体进行划分,如少年法庭。少年法庭相对于其他专业化审判庭来讲起步较早④。截至近期,全国法院共设有各类型少年法庭2200余个,有专、兼职少年审判法官7000余人⑤。但少年法庭的发展过程较为曲折,最突出的问题也是案源不足。为解决这一问题,部分高级法院尝试将数个基层法院少年法庭办理的未成年人刑事案件,指定由一个独立建制的少年法庭集中审理,由于效果良好,得到最高院的肯定并予以推广⑥。

除上述分类外,还有以法庭命名的其他组织,如河南省高院推行的社会法庭⑦。其实质为一种调解模式和机制,而非真正意义上的专业化审判庭。

## 三、检讨:我国专业化审判庭建设存在的问题

专业化审判庭建设实际上是法院以自身工作为基础进行的一种社会管理

---

① 2010年1月27日,上海市政协委员张宁、吕红兵、谢荣兴等在政协上海市十一届三次会议上表示,应该考虑适时在上海设立金融法院。

② 2004年,河北省晋州市成立了专门的环保法庭;2007年11月20日,贵州省贵阳市中级人民法院成立环保审判庭和清镇市人民法院环保法庭;2008年5月6日,江苏省无锡市中级人民法院环保审判庭成立;2008年12月11日,云南省昆明市中级人民法院环保法庭成立;2011年1月7日,北京市延庆法院环保法庭成立。

③ 参见刘超:《反思环保法庭的制度逻辑——以贵阳市环保审判庭和清镇市环保法庭为考察对象》,《法学评论》2010年第1期。

④ 上海市长宁区法院1984年率先建立了中国第一个专门审理未成年人犯罪案件的少年法庭。

⑤ 以上数据来源于《25年全国少年法庭逾2200个　陈至立王胜俊向纪念大会致贺信》,《法制日报》2009年11月2日。

⑥ 参见建伟:《关于设立少年法院的几点思考》,http://oldfyb.chinacourt.org/public/detail.php?id=61982,2011年4月7日访问。

⑦ 社会法庭是河南省高院2009年年初推出的一种调解模式,通过公开选拔当地德高望重的人来当社会法官,老百姓不用对簿公堂、不用交诉讼费,随时随地解决矛盾纠纷。《河南全面实施社会法庭升级工程——年内将建成500所示范社会法庭100所特色社会法庭》,《法制日报》2011年3月17日第5版。

创新,是对新时期下社会矛盾凸显、诉讼纠纷多发而又需要司法功能进一步延伸的能动回应。在当前的司法环境和语境下,加强专业化审判庭建设是可行的,但应该刺破看似花团锦簇的表象,深刻认识到目前存在的问题,为下一步改革赢得主动和空间。从目前的实践情况来看,我国专业化审判庭建设存在的问题主要是:

### (一) 设置动因功利化

首先,部分专业化审判庭的设置并非出于自身司法审判需要,而是其他外在因素推动或地方行政力量进行干预的结果。如部分环保法庭就是在当地党委协调和政府推动下成立的①,其可能会从某种意义上推动环境保护问题的解决,但采用成本更加低廉的方式如设置专业化合议庭也未尝不可。其次,法院通过创新寻求更加突出的工作业绩已经成为一种内生动力,加之上级法院各项绩效考核指标的指引,极少数专业化审判庭的设立在一定程度上就是为了迎合创新的趋势,但因忽视司法规律和自身客观情况,导致实际运行效果不够理想。再次,由于目前激励机制受限,各级法院便通过成立新的部门,争取一定的职数和岗位,使更多的人员能够通过职级提升来改善待遇。这些因素夹杂在一起,共同推动着专业化审判庭建设的加快进行。审判格局的变化和审判组织的创新都属于司法改革的重大事项,专业化审判庭建设的失序和盲目会对既有审判格局产生冲击,导致案件不能统一于法院相对固定的审判结构,增大了系统内部的摩擦和运行成本②。

### (二) 设置标准不科学

首先,对专业化审判组织的设置层次缺乏客观性认识。专业化合议庭、专

---

① 如昆明中院环境保护审判庭是在阳宗海砷污染事件发生后,在昆明市委书记的直接推动下成立的。从 2008 年 12 月成立至 2010 年 10 月,该庭共受理涉及环境保护案件 20 件,其中刑事案件 10 件(均为林业或土地资源类案件),民事案件 7 件、行政案件 3 件。以上内容见《云南环保法庭变身刑事庭　成立两年无案可办》,引自凤凰网资讯,http://news.ifeng.com/mainland/detail_2010_10/18/2814588_0.shtml,2011 年 3 月 9 日访问。

② 如笔者所在法院所属的市就曾出现过这种情况,基层法院一个庭室审理的案件上诉到二审法院,最多可能会被分到七个不同的庭室,导致上下审级法院沟通成本太高,裁判尺度很难统一。

业化审判庭和专门法院之间存在着一定的逐层递进关系，有其自身的序位和设置规律。设立哪种要根据社会和司法需求的情况而定，并应仔细体察审判组织和案件审理实际需求的匹配和契合度。目前的实践情况表明，法院在设置专业化合议庭和审判庭时，过多地考虑了实际需求，忽视了二者本身在组织构架上的科学性。而专门法院的成立能否在更高程度上实现专业化审判的目标也存在争议①。其次，对专业化审判庭的设立标准缺乏一般性约束。在设置专业化审判庭时，应充分考量其设置的条件是否成熟，如开篇提到的网络法庭，案件测算就存在一些先天不足，其成立的必要性就会受到怀疑。专业化审判庭建设本身有其内在的规律性，目前以案由等标准进行划分的专业化审判庭运转均比较流畅，原因在于其是在对审判规律正确认知的基础上进行的，并不随着政策、形势等短期因素变化而变化。所以有必要对专业化审判庭的一般设立标准予以明确。但目前还没有较高位阶的法律法规予以规范和引导，从而使其更加理性。

### （三）设置效果存在异化可能

设置专业化审判庭的目的是为进一步满足人民群众的诉讼需求、提高审判效能，但司法供给毕竟有限、且成本较高。案件多就要设立专业化审判庭的逻辑，本身就存在着工具主义倾向。法院提供优质高效的司法服务并不会当然导致涌入法院的纠纷减少，相反会在诉讼成本低廉以及民众"为权利而斗争"意识的刺激下，使更多的纠纷进入司法程序。交通、医疗、保险、税务等类型化案件，因其高度的规则化、技术化和法律适用的简单化，国外一般由行政机关或者社会组织解决，这能够使法院更加专注于审理必须由法院来裁判的案件，即那些更具有引导和规则意义的案件②。我国目前一方面努力建立多元化纠纷解决机制，另一方面在设置专业化审判庭后，把本应由社会或行政力量解决的问题和纠纷重新又回流到司法途径，导致审判中心主义的复归，从而

---

① 如专门法院会造成法官职业知识的片面化、司法管辖权的混乱以及更容易被特定权力或利益集团所"俘获"；专门法院可能会提高审判效率，但也会让法官丧失在更加开阔和丰富的领域上对案件做出裁判等。参见最高人民法院司法改革小组编、韩苏琳编译：《美英德法四国司法制度概况》，人民法院出版社 2002 年版，第 47—57 页。

② 参见苏力：《审判管理与社会管理——法院如何有效回应"案多人少"？》，《中国法学》2010 年第 6 期。

引发与多元化纠纷解决机制、创新社会管理等理念相悖的结果,这种局面应当引起警惕。

### (四) 配套机制不健全

首先,专业化审判庭基于案件的特殊性而设置,但相应的诉讼和工作机制并未因案件的特殊而有所改变,由此产生了一些运行障碍。如设立金融法庭后,对小额无争议金融案件并无特别程序予以快速处理,导致专业化审判的效果发挥不充分、审判资源利用不经济;环保法庭成立后,并非当地可诉案件少,而是由于诉讼配套机制如环境公益诉讼缺失等因素,导致法庭长期面临"无案可审"的尴尬局面。其次,专业化审判庭在法院内部的管理上也存在问题,配套的考核体系欠缺,导致对法官审判效率的判断产生偏差。如破产案件显然在审理难度和周期上与普通商事案件存在较大不同,不能一概而论,否则会导致审判绩效管理上的不公平。再次,进行专业化审判需引进更多的社会专业人士和力量,共同提升审判专业化水平,但诸如专家陪审、特邀调解等制度目前在法院系统内部仍处于初步探索中,要建立相应成熟的机制,还有待进一步实践。最后,还需处理好审判专业化与法官专业化之间的关系,为法官提供良好、科学的职业发展路径。

## 四、借鉴:专业化审判庭建设的域外经验考察

因域外专业化审判庭建设的内容与专门法院息息相关,且其较为发达的专门法院体系对我国专业化审判具有较强的借鉴意义,故下文主要对英、美、德等国的专业化审判庭建设以及部分具有典型意义的专门法院进行考察。

### (一) 英国

英国法院根据专业的不同需要,设置相应的审判部门或专业化审判庭。从审级由下而上的顺序为:一是在治安法院内部设立家庭法庭和少年法庭,前者主要处理收养、婚姻、抚养和扶养等民事纠纷;后者主要处理青少年犯罪案件和有关照管少年的争议。二是在高等法院内部下设三个分庭,即王座庭,审

理初审标的较大的民事案件、组织海事和商事合议庭等专门法庭审理该类案件等;大法官庭,审理有关破产法衡平案、公司、税务、财经、托管执行、监护和专利案等;家事庭,主要审理有关家庭、监护、婚姻等的重大纠纷等。除了专业化审判庭和合议庭外,英国还设有验尸法院、军事法院、劳资关系法院、少年法院等专门法院。英国在法院设置上突出了专业化审判的理念,设置了较多的专业化审判组织,但并未按照案由进行特别严格的细分,这与英国司法的发展也存在很大关系。①

### (二) 美国

美国联邦法院包括普通法院(联邦地区法院、联邦上诉法院和联邦最高法院)和专门法院(包括破产法院、税务法院、国际贸易法院、美国联邦权利申诉法院、外国情报监视法院、美国武装力量上诉法院、美国退伍军人权利上诉法院等)②;某些联邦行政上的独立管理机构也具有部分司法权,可就其职权范围内争议做出裁决,如联邦贸易委员会、全国劳工关系局等。州地方法院中,基层法院内设了各种专业化审判庭或另设专门法院,包括家事法院、遗嘱验证法院、交通法院和小额索赔法院。在某些市区,州的基层法院即治安法院由各市法院、警察法院、公证法院、青少年法院等代替。总的来说,美国的司法设置体现出鲜明的自身特色,联邦和州并轨存在,且专门法院和审判庭的设置比较宽泛和实用,也带有浓郁的美国司法发展的印记。③

### (三) 德国

德国法院系统分为普通法院和专门法院(行政法院、财税法院、劳动法院、社会保障法院),根据《德国基本法》,五个法院系统相互平行、独立。德国联邦还设有联邦专利法院、联邦公务员惩戒法院和联邦服务法院。在法院进

---

① 有关英国法院设置的内容主要参见徐美君:《司法制度比较——以英、美、德三国为主要考察对象》,中国人民公安大学出版社 2010 年版,第 1—8 页;以及林榕年、叶秋华主编:《外国法制史》,中国人民大学出版社 2009 年版,第 119—154 页。

② 有关美国联邦专门法院的内容参见理查德·A. 波斯纳:《联邦法院挑战与改革》,邓海平译,中国政法大学出版社 2002 年版,第 3—13 页。

③ 有关美国法院设置的内容主要参见徐美君:《司法制度比较——以英、美、德三国为主要考察对象》,中国人民公安大学出版社 2010 年版,第 9—13 页和第 156—180 页。

行审判时,通常会由专职法官和陪审员共同组成合议庭,陪审员可以为相关领域的专家。州地方法院设有专门审理涉及未成年人案件的专门法庭。①

### (四)补充样本

此外,为了进一步有针对性地进行比较借鉴,笔者对以下三种典型专门法院进行了必要的考察。

**1. 法国商事法院**

法国商事法院是一种比较特殊的司法设置。受案范围包括一审商事争议案件,以及公司债务清偿、重整和司法清算等纠纷。从事审判的法官并非职业法官,而是通过商人选举产生,法官数量的多少,主要依据其审理争议案件的数量及其职能的重要性来决定,如巴黎商事法院的法官就有 172 名。该种审判模式自 15 世纪被引进到法国后不断得到发展完善,其基本精神和制度至今仍在商事法院的司法审判之中延续②。

**2. 日本家事法院**

日本家事法院除了法官、书记官外,还有调查官、处理事件的辅助机构,如医务室、家庭科学调查室、参与员、调解委员(由社会贤达担任)及家庭裁判所委员会(由民间有识人士组成)。家事法院的法官在精通司法审判的基础上,还必须要有心理学、社会学、教育学、精神病学等方面的认知。日本家事法院解决家庭纠纷,适用的主要程序有人事诉讼程序、家事调停程序和家事审判程序,并具有个别性与科学性、社会性、非形式性与前瞻性、大众性、非公开性等特点③。

**3. 德国劳动法院**

根据德国《劳动法院法》,劳动法院分为三级:基层劳动法院、州劳动法院、联邦劳动法院。劳动法院审理劳资纠纷案件的法庭采取职业法官与名誉法官相结合的形式组成。法庭一般由三名职业法官(其中一名为首席法官)

---

① 有关德国法院设置的内容主要参考徐美君:《司法制度比较——以英、美、德三国为主要考察对象》,中国人民公安大学出版社 2010 年版,分别为第 13—19 页和第 215—244 页。

② 搜狐新闻:《法国商事法院:在改革中求发展》,转引自《检察日报》,http://news.sohu.com/20071105/n253051310.shtml,2011 年 4 月 5 日访问。

③ 参见张晓茹:《日本家事法院及其对我国的启示》,《比较法研究》2008 年第 3 期。

和两名名誉法官组成。名誉法官来自雇主和雇员各方，各占一半，由雇主协会和工会提名，然后由有关部门任命；基层、州劳动法院的名誉法官由地方和州的有关部门任命，联邦法院的名誉法官则由联邦劳工部任命。[1]

### （五）启示与借鉴

域外实践对我国专业化审判庭建设的启示主要是：首先，各国专业化审判庭实际是法院内部更具自主性的一种改革产物，其以特殊的法律保护主体或对象、特殊案由或者特殊诉讼程序为依据进行区分设置，目的在于有效保护当事人诉讼权益。其次，专门法院较为发达和成熟。部分专门法院具有行政性；一些具有高度规则性、技术性和政策性的案件一般已经从普通法院中剥离，实施高效的专业审判，很大程度上分流了普通法院案件审理的压力。再次，法院注重构建多元化纠纷解决机制，引入更多社会力量来化解矛盾，如法国商事法院纯粹的"商事纠纷商人解"、德国劳动法院劳资纠纷由劳资双方的代表任名誉法官、日本家事法院突出家事的特殊性而采取的差异化举措等，广泛吸收了社会因素，使其处理过程和结果更具亲和力和协商性[2]。最后，国外在设置专业化审判组织时，注重从案件的特殊性入手，通过案件审理进一步延伸司法职能，解决部分社会问题，并尽可能通过司法审判为行业发展、企业或其他组织的纠纷解决提供借鉴和引导，典型如劳资、行政等案件的处理模式。这些因素对我国专业化审判庭建设都具有重要的参考意义。当然，由于专业化审判组织的选择与一国司法传统和国情有着密不可分的关系，所以各国法院的设置情况差异很大，而且在其法院系统内部，对专业化审判组织的争议也从未停止过。[3]

---

[1] 参见黎建飞、杨胜男：《德国劳动法院与劳动案件的审理》，中国民商法律网，http://www.civillaw.com.cn/article/default.asp? id=24152,2011 年 4 月 18 日访问。
[2] 参见范愉：《司法资源供求平衡的悖论与对策——以小额诉讼为切入点》，《法律适用》2011 年第 3 期，第 17 页。
[3] 如理查德·A.波斯纳在《联邦法院挑战与改革》第 8 章"专门化的法院"中，就具体阐释了美国实务部门对专业化审判组织的不同态度。参见理查德·A.波斯纳：《联邦法院挑战与改革》，邓海平译，中国政法大学出版社 2002 年版，第 259—280 页。

## 五、重构：对我国专业化审判庭建设的建议

专业化审判庭建设事关未来司法发展的方向。面对既存问题，笔者认为，法院应当秉承理性、建设性和科学性的态度，从根本和源头上厘清思路，使专业化审判庭建设走上一条更加良性和健康的发展道路。

### （一）正本清源——剔除专业化审判庭建设中的功利性因素

不谋全局者不足谋一域。法院系统应全面统筹专业化审判庭建设，弥合各级法院在此问题上价值追求的差异，扬长避短、循序渐进地推进改革。尤其对于诸多的现实利益驱动，应当加以规范和引导，通过必要的措施将部分负面效应挤出。首先，从目前来看，设置专业化审判庭的审批权还部分集中在省（市）高级法院[①]。在进行管理和审批时，高级法院应注意不能忽视司法规律本身，并着眼于审判工作本身的需求，从省、市区域的高度进行统筹协调，推动形成严谨、科学的审判格局。其次，最高院可以对专业化审判庭建设做出一些框架性的规定和意见。目前专业化审判庭建设尚处于初期摸索阶段，不能也不可能做出太细的规定，但应有原则性的意见来明确专业化审判庭设置的初步标准，必要时可放权于省（市）高级法院一级，统一进行掌握。再次，是否可以参照国外巡回法庭的做法，将专业化审判庭设置得更为灵活，如将其设置于中级法院内部，并在辖区内统一审理特定类型案件。目前部分地区少年法庭的集中跨地域审理已为此思路提供了有益的实践积累。最后，对于基层法院争取机构、人员编制以及领导职数，通过提级提职以适度提高待遇的现实冲动，可以从制度层面予以解决，如将法官的工资收入同法官级别挂钩、不再同职务挂钩，建立符合司法规律的法官待遇保障机制，使更多法官受惠，从根本上消除这种隐患。[②]

---

① 如北京市基层法院在设置专业化法庭时，需先经过北京市高级法院的相关专业审批。而后，经过北京市编办的机构审批后，基层法院再依托该文件与当地政府进行沟通协商，进行具体建设。

② 参见苏力：《审判管理与社会管理——法院如何有效回应"案多人少"？》，《中国法学》2010 年第 6 期。文中，苏力教授谈及并支持这种做法，并将其作为一种在加强和创新审判管理的大背景下，旨在增进法官独立性和裁量权的意见。

### （二）细化标准——避免专业化审判庭运行的现实困境

关于专业化审判庭的设置标准。首先,应达到一定的案件数量。只有在案件数量达到一定基数的前提下,设立专业化审判庭才能实现一定的规模效应,产生规模经济①。未达到足以支撑专业化审判庭运行的案件数量,会导致规模不经济。其次,案件应具有一定的特殊性和专业性。需要通过设置专业化审判庭进行审理的案件,必须存在与其他普通案件具有显著不同之处,且通过其他资源配置手段已经无法实现案件妥善高效地解决。如现时期的劳动争议案件,其裁判思路、工作方法等均与传统民事案件存在很大区别,并易于与其他案件进行分割,这就为专业化审判提供了建设基础。再次,专业化审判庭设置后能显著提高法院解决该类案件的司法能力,满足社会需求。专业化审判庭设置后应该有能力在全新的平台上整合审判和其他社会资源,有效提高特定类型案件的审判质量、效率和效果;能够通过自身工作进一步延伸审判职能,发挥规则制定、引领示范等作用,解决社会运行中凸显出来、又需要司法介入的矛盾纠纷,最大限度满足社会的司法需求。

关于专业化审判组织的选择标准,则予以区分说明。对于专业化合议庭、专业化审判庭的选择,主要参考案件数量和实践需求强度。在现实中应尽量克制成立专业化审判庭的冲动,如果案件数量相对较少、不适宜成立专业化审判庭,可先成立专业化合议庭进行尝试和积累经验。如需要在更高层面上重新整合资源,则可以尝试推动建立专门法院。在此问题上,国内法院系统进行了诸多有益探索,如西安市两级法院在专业化合议庭建设方面取得的经验②,以及少年审判从专业合议庭、专业化审判庭再到建议成立专门法院的发展历程等。

### （三）回归理性——在多元化纠纷解决机制框架下开展专业化审判

专业化审判庭建设看似与多元化纠纷解决机制没有必然的联系,但加强专业化审判庭建设在客观上刺激了法院解决某类型案件的力度和效率,因而

---

① 规模经济,即指所有投入的增加导致产生水平以更大比例增加。参见[美]保罗・萨缪尔森、威廉・诺德豪斯:《经济学》,萧琛主译,人民邮电出版社 2004 年版,第 90 页。

② 参见康宝奇主编:《专业化合议庭建设及类型化案件审判研究(第一辑)》序言及有关专业化合议庭建设的论文,人民法院出版社 2009 年版。

必须在更高层次实现两者的制度性对接。规则性、技术性越强的案件,往往越容易随着经济发展和政策变化在数量上产生波动,而这种案件本身审判难度并不大。依据域外经验,这部分纠纷一般可以由特定的行政部门、社会组织或者其他社会力量解决,但如果成立了专业化审判庭,虽然也会通过各种努力如与行政部门协作构建相应机制来分流案件、缓解压力,但以法院为中心建立起来的各种协调制度和纠纷解决机制本身就会耗费法院的大量精力,快捷优质的司法服务也可能会导致更多的案件涌入司法程序。所以,在设置专业化审判庭时,应注意案件本身的类型和特点,在多元化纠纷解决机制的背景下推进相关改革。如果确实迫不得已需要设置相应的专业化审判庭,也必须在实际工作中进一步探索其他替代性纠纷解决手段的适用,注重功能延伸,通过与其他社会和行业组织、行政机构等的合作来化解纠纷,扩大部分类型案件通过特定前置程序予以解决的范围,为下一步成立专门法院或从法院中剥离特定案件进行必要的铺垫。

### (四) 系统推进——完善专业化审判庭运行的配套制度

专业化审判庭建设实际上是涉及司法组织改革的庞大系统,要使该系统高效运行,必须完善相关的配置制度。第一,要有科学有效的配套诉讼程序和工作机制。专业化审判庭要发挥其特色和长处,必须在诉讼机制上进行符合司法规律和案件特点的创新,如环保法庭的良好运行需有相应的环境公益诉讼机制、小额无争议案件需有小额诉讼机制等;对于家事法庭,应充分依靠家庭、亲情和道德的力量,借助社区街道、乡镇村落等多种组织,协调进行化解;对于少年法庭,更应本着教育、挽救、感化的理念,在前科消灭、心理辅导介入等制度方面进行尝试。第二,应尽量在现有审判格局上进行改革,避免剧烈变革导致的成本增高。应充分考虑法庭设置后开展工作的现实需求以及可能引发的连锁反应,院内要科学划分和整合案件资源的分配,注重工作衔接和配合;院外要加强审判层级管理,上下审级间要尽量对应,并建立长效的沟通协调机制。第三,应根据专业化审判庭的具体情况设置科学的绩效考评机制。既要设置反映审判效率、质量和效果的一般指标;也要设置反映该类专业审判的专门性指标,如群众认可度、相关诉讼发生量的变化情况(用于反映专业审判对潜在纠纷发生数量的隐形影响)等。第四,深入构建和完善专家陪审、特邀调解等制度,扩大其适用范围和来源,引入专业化的社会力量弥补审判专业化的不足,客观上也有利于推进司法民主进程,以此提高审判专业化水平。第五,要处理好法庭专业化与法官专业化的关系。审判专业化必将促进法官专业化,长时期从事某一类型案件审理并不利于法官成长,也使其丧失了立足于更加丰富的法律资源上进行裁判的机会,从一个方面限制了法官的职业发展空间。因此应当在遵循人才培养规律的基础上,允许专业化审判庭法官定期流动,实现专业化审判庭的长远发展。

在新时期国家提出创新社会管理的背景下,法院管理作为社会管理的重要内容,肩负着日益重要的责任和使命。加强专业化审判庭建设是法院对目前面临的客观形势进行的能动回应,也实际上对提高审判效能和统一裁判尺度做出了尝试和贡献。但审判格局是一个国家司法制度在自身历史传统和现实国情的基础上经过长期实践形成的,法院进行专业化审判庭建设不应过分突出实用和功利主义,而应着眼于司法长远发展,充分考虑诉讼群众需求,在尊重司法规律的基础上审慎推进。要将专业化审判庭建设置于更广阔的社会背景下,从深化司法体制机制改革的高度不断进行探索,推动司法审判工作走上另外一个高度。

**(本文获"司法学论坛暨首届司法管理学研讨会"征文优秀奖)**

# 人民法院审判风险长效管理机制研究

## ——把经济学方法引入审判管理研究的创新与实践

陈佳强 *

审判风险管理就是为把审判风险降至最低的审判管理过程,它是近年来随着审判管理的兴起而诞生的一个崭新课题。2010 年 7 月,时任最高法院院长王胜俊提出"人民法院要建立社会稳定风险评估机制"。[①] 同年,最高院下发通知,要求各级法院围绕建立重大案件剖析与通报制度、重要工作风险评估机制展开调研。[②] 2011 年 1 月 28 日,最高院又印发通知,明确要求中级以上法院建立重大敏感案件风险评估机制。[③] 可见,审判风险管理已经成为司法领域一个极为重要的崭新课题。那么,什么是审判风险,又如何进行审判风险管理呢? 笔者结合经济学中风险管理的理论和方法就这一问题展开论述。

## 一、风险、审判风险及审判风险管理

正确认识审判风险,准确把握审判风险管理现状是进行审判风险管理的前提。因此,在探讨审判风险管理机制前首先要对风险、审判风险和审判风险管理的概念,以及我国审判风险管理现状进行剖析。

---

* 　陈佳强,宁波市中级人民法院研究室。

① 　王胜俊:《扎实推进三项重点工作努力实现人民法院工作新发展》,《求是》2010 年第 14 期。

② 　参见陈霄:《法院审案风险何在》,《法治周末》2011 年 2 月 23 日第 1 版。

③ 　最高人民法院:《关于新形势下进一步加强人民法院基层基础建设的若干意见》,http://news.xinhuanet.com/legal/2011-02/15/c_121079840.htm,2011 年 6 月 1 日访问。

### (一)"风险"的概念和特征

"风险"一词源自打鱼捕捞为生的渔民们,他们在长期的生活实践中,深深体会到"风"给他们带来的无法确定的危险,认识到"风"即意味着"险"。[①]因此,在早期的运用中,它也被理解为客观的危险。现代意义上的"风险"一词,已经大大超越了"遇到危险"的含义,而是"遇到破坏或损失的机会或危险"。[②] 因此,可以说,经过数百年的演化,"风险"一词越来越被概念化,并被赋予了哲学、经济学、社会学等领域的更广泛更深层次的含义。但是,无论如何定义"风险"一词,其核心含义都是"未来结果的不确定性或损失"。

根据"风险"一词的演变过程,我们可以看出风险具有客观性、不确定性和可预测性。客观性指风险是客观存在的,虽然可以采用防范措施防止或降低风险发生导致的损失,但是不可能完全消除;不确定性指从个别事件来看,风险是否导致事故发生,以及可能带来多大损失通常是不确定的;可预测性指单个风险的发生虽然具有偶然性,但大量同类风险的发生又有其规律性,因而风险的发生仍可以用概率加以测度。

### (二)审判风险及审判风险管理

由于目前国内外缺少对审判风险的专门研究,我们只能借鉴风险及风险管理的含义来界定审判风险和审判风险管理。

#### 1. 审判风险

参照"风险"的含义,我们将审判风险界定为指那些与审判活动密切相关的,可能给法院、法官、当事人或其他相关群体带来财产或非财产损失的不确定性因素。审判风险主要包括群体冲突风险、上访风险、不良网络和社会舆情风险、法官人身风险和职业保障风险等。引发审判风险的原因是多方面的,既有源于审判机关或审判人员内部的原因,也有源于审判活动以外的行为或事实。内部原因主要包括错判案件、判决不当、怠于行使职权、不廉洁行为、判后释疑不足、保安措施不当等;外部行为或事实主要包括案件当事人的偏执行

---

[①] 参见郭文:《基于粗集理论的知识约简及其在风险识别中的应用》,2008 年四川师范大学硕士论文,第 16 页。

[②] 郭文:《基于粗集理论的知识约简及其在风险识别中的应用》,2008 年四川师范大学硕士论文,第 16 页。

为、外部不正当权力制约、恶意行为、客观事实与法律事实不符等。

**2. 审判风险管理**

风险管理是指如何在一个肯定有风险的环境里把风险降至最低的管理过程,①而审判风险管理就是为把审判风险降至最低的审判管理过程。它是近年来伴随着审判管理的兴起而兴起的。随着我国最高法院对审判风险管理的重视,云南高院、青海高院、舟山中院等也尝试出台各类审判风险管理规范。② 可见,尽管理论上人们还没有重视审判风险管理研究,但在实践中,各地法院已经从审判实践需求出发,开始对审判风险管理进行积极探索。

**(三) 我国审判风险管理实践中存在的主要问题**

由于我国审判风险管理理论研究尚未起步,而审判风险管理实践也还处于初始阶段。尽管人们已经开始重视审判风险管理,但目前在管理能力、管理方法和管理制度建设等各方面都还与风险管理实际需要相差甚远。

**1. 风险识别不完整**

由于大多数法院对风险的认识还不够深刻,收集风险信息的手段和方法也不够完善,因而审判风险的识别不完整。

**2. 风险评估方法不够科学**

风险评估是一项跨学科的工作,除涉及法律知识和审判理论外,还涉及经济的、管理的甚至社会的知识和技能。而审判机关缺少跨学科的综合性人才,因而,许多法院制定的风险评估方法常常不够科学,评估结果与客观实际可能存在一定差距。

**3. 缺乏有效的审判风险预警体系**

目前,大多数法院都制定了各类突发事件应急处置办法,但是审判风险的处置需要防患于未然,而各级法院普遍未制定完善的风险预警和跟踪体系,远

---

① 参见曹元福:《企业内部控制与风险管理》,《经济研究参考》2010 年第 58 期。
② 参见茶莹:《云南法院构建立案信访工作新机制》,《人民法院报》2010 年 6 月 2 日第 1 版。张慧宁、袁有玮:《青海高院推出重大决策和敏感案件风险评估制度》,《人民法院报》2010 年 5 月 9 日第 1 版。李阳:《中国特色社会主义司法事业的崭新实践——人民法院推进社会管理创新工作综述》,《人民法院报》2011 年 3 月 15 日第 1 版。

不能适应审判风险管理的需要。

**4. 缺乏成熟的风险管理规范,未形成审判风险长效管理机制**

由于对审判风险的管理还处于探索阶段,各级法院至今均未制定系统全面的风险管理规范,更谈不上形成成熟的风险长效管理机制。

# 二、审判风险的识别

审判风险的识别,就是认识和辨别各种审判风险。它主要包含三部分的内容:其一是识别伴随着审判活动的各种风险;其二是识别引发这些风险的行为;其三是识别应对各种风险行为的措施。

## (一) 识别审判风险的方法

审判风险的识别应具有完整性、系统性和实用性。为实现审判风险识别的完整性、系统性和实用性,笔者认为,以下风险识别方法可综合运用:

1. 问卷调查法。是指采用匿名问卷的形式收集审判过程中相关风险信息的一种方法。

2. 座谈及访谈调研法。通过与部分经验丰富的审判人员或审判管理人员进行面对面交流的方式收集审判风险信息。这种方法可以比较迅速地发现审判管理部门或审判业务部门所关注的风险点,并能通过深入交流进一步掌握这些风险产生的原因及可能造成的影响。

3. 德尔菲法。又称专家调查法,指采用调查表的方式分别向审判专家和审判管理专家提出问题,将专家意见进行整理、归纳,并匿名反馈给专家反复征求意见。[1] 德尔菲法本质上是建立在诸多专家的知识、经验和主观判断能力的基础上的,特别适用于缺少情报资料和历史数据,而又较多地受经验因素影响的课题,也适用于对审判风险的识别与评估。

4. 头脑风暴法。就是针对审判风险,组织一群人对此进行讨论,讨论组成员来自审判管理部门、审判业务部门、专家和学者。讨论过程中尽可能创造畅

---

[1]　参见李书全等:《智能建筑工程项目风险识别的两阶段风险分解矩阵法》,《现代管理科学》2009 年第 7 期。

所欲言的氛围,使与会人员无拘无束地提出各种问题,并对他人的各种想法进行分析、评价和整合,最终形成一致意见。[①]

5.案例分析法。案例分析法,就是对以往其他地方其他法院以及自己单位发生过的案例进行分析。案例分析法从历史教训中总结经验,使得对审判风险及风险行为的认识更加深刻。

**(二) 审判风险数据库的建立**

对审判风险进行识别的结果是建立审判风险数据库。它是审判人员及审判管理人员应对审判风险的重要参考素材。因而,审判风险数据库的建立是审判风险管理的关键环节之一。

**1.风险数据库建立的基本原则**

风险数据库的建立应遵循数据完整、识别准确、操作可行、有资可鉴的原则。数据完整就是要求数据库应尽可能完整地反映审判人员及审判管理人员在工作中遇到的审判风险。识别准确,就是要求数据库中所列举的审判风险数据应准确识别,不模糊,不抽象。操作可行就是要求数据库中所列各种风险都有相应明确可操作的风险应对建议。有资可鉴就是要尽可能使各类风险及其应对策略有案例可借鉴。

**2.风险数据库建立的基本思路**

风险数据库建立的基本思路是:首先归类各种审判风险、应对措施及相应案例;其次建立方便适用的数据库;最后,从技术上保障每个审判人员及审判管理人员使用数据信息。数据库的内容可分为三个信息区,即基础信息区,内容包括审判风险及引发审判风险的具体行为,以及这些风险可能引发的后果;处理建议信息区,主要内容为处理建议及相应参考案例,法律法规和制度保障;协助管理信息区,主要包括审判业务部门和管理部门、外部主体等协同和联系方式方法。为使数据库内容显得简约明了,电子信息数据库中应尽可能设置超链接。

**(三) 审判风险识别中应特别注意的问题**

1.对审判活动进行全面考察是保证风险识别结果完整、准确的前提。因

---

① 参见邵云飞、叶茂、唐小我:《技术创新方法的发展历程及解决方案研究》,《电子科技大学学报(社科版)》2009年第5期。

此,在风险识别过程中,应充分重视审判人员及审判管理人员的参与作用,避免风险识别脱离审判工作实际。

2. 结合审判实际情况对识别结果进行反复校验。为避免识别结果与审判实践脱节,在审判风险识别过程中,应设置一个由研究室、审判管理部门及审判业务部门共同校验的环节。

# 三、审判风险的评估

审判风险的评估,就是对审判风险发生的可能性、可能的损失程度以及风险水平进行测评。风险评估的目标是对风险进行分级量化管理,这就需要具有可操作性的量化评估方法。

## (一) 评估审判风险的基本思路

由于每个审判风险都是由若干相互独立的风险行为或事实引发,因此,对审判风险的评估应该从对审判风险行为或事实的评估入手。首先,应该为审判风险行为或事实的可能性和损失度设定若干个测评维度,并为每个测评维度设置评分标准;其次,采用专家评估的方式对每个测评维度进行评分;最后,根据风险与风险行为各评估指标之间的数学关系,将这些评分结果转化为风险的可能性、损失度与风险水平的具体数值。

## (二) 审判风险发生可能性的评估方法

风险发生的可能性用风险发生概率来表示。根据概率统计原理,审判风险发生的概率取决于其所包含的每个审判风险行为的发生概率,即如果任何一个审判风险行为发生,则审判风险就必然发生。即,假设一个审判风险 A 包含 A1,A2,A3,共计三个独立的风险行为,则该审判风险发生的概率:$PA = 1 - P(A1, A2, A3$ 都不发生$)$,也即 $PA = 1 - (1 - PA1) \times (1 - PA2) \times (1 - PA3)$。[1]

---

[1] 因为引发审判风险的行为通常均为相互独立的行为,这些风险行为通常可以同时存在,故某一审判风险发生的概率实际上就等于其中包含的若干个风险行为中至少发生一个风险行为的概率。比如引发 A 风险的行为有 A1,A2,A3,而 A1,A2,A3 三个行为发生的概率分别为 0.3,0.2,0.5,那么 A 风险发生的概率 $PA = 1 - (1 - 0.3) \times (1 - 0.2) \times (1 - 0.5) = 0.72$。

为更加客观、准确地对风险行为发生的概率进行评估,可根据影响风险行为发生的主要因素,设定多个评估维度,比如设定为外部监督执行力度、内部控制的完善与执行、审判人员及审判管理人员素质、案件风险综合情况、工作频次五个测评维度。将这五个测评维度中除工作频次外的四个维度按照评分标准分别评分,并根据各维度对风险行为可能性的影响程度分别设定权重系数,即可计算出风险行为可能性的得分。将该得分转化成对应的概率并根据工作频次进行调整后,即可确定风险行为在一定时间内发生的概率。如表1、表2:

**表1 四个测评维度的评分标准表例**

| 评估得分 | 5 | 4 | 3 | 2 | 1 |
|---|---|---|---|---|---|
| 内控制度的完善与执行 | 内控制度很不完善 | 内控制度较完善,但很难执行 | 内控制度较完善,执行度一般 | 内控制度很完善,执行比较准确 | 内控制度很完善,执行非常准确 |
| 审判人员及审判管理人员素质情况 | 不熟悉内控制度 | 对内控制度有一定了解,但不能有效执行 | 了解内控制度,且基本能够执行 | 了解内控制度并能够较好执行 | 非常熟悉内控制度,并能够完全有效执行 |
| 案件风险综合情况 | 风险可能性很大 | 风险可能性较大 | 风险一般 | 风险可能性小 | 风险可能性很小 |
| 外部监督力度 | 无监督 | 有监督,但监督部门经常不履行职责 | 有监督,但违法行为并未得到查处 | 违法一般能得到查处 | 监督力度严格,违法一般总能被查处 |

**表2 四个维度在不同类别的风险行为中所占比重表例**

| 风险行为类型 | 外部监督执行力度 | 内控制度完善执行 | 审判人员及审判管理人员素质情况 | 案件风险综合情况 |
|---|---|---|---|---|
| 错判权重 | 1 | 2 | 1 | 1 |
| 判决不当权重 | 0.5 | 1 | 0.5 | 0.5 |
| 怠于行使职权权重 | 1 | 1 | 1 | 1 |
| 保安措施不当权重 | 0.5 | 1 | N | N |

根据上述四个测评维度的评分结果及权重系数计算风险行为可能性得分公式为：

风险行为可能性得分＝外部监督执行力度评分×权重＋内控制度完善执行评分×权重＋审判人员及审判管理人员素质情况×权重＋案件风险综合情况×权重

### （三）审判风险损失度与风险水平的评估方法

审判风险发生的概率、风险损失度、风险水平、风险行为的发生概率、损失度和风险水平之间具有以下对应关系：

审判风险行为的风险水平＝审判风险发生的概率×审判风险行为的损失度

审判风险水平＝所有审判风险行为的风险水平之和

审判风险损失度＝审判风险水平/审判风险发生概率

在确定了审判风险行为和审判风险发生的概率后，只要能确定风险行为的损失度，便可以计算出审判风险的损失度及风险水平。为更加客观准确地判断审判风险行为的损失度，还应设定三个测评维度，即财产损失的大小、非财产损失的大小和影响范围。根据风险测评的基本思路，审判风险行为损失度的测评结果应采用具体分值表示。计算方法为：根据评分标准对财产损失大小和非财产损失大小两个维度进行评分，再分别乘以各自的权重。其中，非财产损失大小的评分需要乘以影响范围对应的调整系数，然后相加取和，便可确定审判风险行为损失度的最终得分。详见表3、表4、表5：

表3　财产损失大小和非财产损失大小的评分标准表例

| 评估得分 | 0 | 1 | 2 | 3 | 4 | 5 |
|---|---|---|---|---|---|---|
| 财产损失 | 0 | 5万元内 | 5—20万元 | 20—50万元 | 50—100万元 | 100万以上 |
| 非财产损失 | 0 | 司法权威损失很小 | 司法权威损失较小 | 司法权威损失一般 | 司法形象损失较大 | 司法形象损失很大 |

**表 4 财产损失大小和非财产损失大小各自的权重表例**

| 评估权重 | | 错判案件 | 判决不当 | 保案措施不当 | 不廉洁行为 | 判后释明不足 | 怠于行使权利类 |
|---|---|---|---|---|---|---|---|
| 财产损失大小 | 0 | 1 | 0.5 | 0.5 | 1 | 0.5 | 0.5 |
| | 5 万 | 1.1 | 0.6 | 0.6 | 1.1 | 0.6 | 0.6 |
| | 5—20 万 | 1.3 | 0.7 | 0.7 | 1.3 | 0.7 | 0.7 |
| | 20—50 万 | 1.5 | 0.8 | 0.8 | 1.5 | 0.8 | 0.8 |
| | 50—100 万 | 1.7 | 0.9 | 0.9 | 1.7 | 0.9 | 0.9 |
| | 100 万以上 | 1.9 | 1 | 1 | 1.9 | 1 | 1 |
| 非财产损失大小 | | …… | …… | …… | …… | …… | …… |

**表 5 影响范围的调整系数表例**

| 调整系数 | 1 | 1.5 | 2 | 2.5 | 3 |
|---|---|---|---|---|---|
| 影响范围 | 乡镇街道 | 区、县 | 地、市 | 全省 | 全国 |

审判风险行为损失度最终得分=财产损失大小评分×权重+非财产损失大小评分×权重×影响范围调整系数。

### (四) 审判风险的分级及重大审判风险的确定

审判风险分级的依据是审判风险水平的高低,通常风险水平越高,风险等级设定也越高。风险分级的具体步骤是:首先对全部风险水平数据进行归类分析,然后根据分析结果比对不同分级标准下分级水平相近度与各等级风险数量,随后再根据风险管理需要,综合考虑风险水平相近度与各等级风险数量,确定风险分级标准。

风险分级完成后,需要确定重大审判风险。重大审判风险确定的原则主要考虑三方面:其一是风险水平较高;其二风险损失度高;其三审判风险中所包含某一项或几项审判风险行为的风险水平很高。[1]

---

[1] 本节审判风险的评估维度、表格设计、计算公式主要参考企业法律风险的评估方法而设计,企业法律风险评估方法详见陈丽洁主编:《企业法律风险管理的创新与实践》,法律出版社 2009 年版,第 145—153 页。

# 四、审判风险的预警

预警这一概念首先出现在突发社会公共事件中,即社会预警。专家将社会预警概括为:在顺境状态下,对负变量监测和评估的基础上,对社会运行接近负向质变临界值的程度所做出的不确定性的早期预报。而预警机制是指能灵敏、准确地显示危机和风险前兆并能及时地提供警示的机构、制度、网络、举措等构件的预警系统。① 参照社会预警机制的定义,笔者认为,审判风险预警机制就是审判机关为尽早发现审判风险事件,而建立的一套能感应审判风险来临的信号报告系统。审判风险预警机制可以由以下制度构成。

## (一) 风险节点提示制度

风险节点提示制度,就是在审判活动的各个重要节点,对可能出现的审判风险进行提示。节点提示制度的预警步骤如下:

### 1. 风险节点信息的收集

顺沿审判流程,全面梳理审判活动的各个风险环节,并依据前文所述审判风险识别方法,对审判活动中通常可能出现风险的各个节点的风险信息进行收集并评估。

### 2. 风险节点的提示

风险节点提示。采用超链接的方式,将各节点可能出现的审判风险移植到审判管理系统软件,对审判人员或审判管理人员在办案过程中进行风险提示。

风险提示还可以通过风险提示表来实现。且表随卷走,在立案阶段发现审判风险的,风险提示表应随同立案材料一并移交审判业务庭。在接访过程中发现正在审判案件具有审判风险,也应将风险提示表移交审判业务庭。风险提示信息也应一并录入审判信息管理系统,便于审判人员、审判管理人员随时方便地把握提示风险。

---

① 参见刘勇:《社会转型中的预测性报道刍议》,《安徽大学学报》(哲学社会科学版)2009年第 11 期。

## （二） 风险案件通报制度

风险案件通报制度,就是要求立案庭、信访接待室、审判人员、审判管理人员将其发现的审判风险及时通报。风险案件通报制度应包括单位内部通报、相关人员定向通报和向相关部门通报三个层面:

### 1. 单位内部通报

单位内部通报就是要求发现审判风险的审判人员或审判管理人员及时将工作过程中发现的审判风险上报,审判管理部门定期统一收集审判风险信息,并定时(每周一次或每月一次)向单位内部通报。便于相关审判人员或审判管理人员及时跟踪审判风险动态。通报的内容应包括风险种类、风险等级及控制状态。

### 2. 定向通报

定向通报就是将工作过程中发现的审判风险及时通报给相关审判人员,需要定向通报的风险信息一般来源于立案庭或信访接待室。在案件进入审判或执行流程后,立案庭或信访接待室因接访或其他机会发现审判风险的,应根据风险的等级情况及时向审判或执行案件承办人定向通报。

### 3. 向相关部门通报

由于部分审判风险的处置可能涉及社会稳定,或涉及其他部门利益,需要各部门进行协调处理,这就需要将风险信息通报给相关部门。对外通报的审判风险应限于重大风险,出现重大审判风险后,应在一定期限内层报分管副院长同意后立即向相关部门进行通报。

## （三） 重大风险案件汇报制度

因情况紧急或风险较大,审判人员在发现重大审判风险时,应立即逐级向上汇报。立案、信访等部门发现有重大审判风险的案件已经进入其他审判部门的,应立即向分管院长汇报,并同时向业务庭负责人通报。重大案件审判风险的控制是审判风险控制工作的重点。因此,重大风险案件汇报制度应该成为风险预警的一项重要制度。

## （四） 运用信号灯构建预警模型

信号灯模型法是监测预警项目风险的一种比较直观、形象的方法。它是借用交通管制的红、绿、黄信号灯的概念,来提示项目风险的大小。审判风监测预警灯号模型的具体实施步骤如下：

1. 选择风险信息指标。在审判管理系统中，选择设置审判风险有关指标。

2. 划分状态区域。状态区域的划分就是将风险分为几个级别。状态区域的划分是决定信号灯模型科学性的一个重要因素。审判风险的分级可依据审判风险的大小和动态来划分。根据审判风险的大小，将审判风险划分为"正常""关注""次级""可疑"和"损失"，分别以"蓝灯""绿灯""黄灯""红灯"和"黑灯"表示。

3. 审判人员及审判管理人员依据预警灯及时采取措施，跟踪或控制审判风险。

## 五、建立和完善审判风险长效管理机制的建议

长效管理机制，即能长期保证制度正常运行并发挥预期功能的制度体系。它包含两个基本条件：一是要有比较规范、稳定、配套的制度体系；二是要有推动制度正常运行的"动力源"。[①] 因此，笔者认为，审判风险长效管理机制的建立与完善是在对风险控制现状科学分析的基础上，建立与完善一系列与风险控制相关的审判管理制度，并且这些制度本身应该有激励机制以保持制度获得良好的运行。

### （一）审判风险控制现状的分析

由于不同地区不同法院的风险控制情况存在差异，在制定风险控制计划之前，需要弄清楚各类审判风险在本地区本院现行审判管理制度下的控制现状中的个性问题，同时也要考虑审判风险管理实践中普遍存在的共性问题。

#### 1. 审判风险控制现状分析维度的构成

分析维度是审判风险控制现状分析方法的核心与关键，参照国内外较为成熟的企业内部控制与法律风险管理理论[②]，笔者提出以下六个审判风险控制现状分析维度：

（1）资源配置。资源配置维度下的分析内容包括单位内部的相关机构设置能否满足风险控制需要、用于风险控制的人员配备是否充足以及用于风险

---

[①] 参见沈国明：《建立"后世博"城市管理长效机制》，http://view.gmw.cn/2010-11/02/content_1355617.htm，2011年6月1日访问。

[②] 参见陈丽洁主编：《企业法律风险管理的创新与实践》，法律出版社2009年版，第156—160页。

控制的经费是否得到保障。

（2）职责权限。职责权限维度下的分析内容是与风险控制相关的职责是否明确,权限是否适当。

（3）过程监管。过程监管维度下的分析内容为是否对持续性的审判或审判管理活动进行定期或不定期的监督和管理,风险存在和发展状态的信息是否得到沟通,风险控制制度是否得到执行。

（4）奖惩机制。该维度下的分析内容为对相关审判人员、审判管理人员在风险控制中的表现、成绩是否设立了有效的奖惩机制。

（5）执行能力要求。该维度下的分析内容为单位与风险控制相关的内部执行者(包括审判人员、审判管理人员)是否有明确的资质、能力要求(业务资质、业务技能等)。

（6）风险意识。该维度下的分析内容包括审判人员、审判管理人员对风险的存在、风险将可能造成的后果以及如何开展风险控制等方面的认识和理解。

**2. 审判风险控制现状分析方法的选择**

审判风险控制现状是采用自评与他评相结合的方式来完成的,所谓自评,即由审判人员或各业务部门根据自身的理解和认识确定与其相关的分析对象在每个分析维度下的分析选项;所谓他评,就是由专门的风险管理部门或其他第三方对各审判人员或审判业务部门的自评结果进行复查、调整和汇总分析。如表6:

表 6　风险控制现状分析表图例

| 风险代码 | 审判风险 | 行为代码 | 引发审判风险的行为 | 审判风险控制现状 | | | | | |
|---|---|---|---|---|---|---|---|---|---|
| | | | | 资源配置 | 职责权限 | 执行能力要求 | 过程监管 | 奖惩机制 | 风险意识 |
| 2 | 上访风险 | 201 | 错误裁判 | (1)合理 | (1)有明确要求并得到严格执行 | (2)无执行能力要求 | (3)不需要过程监管 | (2)无相关机制 | (2)风险意识有待提高 |
| | | 202 | 判决不当 | (1)合理 | (2)无明确要求 | (2)无执行能力要求 | (3)缺少相关管理要求 | (2)无相关机制 | (1)具备相应风险意识 |
| | | …… | …… | …… | …… | …… | …… | …… | …… |

应该注意的是,在他评过程中,应采用合适的方式对相关制度是否已经得到有效执行进行核查,以保证评估结果的客观性和准确性。自评与他评结果不相符的,经沟通与协调仍无法达成一致的,应以他评方式分析结论为准。最终分析结果不应只是对各维度评估选项的简单罗列和汇总,应在此基础上进一步作分析与提炼,形成结论性判断,并与控制计划的制定衔接。

### (二) 审判风险控制体系的建立与完善

审判风险控制体系,即控制审判风险的一系列制度的总和。审判风险长效管理机制的形成包括依据控制现状,制定控制计划;完善相关审判风险管理制度,实施控制计划两个步骤。

**1. 依据风险控制现状,制定审判风险控制计划**

审判风险控制计划,就是统筹性的,具有可操作性和有效性的控制规划。控制计划包括明确的控制态度,具体的控制措施,以及落实各项控制措施的责任部门、配合部门和实施进度。

(1)明确风险控制态度。风险控制态度包括避免、降低、转移和接受。在确定每项审判风险的控制态度时,应分析判断其在不同控制态度下的控制成本与控制收益,然后衡量比较,选择收益成本比最大的一种控制态度。

(2)选择风险控制措施。从审判风险控制的表现形式来说,控制措施具有以下几种:①资源配置类,即设立或调整风险控制相关的机制、人员、补充经费等;②制度流程类,即制定或完善风险控制相关的制度和流程;③标准、指引类,即针对特定的审判风险,编撰处置的指引标准文件,以供审判人员及审判管理人员在处置风险过程中参考;④技术手段类,即利用技术手段预防、控制某些风险行为的发生;⑤培训类,对某些关键岗位审判人员或审判管理人员进行风险管理培训,提高其风险意识和风险防范技能。

(3)形成风险控制计划。明确各项风险的控制态度,并选择相应控制措施后,将各项风险与相应的控制措施汇总。由于一些控制措施可以同时控制多项审判风险,这就需要将风险与相应控制措施形成一一对应关系,并进行整合,在整个过程中,应用尽可能少的措施控制尽可能多的风险。在风险控制措施整合完成后,确定各项风险控制措施的责任部门、配合部门、完成标志、完成进度等,并形成完整的风险控制计划表。

### 2. 完善审判管理制度,落实审判风险控制计划

审判风险管理机制的完善并非要求必须制定统一的风险信息的收集、评估、预警与处置制度。而是要在审判风险控制现状的基础上,根据风险控制实际需要进行决策。

(1)完善审判管理制度。由于审判风险控制制度与其他审判管理制度密切相关,部分审判风险的控制措施与其他审判管理措施是一致的。因而,在现有信息收集、评估与处置现状的基础上,根据审判风险控制目标完善原有审判管理制度,加强审判管理也能从一定程度上控制审判风险。

(2)完善风险信息收集、评估、预警与处置机制。如果原有审判管理制度不能保证信息收集渠道畅通,信息传递不够及时、准确,风险评估制度方法不科学,风险处置制度也不能保证风险的有效处置,那么,应根据审判风险控制目标完善相应的信息收集、评估、预警和处置机制。

(3)制定统一完整的审判风险管理制度。无论审判部门原有管理制度是否满足审判风险管理的需要,制定统一的审判风险的收集、评估与处置制度都更有利于审判风险的妥善处置。但是,是否需要制定统一的审判风险收集、评估与处置制度应进行成本与收益分析。

### 3. 审判风险管理制度规范化的进路

由于最高法院和各地高级法院在理论研究和资源配置上都占据优势,因而笔者认为,一方面最高法院和各地中、高级法院可以在充分调研的基础上,就常见的风险识别、评估和预警体系的建立制定规范性管理指引意见。基层法院根据中、高级法院的指引意见制定和完善自身审判风险管理制度。另一方面,在中、高级以上法院未出台规范性风险管理指引制度前,有条件的中、基层法院也可以遵循本文所述审判风险管理设计流程尝试建立审判风险管理机制,既满足自身审判风险管理需要,也为日后中、高级法院制定规范的审判风险管理机制提供借鉴。

**(本文获"司法学论坛暨首届司法管理学研讨会"征文优秀奖)**

# 法院内部控制刑事裁判权的方法与反思

王　彪*

有权力的地方总会存在权力滥用的可能性,因此,权力需要制约。与公民的财产、自由甚至生命密切相关的刑事裁判权亦不例外。在西方法治国家,从事前的法官遴选,到裁判过程中的种种制约机制以及裁判之后的广泛救济途径为刑事裁判权的公正运行提供了保障。[①] 就我国来说,情况则有点特殊,主要表现为对刑事裁判权有着广泛的、严格的监督机制和手段,根据监督主体的不同,可以分为外部监督与内部监督,外部监督如执政党及其职能部门的监督、各级人大及其常委会的个案监督、检察机关的法律监督以及新闻媒体的舆论监督等。[②] 然而,由于司法活动的特殊性,外部监督存在成本高、效果差的特点。那么,法院内部控制刑事裁判权的方法及其效果如何呢? 为了深入研究法院内部控制刑事裁判权的实际情况,本文通过考察司法实践中的个案,来探究法院内部是如何对法官的司法决策进行控制进而实现对刑事裁判权的控制的? 其背后体现了什么逻辑? 其效果如何? 为此,笔者调研了 C 基层法院,主要的研究方法是访谈、阅读卷宗以及对个案的参与式观察。当然,这种

---

  *  王彪,重庆市渝中区人民法院。

  ①  关于域外法官惩戒制度,参见全亮:《法官惩戒制度比较研究》,法律出版社 2011 年版,第 39—165 页;关于域外国家对刑事司法的监督以及对刑事司法不当的惩戒,参见赵开年:《刑事司法行为研究——以刑事司法行为正当化为中心》,中国政法大学出版社 2012 年版,第 173—191 页。

  ②  参见代志鹏:《司法判决是如何生产出来的——基层法官角色的理想图景与现实选择》,人民出版社 2011 年版,第 167 页。

研究有其局限性,因为个案研究存在的一个问题是调查样本是否充足的问题①,中国地理区域大,不同区域经济发展水平、人文环境等都不一样,刑事司法的地方化现象是客观存在的,但是通过个案研究可以大致展示一个地区的情况,进而进行不同的区域比较,②从而得出整体上我国法院内部控制刑事裁判权的情况。另外,以往对法院内部控制刑事裁判权的研究大多从宏观上进行,为数不多的实证研究也没有深入到裁判形成的过程,导致的后果是,研究得出的结论虽然大体上正确,但不够细致,在细微处还与实际情况有所出入,甚至有的研究结论还稍显武断。因此,本文以一个实际发生的案例为基础,③通过对该个案的深描来揭示法院内部控制刑事裁判权的真实图景。

## 一、刑事裁判形成过程的实证考察

为了对法院内部控制刑事裁判权的实际情况有切身的体会,笔者在 C 基层法院调研期间,选择了一个较为典型的案件并以一个观察者的身份对其裁判过程全程参与,通过对这一案件裁判形成过程的考察,能够对我国基层法院刑事裁判是如何形成的以及法院内部如何控制刑事裁判权有一个较为清晰的认识。下面详细介绍该案的裁判形成过程。

C 区检察院指控,被告人林某某于 2007 年 7 月至 9 月之间,冒充厦门市国安局工作人员身份,以帮忙借款 500 万元及须先付 50 万元作为前期利息和手续费为由,在 C 区 S 酒店茶楼内骗取被害人朱某现金人民币 50 万元后逃跑。2008 年 1 月 18 日被害人朱某将被告人林某某扭送至公安机关。公诉机关认为,被告人林某某的行为已构成了诈骗罪。

---

① 在经验性的研究中,样本的代表性和普遍性问题容易遭到质疑,参见黄海:《灰地——红镇"混混"研究(1981—2007)》,生活·读书·新知三联书店 2010 年版,第33 页。

② 社会学界已经运用这种方法对中国农村社会的治理状况进行研究,即"个案研究上升到区域,再到区域比较",参见陈柏峰:《乡村江湖——两湖平原"混混"研究》,中国政法大学出版社 2011 年版,第 23 页。

③ 以个案为中心的细致研究,在社会学上称为"深描"研究方法,由于实证研究缺乏客观真实的数据,"以局部性田野经验为基础的'深描'较之于统计性的量化分析,在理解中国社会与政治特性方面可能具有更大的优越性。"参见吴毅:《小镇喧嚣——一个乡镇政治运作的演绎与阐释》,生活·读书·新知三联书店 2007 年版,第 631 页。

被告人林某某对 C 区检察院指控其犯诈骗罪予以否认,辩称其与朱某是 2007 年 9 月份上半月才认识,并未向朱某出示证件说明自己是国安局的工作人员,因与朱某洽谈的合作项目未成,朱某要其支付码头费、交通费以及公关费 50 万元等,其和朱某认识后并没有逃逸,而是一直保持电话联系。2007 年 9 月下旬自己一直在厦门,没有到过 C 区。自己在公安机关受到了刑讯逼供因而作出了不实供述,被迫承认自己骗了朱某的钱。

其辩护人刘某某认为公诉机关指控被告人林某某犯诈骗罪的罪名不能成立。其理由如下:

1. 辩护人举示的林某某移动电话通话清单和证人陈某某的证言,能够证实林某某在 2007 年 9 月下旬没有到过 C 区,不可能在 C 区 S 酒店骗取被害人 50 万元;

2. 被告人林某某的供述前后矛盾,其在预审阶段的辩解已推翻以前的有罪供述,与其庭审中的无罪辩解基本一致,结合辩护人举示的移动电话通话清单等其他证据,不应采信被告人林某某的有罪供述;被害人朱某的陈述,证人韦某、刘某的证言等主要证据亦存在诸多前后不一、相互矛盾之处,亦不能作为认定事实的依据。

在第一次开庭以后,承办法官便觉得本案案情复杂[①],证据之间有诸多矛盾之处,主要存在以下两个问题:一、借条是被告人林某某于案发当时出具的,被害人朱某将 50 万元交给被告人林某某的当天没有索要借条,从案卷材料来看,被告人和被害人在 2007 年 9 月份刚刚认识不久,被害人将 50 万元交给被告人而没有索取收条不合常情;二、证人陈某某的证言证实被告人没有作案时间。为慎重起见,承办法官决定再次开庭,在第二次开庭之前,辩护人申请证人陈某某出庭,同时申请法官调取证据,即被告人林某某在公安机关所做的辩

---

① 在 C 基层法院,案件审理实行承办人负责制,即某个案件分给某法官承办后,关于该案的一切事宜均由承办法官处理,承办法官对该案负责。独任审判如此,合议庭审理亦不例外。C 基层法院的合议庭均由一个承办法官和两个陪审员组成,陪审员陪而不审,学界的研究也证实这一现象的普遍存在,参见宋英辉主编:《刑事诉讼法学研究述评(1978—2008)》,北京师范大学出版社 2009 年版,第 340—341 页;刘晴辉:《中国陪审制度研究》,四川大学出版社 2009 年版,第 216 页;彭小龙:《非职业法官研究——理念、制度与实践》,北京大学出版社 2012 年版,第 274 页。

解,被告人林某某在 Y 市 C 区、厦门、福州等地的乘机记录以及被告人林某某、被害人朱某在 2007 年 7、8 月份的手机通话清单。对于辩护人调取证据的申请,承办法官让公诉人补充侦查,但公诉人称查不到,此后,承办法官没有再提此事。第二次开庭时,证人陈某某出庭,并用非常肯定的语气证明案发当日被告人在厦门和家人、朋友一起吃饭,根本没有作案的时间。此后,案件的审理陷入僵局,被告人拒不认罪,承办法官迟迟不能下判,案件以公诉机关需要补充侦查为由一再拖延。① 最终,在被告人家属不断催促判决的情况下,承办法官将案件提交院庭长讨论。② 部分讨论笔录如下:

D 法官:介绍案情,本案存在截然不同的证据。

G 副院长:针对诈骗 50 万的起诉事实,你认为缺乏充分的证据? 不在场的证据有哪些?

D 法官:林某某的手机通话清单,证人陈某某的证言。

G 副院长:控方是如何答辩的?

D 法官:控方认为通话清单不能证明案发时林某某一定在厦门,证人作证后马上离开重庆,控方对其证言的真实性有疑问。

G 副院长:承办人意见?

D 法官:通话清单确实证明不了案发当时林某某就一定在厦门,但有证人证言的补充,具有一定的合理性,我的意见是不采信诈骗 50 万元的事实,以招摇撞骗罪定罪处罚。定诈骗 50 万疑点过多,存在很多矛盾。

G 副院长:两方的证据存在矛盾,需要比较哪方的证明力大些。

---

① 这实际上就是"隐形超期羁押","隐形超期羁押是指执法机关在法定期间内没有结案,但是寻求各种没有事实根据的理由按照法律程序办理了对犯罪嫌疑人或被告人延长羁押的手续,并继续关押。"参见孙长永主编:《侦查程序与人权保障——中国侦查程序的改革与完善》,中国检察出版社 2009 年版,第 29 页。当然,从本案来看,通过"隐形超期羁押"来延长审限的做法有其合理性,我国刑事审限制度确实存在问题,一刀切的审限规定没有考虑到案件之间的差别。实践中,大多通过公诉机关出具延期审理函的形式延长审限,对延期审理在司法实践中的滥用,参见马永平:《延期审理滥用形态之检视与厘正》,陈光中主编:《刑事司法论坛》(第 4 辑),中国人民公安大学出版社 2011 年版。

② 院庭长讨论案件机制是司法实践中存在的一种重要的案件决策方式,对该问题的实证考察,参见王彪:《基层法院院庭长讨论案件机制研究》,《中国刑事法杂志》2011 年第 10 期。

M 庭长:此案不着急定结论,需细细斟酌。

G 副院长:应支持检方指控,证据已能形成锁链,有被告人供述,证人证言及受害人陈述,案外人的证词与其他证据相印证。辩方只举示一个人的证言,系孤证,通话清单根本不能证明被告人案发时在何处。另外,控方出具的证人证言系侦查机关依法获得的,具有较大的可信性,辩方的证人因与被告人系朋友关系,其证言的真实性不是很高。

M 庭长:倾向采信控方证据。可以让公诉机关补充证据,若证据补充不到位,则将就现有证据判处。

G 副院长:罪名成立,刑期就按诈骗 50 万判处,有期徒刑 11 年,罚金 10 万。

M 庭长:同意。

D 法官:同意。

经过院庭长讨论后,承办法官在院庭长讨论所定基调的基础上拟写了判决书,并将判决书稿交庭长审批,庭长审批后,承办法官将其作出的以下判决发出:

C 区法院经审理查明:被告人林某某于 2007 年 7 月结识被害人朱某后,冒充厦门市国家安全局工作人员身份,谎称可以为被害人朱某融资 500 万元。同年 9 月下旬,被告人林某某向被害人朱某虚构已同康某某订立借款协议并已代为垫付前期利息、手续费,首笔 250 万元将在 1 周内到账,余款将于 1 个月内到账等事实,在 C 区 S 酒店茶楼,骗得被害人朱某支付的 50 万元。被害人朱某发现被骗后,于 2008 年 1 月 18 日将被告人林某某扭送公安机关。

C 区法院认为:被告人林某某以非法占有为目的,采取冒充国家机关工作人员,并虚构事实的手段,骗取他人钱财,数额达 50 万元,其行为已构成诈骗罪,且数额特别巨大,判决被告人林某某犯诈骗罪,判处有期徒刑十一年,并处罚金 10 万元;被告人林某某应于判决发生法律效力之日起十日内,向被害人朱某退赔违法所得款 50 万元。

一审判决后,被告人林某某提出上诉,Y 市中级人民法院在开庭审理的基础上,认为原审判决认定林某某诈骗朱某人民币 50 万元的事实不清,证据不足,遂将案件发回 C 基层法院重新审判。但鉴于发回重审对 C 基层法院的考核会产生一定的影响,因此,为慎重起见,在二审发回重审之前,中院相关人员

还专门听取了 C 基层法院院庭长及承办法官的意见,记录如下:

中院 H 庭长:林某某案,邀请各位来交换意见。经审查案卷,并列席研究,发现本案证据间存在重大矛盾,合议庭一致认为事实不清,证据不确实充分,在二审判决前,邀请各位来交换意见。

中院 Q 法官:本案存在十几处疑点,如被害人朱某的陈述前后有明显矛盾,50 万的借款没有借条等。

M 庭长:本案研究时,被害人陈述、证人证言以及被告人供述不能形成锁链,可疑之处经补充证据无法核实,证人出庭后不愿再次出庭,基于以上情况,没有采信辩方证据。

中院 H 庭长:本案连被告人有无作案时间都不清楚,被害人朱某的多次陈述间有矛盾且无合理解释,均能让人产生合理怀疑。

G 副院长:本案我们回去再研究,与公诉机关、公安机关沟通意见,必要时对相关证据进行核实,尽量客观收集再行汇报,如何?

中院 H 庭长:可以。

但 C 基层法院后来没有也无法对相关证据进行核实,最终二审法院将该案发回重审,在发回重审的同时还附了一个函,认为:1. 原判认定上诉人林某某诈骗朱某人民币 50 万元的证据不足;2. 原审查明被告人林某某冒充国家机关工作人员,于 2007 年 11 月 6 日,骗取朱某人民币 868 元;同年 11 月 15 日,骗取朱某人民币 888 元的犯罪事实,是否成立,请认真审查。

在再审过程中,法院与检察院进行了沟通①,并将中院的意见转达给检察院。于是,检察院又增加了新的指控:

我院于 2008 年 6 月 24 日向你院提起公诉的被告人林某某诈骗一

---

① 检法两家的沟通是中国刑事司法实践中的独特现象,在本案中,法院之所以与检察院进行沟通,是因为本案很可能判决无罪,而实践中判决无罪对检察院的考核指标有毁灭性的影响,而检法两家是长期的博弈关系,法院判决无罪会导致公安、检察部门在工作方面的不配合,因此,法院一般不会贸然判决无罪,在拟改变罪名、判决无罪的情况下,一般会事先与检察院沟通。关于无罪案件对检察绩效考核的影响,参见夏伟、王周瑜:《存异难:检察权与审判权关系之忧——以近十年判决无罪人数走势为视角》,万鄂湘主编:《审判权运行与行政法适用问题研究(上)》,人民法院出版社 2011 年版,第 69 页;关于判决无罪后公安、检察部门的可能反应,参见朱桐辉:《案外因素与案内因素:疑罪难从无之谜》,《当代法学》2011 年第 5 期,第 29 页。

案,经我院进一步审查发现,被告人林某某有遗漏犯罪事实,现补充如下:被告人林某某于 2007 年 11 月 6 日和同月 15 日,冒充厦门市国家安全局工作人员身份,以可以帮助被害人朱某融资为由,以融资人康某的朋友陈某病危和去世为名,骗得被害人朱某 1756 元。

在审理过程中,辩护人提出了新的辩护意见:

公诉机关指控被告人林某某诈骗 50 万元的事实不清,证据不足,对指控的诈骗 1756 元没有异议,但认为数额达不到"较大"标准,因此,被告人的行为不构成犯罪,同时,被告人的行为也不构成招摇撞骗罪,因为被告人诈骗 1756 元与被告人冒充的身份关系不大。

为了吸取上次的教训,在再审判决作出前,C 基层法院多次向 Y 市中级人民法院刑二庭请示汇报。汇报记录如下:

E 法官(再审承办法官):本案一审定诈骗,二审以证据不足发回重审,并建议定招摇撞骗罪。辩护人提出被告人的行为是一般的诈骗,其骗取被害人朱某 1756 元与冒充国家机关工作人员的身份关系不大,如果是一般的诈骗行为,诈骗金额没有达到较大标准,被告人的行为不构成犯罪。目前有两种意见,一是定诈骗罪,金额为 50 万元加上 1756 元,二是定招摇撞骗罪。

中院 H 庭长:检察院起诉的罪名是什么?

E 法官:还是诈骗罪,但没有新的证据举示。

中院 H 庭长:仅有原来的证据,证据之间存在诸多矛盾,诈骗 50 万元这一笔不能认定,补充起诉这笔能够认定,被告人的国安局工作人员身份让人轻信,可以定招摇撞骗罪。

G 副院长:金额只有 1756 元,如何量刑?

中院 H 庭长:比到判,关多久就判多久。

E 法官:那就判二年三个月。

结果,C 基层法院以招摇撞骗罪判处被告人林某某有期徒刑二年三个月。宣判后,被告人林某某没有上诉,检察院亦没有抗诉,案件已经生效。

以上就是该案从进入法院审理到再审判决生效的全部过程,该案较为典型地展示了刑事裁判的形成过程,同时也体现了法院内部控制刑事裁判权的过程,因为控制刑事裁判权的过程与刑事裁判的形成过程是一个问题的两个侧面,控制刑事裁判权的过程决定了刑事裁判是如何形成的,刑事裁判的形成过程则反映了控制刑事裁判权的方式。下文将以该案为例来分析法院内部是如何控制刑事裁判权的,并进一步分析其背后体现的逻辑以及其本身的控权效果。

## 二、对刑事裁判权的过程控制与结果控制

长期以来,我国法院内部都有一套独特的控制刑事裁判权的方法,即对裁判过程有严格的流程监控以及对裁判结果有细密的考核指标,对裁判过程的流程监控可以称之为对刑事裁判权的过程控制,通过细密的考核指标对裁判结果的控制可以称之为对刑事裁判权的结果控制。那么,对刑事裁判权的过程控制和结果控制是如何运作的呢?

### (一) 对刑事裁判权的过程控制

对刑事裁判权的过程控制主要通过讨论案件、审批案件等方式实现的,通过讨论案件或者审批案件,对刑事裁判的过程进行监控,基本的方式有两种,即庭长审批案件和讨论决策案件。

庭长审批案件是指对一些常规性的刑事案件,法官在撰写法律文书后将书稿提交庭长审批,庭长通过对法律文书的审查来监控刑事裁判过程。[1] 一般而言,被告人被羁押的案件,在量刑幅度内量刑并判处监禁刑,对公诉机关指控的事实与罪名也没有实质性的改变,则由法官直接写出裁判文书,庭长在书稿上签字即可,此时,庭长一般只审查量刑是否存在严重的不均衡,如发现量刑有畸轻畸重的情形,庭长一般会找承办法官了解情况,在没有特殊情形的情况下,庭长就直接在裁判文书上对量刑进行平衡,一般是对刑期进行简单的增加或减少。庭长审批案件机制长期以来一直受到学界的批评[2],将其视为

---

[1] 审批案件机制在我国刑事司法实践中长期存在,如新中国成立初期到 80 年代初一直存在的党委审批案件,关于党委审批案件的实证考察,参见何永军:《人民法院建设(1978~2005)》,中国社会科学出版社 2008 年版,第 86 页。

[2] 对于庭长审批案件机制,从 80 年代至今不断有人对其进行批评,20 世纪 80 年代初的批评,参见刘春茂:《对法院院长、庭长审批案件制度的探讨》,《法学杂志》1980 年第 2 期;近期的批判,参见李昌林:《从制度上保证审判独立:以刑事裁判权的归属为视角》,法律出版社 2006 年版,第 315 页。

司法权行政化的例证,认为其剥夺了法官的自由裁量权,因此,司法实践中庭长一般不会随意改动裁判文书,在大部分情况下,庭长并不改变判决结果,至多对一些打印错误的错别字进行校对。当然,庭长在签发裁判文书时是否改动裁判文书,与庭长的个性有很大的关系,如有的庭长在签署裁判文书时非常仔细,连标点符号也不放过,而有的庭长则只关注主要的案件事实认定与裁判结论有无明显的矛盾。

　　讨论决策案件又可以细化为两种类型,一种是法律有明确规定的审判委员会讨论案件机制,另一种是法律没有明确规定但在司法实践中广泛存在的院庭长讨论案件机制。就基层法院审委会讨论案件机制而言,由于法院审理的案件数量的增多,如 C 基层法院每年审理的案件数量都在 1 万件以上,也由于法院承担功能的增多,如法院不仅要办理好诉讼案件,还要通过各种方式参与社会管理创新,同时,还由于对审委会功能认识的深入,实践中审委会讨论的案件数量呈逐年下降的趋势,目前已固定在一个非常低的比例上,有学者将这种现象称为审委会放权改革。[①] 在审委会讨论的微乎其微的案件中,在上审委会之前基本上都经历过院庭长讨论并已定下处理问题的基调,此时,审委会讨论案件就仅具有"象征"意义,甚至成了"分担风险"、对判决结果"合法化包装"的手段。[②] 因此,院庭长讨论案件机制就成了主要的案件集体决策机制。

　　事实上,司法实践中存在的大量疑难、复杂案件是通过院庭长讨论案件机制解决的。院庭长讨论案件机制又可以具体化为两种类型,一是法院内部的院庭长讨论案件机制;二是上下级法院之间的院庭长讨论案件机制。一般而言,在遇到需要讨论的案件时,基层法院内部首先进行讨论。在 C 基层法院,对拟决定逮捕或者变更强制措施的、判处非监禁刑的、宣告无罪的、增加或减少指控情节的(如:控方没有认定自首、立功,审理后拟认定的,控方认定自首,审理后认为不应认定的,等等)、变更罪名的以及"涉黑"、专项整治活动等政策性较强的案件要求承办法官必须提交院庭长讨论,承办法官也可以基于

---

[①]　关于审判委员会放权及其过程的研究,参见肖仕卫:《基层法院审判委员会"放权"改革的过程研究》,《法制与社会发展》2007 年第 2 期。司法实践中,审判委员会讨论案件越来越少,以笔者调研的 C 基层法院为例,近几年审委会讨论的刑事案件比例很小,一般在 1% 以下。

[②]　类似的讨论,参见吴英姿:《法官角色与司法行为》,中国大百科全书出版社 2008 年版,第 182—189 页。

案件复杂等原因将案件提交院庭长讨论,在院庭长讨论案件时,承办法官首先汇报案情,然后提出需要讨论的问题并给出自己的初步意见,一般情况下,院庭长会追问承办法官一些具体问题,然后庭长给出建议,最后分管副院长提出自己的看法,一般也就是承办法官应该遵循的结论。在遇到较为复杂的案件时,为了避免改判或者发回重审对基层法院的考核造成不利影响,院庭长会联系上级法院的对口庭室,然后与承办法官一起去上级法院汇报讨论案件,程序与法院内部的院庭长讨论案件机制基本一致,首先由承办人汇报案情,并提出需要讨论的问题,然后院庭长会征求上级法院的庭长以及负责审理 C 基层法院上诉案件的法官的意见,在此基础上,对需要讨论的问题进行总结、归纳、提炼,并最终形成结论。当然,所有经过讨论的案件在作出裁判前,庭长也需要对裁判文书进行签发,此时,主要审查的是裁判结果是否与讨论结果一致。

### (二) 对刑事裁判权的结果控制

通过对刑事裁判形成过程的控制,可以在一定程度上防止权力滥用、预防司法腐败,但由于刑事裁判过程中必然会存在的自由裁量权[1],仅仅对刑事裁判形成过程进行控制还不足以杜绝权力的滥用与司法的腐败。同时,我国刑事诉讼对实质真实的强烈追求、民众对实体正义的迫切需要以及独特的被害人反应机制,使得我们必须对刑事裁判的结果进行控制。

对刑事裁判的结果控制可以分为两个阶段。20 世纪 90 年代初,为了加强对法官的监督,确保办案质量,最高人民法院在 1992 年 2 月召开的全国法院纪检监察工作座谈会上提出要实行错案追究制,一些法院响应此号召进行试点,1998 年 8 月,最高人民法院制定了《人民法院审判人员违法审判责任追究办法(试行)》,将错案追究制作为一项正式制度确立下来。然而,由于错案概念本身的模糊性以及错案追究的不合理性,"错案追究制"受到了众多学者的批评[2],

---

[1] 法官的自由裁量权可以分为规则自由裁量权和事实自由裁量权,参见艾佳慧:《社会变迁中的法院人事管理———一种信息和知识的视角》,北京大学 2008 年博士学位论文,第165 页;关于定罪与量刑中存在的裁量权,参见周长军等:《刑事裁量权规制的实证研究》,中国法制出版社 2011 年版,第 122—261 页。

[2] 对错案追究制的批评,参见王晨光:《法律运行中的不确定性与"错案追究制"的误区》,《法学》1997 年第 3 期;李建明:《错案追究中的形而上学错误》,《法学研究》2003 年第3 期。

随后在司法实践中逐渐被淡化。目前对刑事裁判的结果控制主要通过上诉率、发改率(发回重审和改判的案件数除以全部案件数)、刑事附带民事诉讼的调撤率(附带民事部分通过调解和撤诉结案的案件数除以所有刑事附带民事案件数)等细密的考核指标来实现对裁判结果的控制,①其中最主要的考核指标是发改率,因为在制度设计者看来,案件被改判或者发回重审就意味着原判在事实认定和法律适用方面存在重大的瑕疵。

　　根据控制对象的不同,对刑事裁判权的结果控制具体分为两种,即上级法院对辖区基层法院的考核和基层法院对其内部法官的考核,上级法院对辖区基层法院进行考核后对考核对象给予一定的奖惩,如对辖区基层法院的审判质效进行排序,对名列前茅者给予一定的奖励,如评选优秀基层法院,对排名在后者给予一定的惩罚,如通报批评、领导谈话等。上级法院下达的考核指标最终需要基层法院的一线法官来完成,因此,基层法院对其法官也进行一定的指标考核,考核的内容与上级法院对基层法院的考核大同小异。基层法院在对法官进行指标考核后,对本院法官也给予一定的奖惩,如年终奖金、评选评优、升迁或者岗位调整等。

　　以上就是法院内部控制刑事裁判权的基本方法,具体到本文所引用的案例,D法官在审理过程中发现该案存在诸多疑点,于是将案件提交讨论,经过法院内部的讨论后形成了裁判结论,在被告人上诉后,该案被 Y 市中级人民法院发回重审。在重审的过程中,C 基层法院又将该案提交 Y 市中级法院刑二庭讨论,最后以招摇撞骗罪对被告人判处与羁押期限基本等同的刑期。该案在一审宣判后,二审将该案又发回重审,使得 C 基层法院在年终考核时被扣了分,为此,需要有人承担责任,问题在于承办法官 D 的意见与二审法院的意见一致,故无法对其惩罚,由于 G 副院长的不当意见,该案才以诈骗罪定罪,于是 C 基层法院的院长在年底对来年工作进行安排时,对 G 副院长的分工进行调整,不再主管刑庭。

---

① 我国刑事司法一贯重视对各种数字和指标的追求,从 20 世纪末开始逐渐兴起的审判管理则将这种传统制度化,参见胡夏冰:《审判管理制度改革:回顾与展望》,《法律适用》2008 年第 10 期;近年来,审判管理有逐渐升温的趋势,参见龙宗智:《审判管理:功效、局限及界限把握》,《法学研究》2011 年第 4 期。

## 三、法院内部控权模式的制度逻辑与实践动因

按照西方的法治理论,司法独立包括法院的整体独立和法官的个体独立,司法活动的独特性决定了亲历性是司法权的基本特征之一,所谓"司法权的亲历性就是要求法官在取舍证据、认定案件事实并适用法律作出裁决之前,必须亲自经历庭审的全过程。"①如果按照西方的理论,我们便无法理解法院内部为控制刑事裁判权所采取的上述方法。那么,我们应该在怎样的宏观背景与具体制度语境下去理解法院内部控权模式的制度逻辑呢? 法院内部控权模式的产生有其现实必要性吗? 制度参与者的实践动因又是什么?

### (一) 法院内部控权模式的制度逻辑

在宏观背景下,需要对司法在我国的功能、司法独立的定位、司法管理的特征以及诉讼真实观作一番考察。首先是司法的功能,在我国,司法是参与社会治理的工具之一,有学者将法律的治理化称为中国法律的新传统②,司法机关不能就案办案,刑事审判必须为"中心工作"服务③,要求司法判决达到法律效果与社会效果的统一,为此必须对裁判过程进行控制,以确保刑事司法参与社会治理功能的实现,也必须对裁判结果进行控制,以确实司法判决双重效果的实现;其次是司法独立的定位,关于司法独立的讨论,自新中国成立以来就

---

① 张泽涛:《司法权专业化研究》,法律出版社 2009 年版,第 33 页。

② 参见强世功:《法制与治理——国家转型中的法律》,中国政法大学出版社 2003 年版,第 83 页;在陕甘宁边区时期,司法便被赋予了"通过司法活动换得民众的满意,夺取政权"的使命,参见侯欣一著:《从司法为民到人民司法——陕甘宁边区大众化司法制度研究》,中国政法大学出版社 2007 年版,第 229 页。

③ 当然,不同时期的"中心工作"是不同的,参见滕彪:《话语与实践:当代中国司法"中心工作"的变迁》,郑永流主编:《法哲学与法社会学论丛》(第 6 辑),中国政法大学出版社 2003 年版;有学者将这种司法定义为"政策导向型司法",参见吴良志:《政策导向型司法:"为大局服务"的历史与实证——中央政府工作报告与最高法院工作报告之比较(1980—2011)》,万鄂湘主编:《探索社会主义司法规律与完善民商事法律制度研究》(上册),人民法院出版社 2011 年版。

一直断断续续地进行着，①然而，在中国，"司法是深深嵌在整个党政的运作机制之中的。"②因此，"在面对所谓的司法独立主张时，必须始终保持清醒的头脑，作出清醒的认识。"③所以，司法独立在中国只能是司法机关依法独立行使职权，"是在接受党的领导和国家权力机关监督下的相对独立。"④另外，司法机关除了接受党委的领导和人大的监督外，还要接受上级"业务部门的指导和监督"。⑤ 所以，在这种"司法行为单位化"的语境下，⑥法官在办理案件过程中向分管院长和上级法院汇报案情并讨论相关问题便不存在任何问题；再次是司法管理的特征，我国司法管理呈现官僚化的特征，即"普通法官要接受庭长副庭长的领导，庭长副庭长要接受院长副院长的领导，"与此相关联的是"上下级法院关系的行政化"。⑦ "法律所规定的审判制度在实际审判过程中发生了重大变形，形成了中国法院审判的实际的非正式制度"，具体表现为"审判制度和行政管理制度混同了；审判制度成了法院行政制度的附属；在一个法院内部也出现了事实上的审级制度，特别是在一些疑难、复杂和重大案件的审理上。"⑧因此，法院领导和上级法院可以通过法院内部组织结构的层级化、法官职位的等级化以及司法决策的集体化和集权化实现对司法裁判过程的控制。最后是独特的刑事诉讼真实观，⑨传统观点认为，刑事诉讼应该也能够发现案件的客观真实，也就是说对于每一个刑事案件来说，其判决都有一个

---

① 相关的讨论，参见滕彪：《"司法独立"话语在当代中国的变迁》，罗玉中主编：《法学纪元》（第 1 辑），北京大学出版社 2004 年版；卞建林主编：《共和国六十年法学论争实录（诉讼法卷）》，厦门大学出版社 2009 年版；张恒山主编：《共和国六十年法学论争实录（法理学卷）》，厦门大学出版社 2009 年版。

② 汪庆华：《政治中的司法：中国行政诉讼的法律社会学考察》，清华大学出版社 2011 年版，第 16 页。

③ 沈德咏主编：《中国特色社会主义司法制度论纲》，人民法院出版社 2009 年版，第 464 页。

④ 陈光中主编：《中国司法制度的基础理论问题研究》，经济科学出版社 2010 年版，第 54 页。

⑤ 侯猛：《政法传统中的民主集中制》，《法商研究》2011 年第 1 期，第 124 页。

⑥ 司法行为单位化是指在特定情况下，法官（合议庭）的审判权上交给法院集体行使，如提交审委会讨论案件、请示汇报案件以及院长出面协调案件，参见吴英姿：《法官角色与司法行为》，中国大百科全书出版社 2008 年版，第 181 页。

⑦ 贺卫方：《超越比利牛斯山》，法律出版社 2003 年版，第 129—131 页。

⑧ 苏力：《法院的审判职能与行政管理》，信春鹰、李林主编：《依法治国与司法改革》，社会科学文献出版社 2008 年版，第 329 页。

⑨ 关于刑事诉讼真实观，参见王彪：《刑事诉讼真实观导论》，《刑事法评论》（第 28 卷），北京大学出版社 2011 年版，第 406—436 页。

标准答案可供参考,即案件的客观真实,因此,事后对案件的结果进行审查从而实现对刑事裁判权的结果控制也就有了可能。

在具体制度语境上,刑事诉讼制度的相关特征为这种控权模式提供了可能。首先是案卷笔录中心主义的裁判模式,案卷笔录中心主义是指"刑事法官普遍通过阅读检察机关移送的案卷笔录来展开庭前准备活动,对于证人证言、被害人陈述、被告人供述等言词证据,普遍通过宣读案卷笔录的方式进行法庭调查,法院在判决书中甚至普遍援引侦查人员所制作的案卷笔录,并将其作为判决的基础。"①这种裁判模式体现在整个刑事审判程序中,包括一审程序、二审程序、死刑复核程序以及再审程序。在刑事诉讼的全部阶段,裁判的作出主要依赖承办法官对案卷笔录的研读,因此,院庭长、上级法院在听取承办法官汇报案情的基础上对案件进行决策也就可以理解了,此时,承办法官的功能主要是客观复述其所研读的案卷笔录;其次是印证证明模式,"印证证明模式"注重证明的"外部性"而不注重"内省性","外部性"是指除一个证据外还要有其他证据,而"内省性"是指通过某一证据在事实裁判者心中留下的印象与影响。② 这种注重"外部性"的证明模式,重点关注证据间的相互印证,强调证据的数量,强调裁判者对证据的内心确信可以被反复检测,因此,院庭长、上级法院的案件讨论才有了可能,对案件的结果控制也才有了基础;最后是实践中运行的承办人负责制,在 C 基层法院,对案件的审理实行承办法官负责制,承办人对自己审理的案件负责,一般来说,对于简单的案件,承办人有能力独立作出判决,但对于一些较为复杂的重大案件,承办人独立办案,不利于案情的交流,不利于从不同角度提出案件在办理过程中需要解决的问题,而在讨论案件时,主持讨论的院庭长一般都是资深的法官,能够在较短的时间内抓住案件需要解决的主要问题。

从现实必要性来看,随着民众对司法功能的期待越来越高,民众对司法的关注度也越来越高,在一定意义上可以说司法已经成为社会关注度较高的领域之一。正因如此,司法领域发生的腐败案件也就有了放大的效果,从而,民

---

① 陈瑞华:《案卷笔录中心主义——对中国刑事审判方式的重新考察》,《法学研究》2006年第 5 期,第 64 页。

② 参见龙宗智:《印证与自由心证——我国刑事诉讼证明模式》,《法学研究》2004 年第 2 期,第 111 页。

众对司法不信任并进而断言司法腐败广泛存在。① 在大的政治体制没有改变的情况下,在法官素质还有待进一步提高的前提下,加强对司法的监督也就有了必要性,特别是要加强法院内部对司法的监督。一方面是因为司法过程中存在的自由裁量权致使其他机关很难对司法活动进行有效监督;另一方面是法院加强对自身裁判工作的监督也是一种政治表态,是增强自身合法性的必要举措,有利于缓解司法的困境,减轻司法的压力,从而改善整体司法环境。

### (二) 法院相关参与人员的实践动因

以上从宏观背景、具体制度语境以及现实必要性上分析了法院内部加强对刑事裁判权的控制的原因及可能性。那么,在具体的司法实践中,制度实践者是如何看待并践行这一制度的呢?

从院庭长的角度来看,一方面,院庭长面临法院绩效考核的压力,"实践中,对各级法院领导普遍适用'一岗双责'的双重责任制度","根据'一岗双责'的要求,不管是院长还是庭长,队伍建设和审判业务工作都应该'齐抓共管',对其工作绩效的考核当然就是全院或全庭的队伍建设质量和审判工作质量。"②在这种情况下,院庭长必然要通过对刑事裁判过程和结果的控制,来监控普通法官,防止其利用手中的审判权力进行寻租或者懈怠工作导致案件出现质量问题;另一方面,这是院庭长对各种"货币"和"非货币"收益的"不自觉的"追求,在对刑事裁判活动进行控制的同时,院庭长们获得了"管人的快乐",同时也可能会有各种物质或非物质收益。

从上级法院的角度来看,上下级法院之间的案件讨论机制,即基层法院向上级法院汇报案情,并在充分讨论的基础上定下处理相关问题的基本方略,从未被正式制度所确立,但却是司法实践中长期运行的"非正式"制度。那么,这种明显会增加上级法院相关人员工作量的"非正式"制度为何能够长期运

---

① 有学者用博弈论的方法分析我国司法腐败,认为"中国现实的司法环境都促使司法腐败博弈各参与人的效用函数向有利于达成贿赂交易的一边倾斜。"参见何远琼:《站在天平的两端——司法腐败的博弈分析》,《中外法学》2007 年第 5 期,第 583 页;民众对司法的期望与失望,参见王雷:《基于司法公正的司法者管理激励》,法律出版社 2010 年版,第 1—2 页。

② 艾佳慧:《中国法院绩效考评制度研究——"同构性"和"双轨制"的逻辑及其问题》,《法制与社会发展》2008 年第 5 期,第 75 页。

行呢？根据笔者的调研，主要原因有三，一是上级法院相关人员与基层法院的复杂关系。虽然各地法院的绩效考评制度不同，但就刑事审判而言，发改率是一个重要的考核指标，二审法官对上诉案件的改判或发回重审往往导致一审法院在考核中的不利，然而，司法实践中，基层法院与上级法院的关系较为复杂，一方面上级法院对基层法院的工作进行指导、监督，另一方面上下级法院之间的领导往往保持着较为密切的关系，基层法院在年终或者节假日会邀请上级法院的相关人员吃饭、娱乐等，俗称"做工作"。之后，原先的工作关系在一定程度上变成了个人之间的朋友关系，因此，二审法院不能随意改变基层法院的判决，①否则还有谁愿意与你"交朋友"，况且二审法院的相关人员偶尔也需要通过基层法院对个别案件"打招呼"。基层法院在遇到疑难案件时会主动联系上级法院，通过讨论获得一个大体上明确的处理方案，从而避免案件在上诉时被改判或者发回重审。二是统一辖区内的法律适用。上级法院不仅要处理基层法院上诉来的个别案件，还要在辖区内统一法律适用，如一定时期司法政策的贯彻、领导讲话精神的领会等，通过讨论案件，一方面可以解决具体案件中存在的问题，另一方面也可以传达最新政策精神（至少是领导讲话精神）从而实现在辖区内统一司法的目的。三是上级法院的默许。事实上，在上级法院内部，对于这种"非正式"的案件请示制度基本持认可的态度，甚至个别领导还鼓励这种上下级法院之间的沟通，另外，鉴于汇报讨论案件已经成为一种普遍的现象，因此，上级法院的部门领导对基层法院请示的案件一般要求下级法院写出"案件讨论报告"，同时收集相关材料并做好讨论记录，在年底总结时这些将是部门工作成绩的一部分。

从承办法官的角度来看，如何保证法官遇到问题时将案件提交讨论呢？首先是法院内部的强制性规范的要求，如法院明确规定哪些案件必须经过讨论才能定案，一般来说，法院现行的行政管理模式决定了领导印象等因素对法官晋升的重要性，也决定了法官一般会服从管理，对于那些没有追求的法官来

---

① 有学者认为法院内部的考评制度和案件请示制度导致上诉审理流于形式，参见朱立恒：《刑事审级制度研究》，法律出版社 2008 年版，第 229 页；对绩效考评与案件请示做法的批评，参见廖明：《〈关于规范上下级人民法院审判业务关系的若干意见〉评析——以刑事审判业务为视角》，张军主编：《刑事法律文件解读》2012 年第 1 辑（总第 79 辑），人民法院出版社 2012 年版，第 118 页。

说,如果不听话就有可能会被调离审判岗位甚至调至其他偏远地区的法院,①因此,总体上能够保证法院内部的规定得到严格的实施。其次是规避办案风险的策略,在刑事审判中,"事实认定是适用法律的第一个步骤,但由于事实具有不可再现性,因而作为判决依据的裁判事实,只能是被'重构'、而不是被'发现'的。"②然而,这种诉诸普通人的感知、一般经验法则和裁判者的内心确信基础上"重构"的事实感觉有不确定性,从而可能会产生事实疑罪。③ 法官通过有限理性去认识带有不确定性的事实疑罪,必然会存在出错的可能性,而在有错必究的诉讼理念下,④案件随时面临被翻案的可能性,在错案追究与绩效考核的背景下,法官随时可能面临因案件被改判或发回重审带来的不利境地,因此,也就不难理解为什么法官经常主动要求讨论案件。第三是对案外因素的考虑,如抵御人情干预,特别是抵御法院内部同行的人情干预,法官在行使裁判权时经常会遇到的一个困惑是如何抵御人情干预,其中包括如何应对法院内部同行的人情干预,中国是一个人情社会,⑤法官在面临各种"说情"时很难断然拒绝,此时,将案件提交讨论是一种表态,即愿意帮忙,但确实无能为力,此时讨论案件有利于法官的自我保护,案外因素还包括对案件"案结事了"要求的影响,在"涉诉信访已经成为法院工作非常重要的内容"的情况下,"全国各级法院都花费极大的精力来解决涉诉信访问题。最高法院如此,地方各级法院更是直接处在访民和上级党委政府的双重压力之下,以至于信访数量的多少成为衡量法院工作好坏的一个重要指标,"⑥因此,承办法官在遇到可能会引起信访的案件时,向领导汇报案情寻求帮助也就是一种本能的选

---

① 对法官流动的分析,参见艾佳慧:《司法知识与法官流动——一种基于实证的分析》,《法制与社会发展》2006 年第 4 期。

② 陈林林:《裁判的进路与方法——司法论证理论导论》,中国政法大学出版社 2007 年版,第 74 页。

③ 关于事实认定中的疑罪的产生根据,参见董玉庭:《疑罪论》,法律出版社 2010 年版,第 115—119 页。

④ 有错必究理念体现于整个刑事程序中,参见黄士元:《刑事再审制度的价值与构造》,中国政法大学出版社 2009 年版,第 50 页。

⑤ 相关的分析参见翟学伟:《人情、面子与权力的再生产》,北京大学出版社 2005 年版,第 84—87 页。

⑥ 汪庆华:《政治中的司法:中国行政诉讼的法律社会学考察》,清华大学出版社 2011 年版,第 104 页。

择,如本案被告人的父亲在案件办理过程中,经常给法院院长写信,称其儿子系被人冤枉,表示要上访为其儿子伸冤,在此背景下,院长督促承办法官尽快结案,承办法官才不再拖延①,并将案件提交院庭长讨论。最后是制度环境的诱导,"资源越是集中、组织之间的依赖关系越强、组织的目标越模糊、技术的不确定性越大,组织就越倾向于采取趋同策略。组织不论是接受强制性的要求还是专业规范,或者是模仿其他组织,都是一种有意识的选择,是为了避免违反强制性规范而受到惩罚,为了获得更多的资源,为了降低不确定性带来的风险,或者为了降低经营成本。"②也就是说,法院内部通过行政管理以及各种资源的再分配来实现对法官个人行为的控制,因为,"这个群体和自己的利益直接相关,群体有足够的力量来惩罚叛离者或奖励依从者,而在一定限度内,奖赏越多,威胁越大或正当理由越多,依从性就越大,而且一定的群体还创造了自己独特的环境氛围,这种情境的压力会使得一个人即使在没有受到明显的奖赏或威胁的情况下,也会按照群体的意见去做。"③正如有学者所言,"制度对法院和法官的影响,小部分从观念层面上、以神话般的方式发生,也就是说,通过长期的教育和灌输而内化为法官的观念;大部分则是通过激励机制发生,即通过成本、收益、机会甚至直接的奖励或惩罚而对法官产生激励。"④在这种制度激励下,承办法官一方面服从领导,另一方面也会想方设法不让自己的案件被改判、发回重审,即使发生了这样的事情,也力图通过各种方法来减轻自己的责任。

---

① 当然,司法实践中,拖延也是门"学问",一般情况下,法官遇到疑难复杂案件,不会立即做出结论,先要晾一晾,在此期间,被关押的被告人可能会认罪。实践中一般是通过延期审理的方式进行拖延的,参见马永平:《延期审理滥用形态之检视与厘正》,陈光中主编:《刑事司法论坛》(第4辑),中国人民公安大学出版社2011年版。该学者通过实证研究,认为导致延期审理的因素主要有六个,即公诉机关起诉证据未能到位、一起案件多次鉴定、被告人脱逃、刑附民调解、向上级法院请示以及出于维稳需要与党委、政府沟通等。事实上,对于一些被告人不认罪的案件,一些承办法官通过"延期"审理的方式对其进行"惩罚",进而迫使其认罪。

② 翁子明:《司法判决的生产方式——当代中国法官的制度激励与行为逻辑》,北京大学出版社2009年版,第20—21页。

③ 陈兴良主编:《中国死刑检讨——以"枪下留人案"为视角》,中国检察出版社2003年版,第149页。

④ 翁子明:《司法判决的生产方式——当代中国法官的制度激励与行为逻辑》,北京大学出版社2009年版,第21页。

# 四、法院内部控权模式的效果分析

通过对法院内部控制刑事裁判权的方法的考察,可以发现制度设计者之所以对相关的制度进行如此的设计,其背后体现了这样的逻辑,即通过对刑事裁判过程的控制,可以有效地监控法官的裁判行为,一方面保证其不懈怠、不渎职,一方面保证其不滥权、不寻租;通过对刑事裁判结果的控制,可以减少刑事裁判出现错误的可能性。进一步分析可以发现,该制度的更深层次的逻辑是刑事案件的裁判结果有"标准答案",其结果是可以控制的,改判就说明承办法官的能力不行或者工作态度有问题。

然而,事实认定和法律适用问题有一个标准答案吗?关于这个问题,学界已经有较多的讨论,在此不作详述。① 为了控制刑事裁判权,法院内部"以严格的流程监控和考核指标约束法官,希望通过工厂化的现代管理方式提高司法审判的形式合法性,并压缩法官滥用权力的空间。"②那么,法院内部控制刑事裁判权的方法能够保证法官努力工作、为"官"清廉吗?

客观地说,法院内部控制刑事裁判权的方法有一定的正面效果,主要体现在法律效果与社会效果两个方面。在法律效果方面,一是弥补合议庭虚置的问题,基层法院合议庭虚置是普遍现象,在绝大部分较为简单的刑事案件中,承办法官能够圆满地完成审判任务,但在一些较为疑难复杂的案件中,在庭审不充分的情况下,③负有真实发现义务的法官如何才能发现案件的争点,找出问题的焦点就是一个问题,在讨论案件过程中,经验丰富的院庭长的若干提示往往能够击中问题的要害,在找准问题的基础上解决问题。二是承担判决说理的功能,防止法官滥用自由裁量权,判决书不说理或说理不充分是一种客观现象,④一直以来不断受到学者们的批评,但至今仍未有较大的进步,在内部

---

① 对事实疑罪与法律疑罪的精彩分析,参见董玉庭:《论疑罪的语境》,《中国法学》2009 年第 2 期。

② 兰荣杰:《把法官当"人"看——兼论程序失灵现象及其补救》,《法制与社会发展》2011 年第 5 期。

③ 关于庭审不充分的研究,参见李昌盛:《缺乏对抗的"被告人说话式"审判——对我国"控辩式"刑事审判的实证考察》,《现代法学》2008 年第 6 期。

④ 参见胡云腾:《论裁判文书的说理》,《法律适用》2009 年第 3 期,第 49—50 页。

讨论案件过程中,无论持何种意见,都必须要有充分的理由,因此,法院内部控制模式在一定程度上相当于在内部进行的说理论证。三是统一法律适用、保持量刑均衡的功能,对于法律问题有不同的理解属于正常现象,但一个辖区的法官如果对于同一个问题有不同的看法,①从而产生不同的判决,轻则影响司法权威,重则导致被告人对判决的不服,因此,一个辖区的司法有必要适度统一,量刑问题亦是如此,无论是讨论案件还是审批案件,都在一定程度上保证了法律适用的统一和量刑的适度均衡。在社会效果方面,通过法院内部控制刑事裁判权的方法可以达到贯彻最新的刑事政策,响应民众意见,积极参与社会治理,为中心工作服务等效果,如在开展食品、药品安全整治过程中,对量刑问题的统一把握,能够使司法判决符合刑事政策的最新要求,在一定程度上加强了法院自身的合法性,从而为法院赢得生存与发展的空间。

当然,任何制度都不可能完美无缺,法院内部控制刑事裁判权的方法亦不例外。首先是其效果处于不确定状态,在很大程度上受制于领导个人的业务素质。司法实践中,对领导的遵从被称为“服从”,即认同于现实的或想象中的领导期望。② 因此,司法实践中,面临同一问题,如果领导与承办法官的意见不一致,最终的结果一般都是承办法官屈从领导的意志,如在本文的实证案例中,D 法官在汇报案情后给出了两种处理意见,一种意见是认为不构成诈骗罪但构成招摇撞骗罪,一种意见是构成诈骗罪,并明确表示自己倾向于定招摇撞骗罪,M 庭长也认为此案不应匆忙下结论,应细细斟酌,然而,主管刑庭的 G 副院长竟然说“两方的证据矛盾,要比较哪方的证明力大些?”最后认为“控方出具的证人证言系侦查机关依法获得的,具有较大的可信性,辩方的证人因与被告人系朋友关系,其证言的真实性不是很高”,且“辩方只举示一个人的证言,系孤证”,因此应该采信控方的主张。这是一种典型的办理民事案件的思维,根本没有注意到刑事诉讼中对被告人有罪的证明需要控方提供证据,且这种证明需要达到排除合理怀疑的标准,辩方对其反驳只需要形成“合理疑点”即可。同时,这也是 G 副院长的司法理念的体现,司法实践中,有些冤案是在司法权正当行使的情况下产生的,有学者将这种情况下产生的冤案称为“正

① 对该问题的实证研究,参见王彪:《论盗窃罪与诈骗罪司法认定中的问题及其克服》,张军主编:《刑事法律文件解读》2012 年第 3 期(总第 81 辑),人民法院出版社 2012 年版。
② 参见吴英姿:《法官角色与司法行为》,中国大百科全书出版社 2008 年版,第 176 页。

当"的冤案,"宁错勿纵"就是其中的一种。①　其次是对刑事裁判权的结果控制与过程控制的互动消解了该法院内部控权模式的整体效果,一方面,对裁判结果的控制强化了对裁判过程的控制,院庭长为了在审判质效考核中取得较好的成绩,必然会加强对裁判过程的控制,表现为讨论案件时更加细致、审批法律文书时更加慎重,而承办法官为了消解结果考核对其可能产生的不利影响,也会积极配合甚至主动要求对其裁判过程进行控制,另一方面,在加强了对案件裁判过程的控制之后,"法律解释者或者司法判决生产者往往不是一个'有面目的法官',而是一个'无面目的法官',是一个机构、一个组织、一群人,如合议庭、审委会、上级法院、政法委,等等,他们每一个都可以称为法律的解释者,但往往哪一个都不是法律解释者的最终承担者。"②因此,也就没有人对裁判的结果负责,也就是说,对刑事裁判的过程控制的加强消解了结果控制的效果。如在本文的实证案例中,该案被上级法院以"事实不清,证据不足"为由发回重审后,承办法官并没有承担任何责任,因为该案判决是院庭长讨论后的结果,更何况在讨论案件的过程中,承办法官提出过"定诈骗 50 万疑点过多,存在很多矛盾"的观点,是分管副院长觉得可以定罪,因此,承办法官无需承担任何责任,而分管副院长是法院党组成员,是法院奖惩政策的制定者,当然无法对自己进行惩罚,当然,此时也不会有人要求对其追责,最坏的结果也就是在来年的工作调整中其不再分管刑事审判工作。最后是法院内部控制刑事裁判权的方法不符合司法规律,也剥夺了辩护方的辩护权利。案件讨论的过程就是对案情以及法律适用问题进行研讨的过程,在此过程中,法院内部的领导和承办法官积极参与,上级法院的相关人员偶尔参与,由于检法"沟通"机制的存在,公诉机关的意见也会被充分考虑,唯一缺席的就是辩护一方,在搞定了检察机关和上级法院之后,无论案件如何判决,辩护一方都无法进行有效的抗争。

　　另外,法院内部控权模式还产生了一定的附带效果。一是为相关人员进

---

　参见毕竞悦:《政治合法性、整体利益与个案公正》,高鸿钧、张建伟主编:《清华法治论衡——冤狱是怎样造成的(下)》(第 10 辑),清华大学出版社 2008 年版,第 117—118 页。

②　强世功、赵晓力:《双重结构化下的法律解释——对十名中国法官的调查》,梁治平编:《法律解释问题》,法律出版社 1999 年版,第 249 页。

行权力寻租提供了机会。首当其冲的是法院领导,法院内部控权模式产生的最大的问题是谁来监督监督者,法院内部控权的结果是实质的审判权力往上集中,因此,法院领导成了矛盾的"焦点",想要达到预期的辩护效果,只需要把法院领导搞定即可,另外,承办法官也可以通过讨论案件进而对判决结果进行"合法化包装",①也就是说法院内部控权模式预防司法腐败的效果有限,其效果在很大程度上取决于法院领导和承办法官的个人自觉程度。二是为其他权力干扰审判活动提供了制度性的渠道。法院内部控权模式虽然在一定程度上能够防止权力、金钱因素对承办法官的审判活动进行干扰,但却无法防止金钱、权力等各种因素对法院领导的影响,其中最突出的是其他权力主体对司法的干预,用通俗的话来说,当诉讼各方均知道案件裁判的最终决定者是法院领导后,一般会通过各种关系找到与法院领导地位大致平等、甚至更高的权力主体,从而达到影响司法的目的,一般情况下,法院领导很难逃脱各种权力因素的影响,能够守住底线,不被拉拢腐蚀就属不易。三是导致法官产生"做一天和尚撞一天钟"的敷衍心态,如有学者通过实证研究发现,在基层法院有很多法官抱有"完成任务"心态,该心态有三个特点,即意义丧失、一定程度的目标替代以及结果导向和过程仪式化。② 也就是说,"在很多情况下法官处理案件的态度与其说是解决纠纷,还不如说他们更关心的是如何'完成任务'。"③确实,在一个没有严格的事前法官遴选程序,没有事中法官高薪待遇和职位保障的情况下,④一线法官很难说有什么个人追求,休闲、额外的货币收入等就构成了中国法官主要的效用函数。⑤ 在这种情况下,法官心中没有什么值得追

---

① 在审委会讨论案件中也存在类似的情形,参见吴英姿:《法官角色与司法行为》,中国大百科全书出版社 2008 年版,第 183—189 页。

② 参见肖仕卫:《刑事判决是如何形成的——以 S 省 C 区法院实践为中心的考察》,中国检察出版社 2009 年版,第 56 页。

③ 吴英姿:《法官角色与司法行为》,中国大百科全书出版社 2008 年版,第 52 页。

④ 我国目前法官工资由地方财政支付,其待遇与其行政级别挂钩,没有体现司法机关的特殊性。而我国法院内部频繁的行政性调动使法官与法院内行政人员的身份经常互换,相关的研究,参见艾佳慧:《司法知识与法官流动——一种基于实证的分析》,《法制与社会发展》2006 年第 4 期。事实上,法院审判人员每月有 200 元左右的法官津贴,但这些少得可怜的津贴无法将法官与一般公务人员的待遇区分开来。

⑤ 有学者认为中国法官效应函数中可能包含的因素有:领导印象,避免错案,声誉,休闲,职位升迁,收入。参见艾佳慧:《中国法官最大化什么》,苏力主编:《法律和社会科学》(第 3 卷),法律出版社 2008 年版,第 120—124 页。

求、值得守护的东西,完成任务,不产生额外的麻烦就是最高的追求。

## 五、法院内部控权模式的双重悖论

上文先用一个案例形象地说明了法院内部是如何控制刑事裁判权的,并且对该控权模式进行了详细的理论梳理,分析了其产生及运作的逻辑,对其控权效果也作了一定的考察。通过考察发现,法院内部控权模式存在双重悖论。"我国法院多年来实际上或者基本上是实行的首长负责制而不是法官负责制。过去是审判员负责案件事实,领导(从庭长到院长)负责判决(名曰掌握政策)。现在也是审判员审案,领导把关。"①这是一种带有行政性质的内部控权模式,其导致的结果是司法的独立性受损,产生了大量的带有"完成任务"心态的法官,这些法官甚至包括法院的领导在没有任何追求的情况下会选择休闲或者额外的货币收益,一方面导致他们对工作不积极、不热情,另一方面则可能利用权力寻租,即法官要么工作懈怠要么贪赃枉法,甚至两者兼具。结果又导致更加严厉的内部监督,如此循环,此乃一大悖论。法院内部控权模式分为过程控制和结果控制,结果控制加强了过程控制,而过程控制则削弱了结果控制的效果,如此循环,此乃又一大悖论。

既然法院内部控权模式存在双重悖论,那么,未来该如何实现对刑事裁判权的有效控制呢?笔者认为总的原则应该是在尊重司法规律的基础上对刑事裁判权进行控制,同时应该采取循序渐进的方法。首先是提高法官的待遇,"在中国目前要想遴选优秀人才出任法官的措施其实很简单,根本的就是一条——提高法官的收入,包括货币的和非货币的,从而有效激励优秀法律人才的合作……由于法官职位变成了一个收入高的职位,法官自然也就会更珍惜这个职位,害怕失去这个职位,因此,他如果想徇私枉法就必须想一想可能付出的代价,并因此一定会减少司法腐败。"②其次是加强判决书说理,判决书说理是现代理性、公正的裁判制度的一个根本特征,是对法官自由裁量的必要制

---

① 王怀安:《关于法院体制改革的初探》,信春鹰、李林主编:《依法治国与司法改革》,社会科学文献出版社 2008 年版,第 314—315 页。

② 苏力:《道路通向城市——转型中国的法治》,法律出版社 2004 年版,第 276 页。

约,也是实现判决正当化的有效措施。① 最后是以诉权制约裁判权,在政治哲学上,"制约"具有平等地、交互地进行权力审查的意味,"所谓'诉权制约',是指由那些与案件结局存在利害关系的当事人,对法官的庭前准备、法庭审理以及司法裁判进行全程参与,并对各项诉讼决定的制作施加积极有效的影响。"②通过我们的考察,发现在整个内部"研讨型"的裁判模式中,辩方是唯一从始至终缺席的一方,未来可以通过加强辩方的诉权参与,通过辩方的诉权来制约法官的裁判行为。提高法官待遇是对法官公正司法的物质和精神保障,判决书说理是加强法官自身制约的重要举措,而"诉权制约"则注重的是通过外部力量对裁判权进行制约从而实现公正司法。当然,对刑事裁判权的有效控制不可能一蹴而就,必须坚持循序渐进的方法,甚至在短期内采取的不同方法之间还可能存在一定的矛盾,但最重要的是要不断积累符合司法规律的各种因素。

**（本文获"司法学论坛暨首届司法管理学研讨会"征文优秀奖）**

---

① 　参见龙宗智:《刑事庭审制度研究》,中国政法大学出版社 2001 年版,第 422—423 页。
② 　陈瑞华:《刑事诉讼中的问题与主义》,中国人民大学出版社 2011 年版,第 82 页。

# 审判管理在推进中的阻抗及其应对

## ——以探索和谐化的审判管理路径为视角

荣明潇\*

审判管理是人民法院内部管理的重要组成部分之一,其与司法人事管理、司法政务管理共同组成人民法院内部完整的管理体系。而在这三大管理板块中,由于审判管理直接作用于人民法院司法职能的发挥,且司法人事管理和司法政务管理均是为审判管理提供保障和服务,二者的最终落脚点都在于审判管理。因此,审判管理在人民法院三大内部管理中居于核心地位。近年来,虽然审判管理一直处于如火如荼的推进过程中,然而这一过程并非一帆风顺。由于审判管理是对审判工作或者说是对审判权的一种管理,其目前尚处于改革和探索时期,因此审判管理在推进过程中遇到阻抗是不言而喻的。而要提高司法质效,实现司法的公正、效率与权威,则必须强化审判管理。有鉴于此,本文通过对审判管理基本理论的分析思考,总结审判管理工作在不断推进过程中面临的阻抗并探究其成因,对探索和谐化的审判管理路径作一初步的探索和研究。

## 一、内涵解析:审判管理之概念理解

### (一) 审判管理的概念

审判管理,顾名思义,就是"管理审判"。但是对于其具体的概念,目前学

---

\* 荣明潇,山东省淄博市中级人民法院。

界和实务界并未统一,大体上有"行为说""管理活动说""审判程序和辅助事务说""机制说""体系说"①等几种认识。而这几种认识均出自不同的角度,各有其侧重之处。笔者认为,审判管理是指人民法院在处理案件的整个过程中,为了使审判权合法、有序、高效地运行,基于对审判规律的把握,由法院内部有关部门和人员通过一定的制度和手段对审判工作进行科学、合理的分工、协调、规范、指导和监督,从而保证案件处理的各个环节、各个方面能够和谐运转,以实现公正和效率的整个过程。② 从审判管理的概念中,我们不难发现,审判管理有两个比较显著的特征:一是审判管理是对法官从事的审判活动(或者说是审判权)而进行的管理,二是审判管理是为了保障和实现审判权的正当有序运行。

### (二) 审判管理的性质

#### 1. 审判管理是一种类行政化的管理

在英文中,"管理"和"行政"都是"Administration"。换句话说,在英文中行政和管理是同等意义,行政就是管理,管理就是行政。客观地讲,审判管理在运行方式上的主动性、非裁决性、综合性、责任性等行政权的特有属性无人能够否认。③ 而就管理学意义而言,审判管理与行政管理事实上都是通过计划、组织、指挥、控制等活动,确保管理目标的有效实现。④ 所以说从管理的共性来看,审判管理具有行政化的属性。然而审判管理是对审判权的管理,审判权作为一种司法权,其运行与行政权并不相同,具有其自身独特的属性。因

---

① "行为说"认为审判管理是指人民法院运用计划、组织、指挥和制约等方法,协调并控制审判工作的流程,规范并监督审判组织的行为。"职能说"认为,审判管理是与人民法院办理案件的活动直接相关的管理活动,是法院管理中最常遇到的内容,具体内容包括审判流程管理和审判质量管理两大类。"审判程序和辅助事务说"认为,审判管理从案件发展过程的角度,可以称为审判流程管理;从管理对象性质角度,可以称为审判事务管理;从管理对象与审判工作的关系的角度,可以称为审判辅助管理。"体系说"认为,审判管理是基于对审判活动规律的认识和把握,以提高审判质量和效率为目标,以服务审判、规范和保障审判权依法独立行使为原则,以审判质效指标管理体系、过程控制体系、绩效考核体系等为内容的综合性管理体系。
② 从广义上来说,审判管理还应当包括对执行权的管理,本文对审判管理采狭义的概念,即仅指对审判权的管理。
③ 参见孙海龙、高翔:《审判事务管理权的回归》,《人民司法》2010年第9期。
④ 参见周三多等:《管理学——原理与方法》,复旦大学出版社2009年版,第11页。

此,从审判权的特殊性来看,审判管理必须符合司法的本质和规律,不能是完全意义上的命令服从式的行政管理。例如,由于审判权是一种判断权,上下级法院之间对于案件的认定有可能存在认识上的差异,从而导致裁判结果不同。所以在改判发回案件是否为错案的认定上,应经审委会研究并区分情况对待,而不能简单地一律认定为错案而进行责任追究。故审判管理在性质上只能认为是一种类行政化的管理,而不是一种完全意义上的行政化的管理。

**2. 审判管理是人民法院内部的管理行为**

人民法院行使的审判权作为一种司法权,具有宪法地位。[①] 但审判权的行使是受到监督的。我国的人民法院受中国共产党的领导,因此人民法院行使审判权必然受到党的监督;法院之外的其他国家机关如人大、政协、检察机关等对人民法院行使审判权具有监督的权力;另外公民、法人也可以适当的形式对人民法院行使审判权进行监督。当然上述这些监督均是法院外部力量的监督。就人民法院内部而言,人民法院内部对审判权的监督则是通过审判管理来完成的。从一般意义上讲,各个单位为了实现其自身主业的正当有序开展,都会在其内部对于其主业的开展进行管理。审判工作毫无疑问是人民法院的主业,为了能使审判工作正当有序地运行,人民法院从内部也必然会对审判进行管理。这种内部的管理与外部力量的监督从属性上来讲截然不同,但是内部管理比外部力量监督更为重要。人民法院通过审判管理进行内部自律从而实现"公正与效率",远比外部力量督促下实现"公正与效率"更能树立司法权威。

# 二、现实把握:审判管理推进之阻抗表现

在探索符合审判规律的审判管理模式的变革过程中,人民法院对审判管理的认识不断深化,工作机制不断完善,审判管理由单项分散的管理逐步走向了综合全面的管理,审判管理在人民法院管理体系中的核心地位由此也不断强化。但不应忽视的是,审判管理的这一推进过程并不是一帆风顺的,而是不

---

① 《中华人民共和国宪法》第一百二十六条规定:"人民法院依照法律规定独立行使审判权,不受行政机关、社会团体和个人的干涉。"

断伴随着一些阻抗因素奋力前行。

### （一）客观阻抗

#### 1. 行政倾向

审判管理在我国最早属行政管理。随着依法治国进程的加速和对司法规律的再认识，真正意义上的审判管理才破茧而出并逐步发展。审判管理虽然在性质上是一种类行政化的管理，但也只是"类行政化"，而不是完全意义上的"行政化"。因此，审判管理要想真正从行政管理中脱胎换骨，必然要伴随着一定的去行政化过程。然而在十几年的审判管理改革发展和推进过程中，审判管理中的行政化倾向依然很重。例如人民法院中常有的"金字塔式"的科层式管理模式，管理指令通过行政命令层层传达，带有明显的行政管理色彩，极易造成行政权干预审判权。[①]

#### 2. 制度缺位

虽然当前审判管理已经形成了一定的制度，但从其内容来看仍存在商榷之处。第一，审判管理的部分制度性内容存在不合理之处，其科学性需要引起反思和进一步论证。例如发改率，其本意原为提高审判质量，但却造成许多法官为避免案件上诉后被发改而在案件处理上更趋于"谨慎"，"往往表现出法律适用上的机械性，不敢进行稍越'雷池'的价值判断"[②]；而有些更"聪明"的法官则在考虑案件事实本身的同时更多地考虑和揣摩上级法院法官的审判心理，力求使自己所办案件的结果更符合上级法院法官的意思，以避免案件在上诉后被发回或改判，导致审判权行使出现扭曲。第二，有些与审判有关的重要内容未进入审判管理制度中。例如对影响案件质量和办案效率的有些环节如庭审质量、案件移送、上诉和退卷等尚未纳入管理程序；再如庭审礼仪、接待当事人的态度等与审判活动有关的行为基本上未纳入审判管理范围。这些环节的缺失，使审判管理出现断层，影响了审判管理效果。

#### 3. 执行不力

在既有的审判管理制度的执行层面上，或多或少地存在着执行不力的问

---

① 参见公丕祥主编：《审判管理理论与实务》，法律出版社 2010 年版，第 152 页。

② 孙辙、朱千里：《积极主动或谦抑克制："审判管理权"的正确定位与行使》，《法律适用》2011 年第 4 期，第 70 页。

题。主要表现在以下几方面:第一,制度的落实推动不力。审判管理部门虽然针对全院性审判管理事项制定相应的审判管理制度,但各部门在执行过程中存在"门户"意识,即"谁制定、谁执行",往往造成业务部门出现"你管你的,我干我的"的现象。部分业务部门和法官在参与审判管理时,不能完全按照管理制度的要求进行落实,造成审判管理在实际中的效果大打折扣。第二,责任追究不到位。例如在案件质量评查中发现的错误问题,由于认识不一或碍于情面,经常会出现不了了之的结果。第三,审判管理结果运用不够。例如大部分的管理结果只是提供给院领导进行决策使用,但其并未与法官的奖罚、评先评优、晋级晋职等相联系,客观上造成了管理效果的不理想。

### (二)主观阻抗

#### 1. 低认知度

审判管理在我国法院系统早已提出多年,最近几年审判管理改革工作也进行得如火如荼。但在不少法院尤其是中级法院和基层法院,仍有相当数量的工作人员对于"审判管理"这个名词不甚知晓。有的人虽然听说过"审判管理",但也只是知道这个名词,对其真正的内涵则并不了解。即使是在成立了专门审判管理部门的法院,仍有不少干警不了解该部门为何设立和其职能到底是什么,只以为是为了解决干部职务问题而又成立了一个新部门。而在未设立专门审判管理部门的法院,情况恐怕更不容乐观。干警对审判管理工作的这种低认知度,无形中对审判管理工作的深入推进产生了一种消极的影响。

#### 2. 低认同度

除了低认知度外,低认同度则对审判管理工作造成了更为直接的阻抗。这在设有专门审判管理部门的法院尤为明显。审判管理在推进过程中,有的业务部门和办案法官对于审判管理存有抵触情绪,对于又多了个审判管理部门来管自己尤其反感,对审判管理工作不理解、不配合。这导致业务部门出现了两种不良倾向,一种是对审判管理采取"事不关己"的消极应付态度。例如目前的审判流程管理要求每名承办法官都应将案件信息及时录入流程管理信息系统,而有的承办法官对于流程管理信息系统应录入的内容不是认真录入,而是随意对待,案件信息录入经常出现与真实情况不符的现象,有的法官甚至直接将这一工作"扔"给了书记员。另一种则是对审判管理工作随意指责,乱加点评。例如案件质量评查是审判管理工作中的一项重要内容,而有的审判人员对案件质评工作颇有微词,对于从事评查工作的同事抱有偏见,存有误解。

审判管理不是孤立的工作,其需要管理对象的良性互动。只有这样,审判管理工作才能向纵深发展。低认知度导致部分法官不会从思想上认识到自己应当参与到审判管理工作中来,甚至对自己已经被动地参与到审判管理中而浑然不觉。而低认同度则显现出部分法官从思想上认为审判管理是对审判工作的干扰和冲击,是一种工作负担,因此导致其不愿意自觉参与到审判管理中,甚至从行动上不自觉地排斥审判管理,而这必然会阻碍到审判管理的深入开展。

## 三、缘由拷问:审判管理阻抗之原因探究

### (一) 行政化管理模式的深刻影响

从司法制度的层面上讲,我国司法制度从古至今就有极强的行政化传统。从我国司法制度的历史看,司法从属行政,二者合一,司法不独立。[①] 而新中国成立以来的很长一段时间内,人民法院也是从属于行政机关。从管理的层面来讲,长期以来,人民法院的管理基本沿用党政机关的管理模式,法官成为一般行政管理对象,不仅在日常事务性管理中要服从上级,而且在审判活动中受到上级的直接干预和制约,造成行政权凌驾于审判权之上。由此,人民法院的审判管理并未按照其自身规律的要求进行,而完全就是行政管理。而这种行政化管理模式影响是十分深刻的。虽然审判管理改革已进行多年,但尚不足以消除行政管理的深刻影响。

### (二) 审判管理制度制定和执行过程中协调和落实机制不完善

从各级法院审判管理制度的制定和执行的一般情况来看,近年来各级法院为加强审判管理,纷纷出台了大量的审判管理方面的制度性规定,但是管理制度在制定时往往缺乏应有的沟通与协调,制度之间存在互相冲突或其他不

---

① 参见鲁明建主编:《中国司法制度讲义》,人民法院出版社 1987 年版,第 7—8 页。

合理现象的情况时有发生,管理制度很难形成一个分类科学、内容全面、操作明确的体系。在管理制度出台后的执行过程中,落实跟踪和信息反馈又较少,难免会造成在管理制度的执行层面出现执行不到位的现象。而由于管理制度执行情况并不能及时反馈给制定者,又反过来导致法院审判管理的决策出现一定的盲目性。

### (三) 审判管理力量不足

虽然现在不少法院已经设置了独立的审判管理部门专门从事审判管理工作,但有为数不少的专门审判管理部门存在管理力量不足的情况,主要表现为:一是审判管理部门权限大小、级别高低都与其他业务部门相同,甚至还不如个别级别高的业务部门,导致其进行审判管理时常出现力不从心的情况;二是审判管理部门人员是从其他部门抽调而来,多存在人员数量少的现象,而其中熟悉业务工作的人员数量相对更少,在这种情况下审判管理部门承担大量的管理工作经常捉襟见肘。而在未成立专门审判管理部门的法院,则是由其他庭室承担审判管理职能,客观上更使得审判管理工作的效果打了折扣。

### (四) 法官素质在个体上存在欠缺

部分法官素质上的欠缺在实践中是影响审判管理深入推进的一个重要因素,其主要体现在两种问题心态上。第一种问题心态是"法官独立"。有的法官受西方现代法治理念的影响,认为法官行使审判权应遵循"司法独立"原则,所以法官办理案件既不应受到外界的监督,更不应受到法院内部的管束;法官行使审判权若受到内部管理,则有违"法官独立"原则,法官不应是审判管理的对象,由此造成其在心理上对审判管理的抗拒。然而我国现实情况是并未确立司法独立原则,因此也就不存在"法官独立",法官仍然是应当受到管理的对象。第二种问题心态则是"官本位心态"。有的法官把自己看成是高高在上的"官老爷",认为只能自己管别人,而别人绝对不能管自己,因此对有人管理自己存在反感。存有这种心态的法官对外趾高气扬,对待当事人的态度往往是冷、横、硬,甚至对当事人吃拿卡要;对内则不愿意接受管理,故更不能接受管理自己行使审判权的审判管理。我国法官的整体素质还没有高到能够"完全独立"而让一般人"完全放心"的地步。现实中那些不愿意接受审判管理的法官往往都是自身问题较多的法官,他们亦较容易让审判权的运行偏离其正常轨道。而真正高素质的法官对审判管理应当是高度认知和认同并自觉接受审判管理,其在实务中亦根本不会阻碍审判管理,反而会积极地参与到审判管理中来。

### (五) 法院管理层面对审判管理的认识程度有待进一步提升

作为管理层面,有审判管理部门成员甚至是法院领导对于审判管理的认识程度不够,也在客观上影响了审判管埋的推进。从审判管理部门层面米看,某些审管部门成员本身认识不到审判管理这项工作的重要意义,认为这些工作是无用功,甚至是给办案法官增加负担;有的则认为从事管理工作会得罪同事,因此在工作中敷衍了事,做"老好人",导致审判管理工作停留于表层,无法深入进行。从法院领导层面来看,有的法院领导对于审判业务、政务管理、人事管理等工作非常重视,但是对于审判管理工作的认识则不甚深刻,甚至较为模糊。例如某省法官学院举办全省基层法院院长培训班,在讨论有关审判管理的问题时,"一些院长还存在这样或那样的抵触情绪,普遍存在管与不管区别不大,对统计数据的通报排名就是'以数字论英雄',指标统计是为上级法院服务的,是额外负担等不正确认识。"[1]

## 四、方略选择:审判管理和谐化路径之探索

人民法院实行审判管理,其目的在于规范和保障审判权的正当有序运行,这也是审判管理的价值所在。而审判权的正当有序运行,正是我们所追求的审判权运行的一种和谐状态,即和谐司法。"简单地说,和谐司法就是实现人民法院内部这一'小社会'的和谐,即审判工作公正高效,各项司法管理规范有序,协作到位、保障有力。"[2]而当审判管理能够推进到各方面阻抗均已消除而能够完全和谐地进行时,和谐司法又何尝不会实现!为此,我们应当从以下几个方面入手,探索一条和谐化的审判管理路径。

---

[1] 公丕祥主编:《审判管理理论与实务》,法律出版社 2010 年版,第 47 页。
[2] 公丕祥主编:《审判管理理论与实务》,法律出版社 2010 年版,第 152 页。

### （一）基本原则——尊重审判规律

审判管理作为一种管理虽然带有一定的行政化属性,但其区别于其他管理的本质性特征还是在于"审判"。从审判的特殊性来看,审判管理必须符合审判权的本质,这也决定了审判管理的基本原则就是要尊重审判规律。审判权的本质是判断权,中立性和独立性是行使判断权的基本前提。审判管理尊重审判规律,需要去除不符合审判规律的行政管理积弊,确保法官独立判断和居中裁判。这就需要处理好审判管理与审判权运行之间的关系。在坚持依法、规范管理的同时,保障和促进审判权依法、独立、充分行使。而在审判管理的制度层面,则更应从审判工作的特点以及各部门、法官个人和案件特点出发,确立符合审判规律的目标导向机制。比较典型的如质量评估综合指标中的"发回改判率"的问题。"发回改判率"在质量评估体系中占有重要地位,甚至可以说是质量指标中最重要的考核指标。发改率的确在一定程度上能够反映一审案件的质量。但不加分析地将发改率作为质量考核指标有失公允。因为审判权从本质上说是一种判断权,由于法官知识水平、业务能力、经验阅历甚至性格特点的差异,不同法官对同一案件在事实认定和法律适用上存在不同观点,这是司法审判工作规律所决定的正常现象。很多案件的裁判实际上并没有唯一正确的结论,也不能简单地作出对错评价。因此,在审判管理的实践层面,一方面要注意制度的科学和有力执行,另一方面对于审判管理制度中的指标体系要辩证运用,应认识到指标数据只是相对性管理手段,不能作为评价审判工作好坏的唯一和绝对标准,而是一个参考性和导向性的标准,既要重视指标但也不能完全"以数据论英雄",更不能为了追求数据形式上的优化而违反审判规律采取一些非常手段和行为。

应当注意的是,尊重审判规律并不是说审判管理要剔除所有的行政化要素。虽说审判管理并不是完全意义上的行政管理,其只是具有一定的行政属性,但若将审判管理的这种行政属性彻底消除,也不符合审判管理的性质,更不符合我国的司法实际。在这方面最典型的例子莫过于审判权下放的问题。在审判管理改革推进过程中,部分法院曾一度将审判权彻底还权于合议庭或独任审判员。这摒弃了以前审者不判、判者不审的弊端,增强了审判人员的责任感,提高了审判效率。但是随着院长、庭长行政批案权的逐步弱化,司法实践中逐步出现了新的问题,即:"审判组织管理功能弱化;司法专业化和精英化导致的法院审判较为神秘,在一定程度上脱离人民群众;更多地重视审判程序和司法技术,案件虽然裁判,但案结事不了,当事人花费诉讼成本而纠纷未能有效解决,怨气较大四处上访;少数法官对社会发展大局和政策了解不够、站位不高,案件裁判社会效果不好;案件被上级法院改判和发回重审的数量增加,审判质量有所下降等。"①这些问题的产生导致院长、庭长的行政批案权逐步恢复并有所强化。因此,审判管理工作既不能过度行政化,也不能完全没有行政化,而是要在尊重审判规律的前提下寻求二者的一种平衡。

### (二) 核心内容——"以法官为本"

人民法院处理案件要"以当事人为本",而进行审判管理,则应"以法官为本"。审判管理是为了保障审判权的正当有序运行,而审判权的运行则是通过法官的司法行为来实现,法官是审判权运行的主体。因此,审判管理必须突出法官在审判中的主体地位。这一方面要求审判管理不能单纯偏重刚性的制度控制和压力进行管理,而是要寓服务于管理之中,在服务中强化管理,正确处理管理和服务的关系。因为一是刚性的制度控制和压力在慢慢淡化甚至消失后,事物又会退回到原来的状态;二是如果拿硬性的审判管理来控制法官,只会让法官排斥管理,挫伤其工作积极性。所以审判管理应当"从管理对象而不是从管理的主体出发来思考组织决策"②,为法官依法履职创造良好的工作环境。"管理就是设计和保持一种良好环境,使人在群体里高效率地完成既定目标。"③要通过审判管理创造出的良好工作环境来最大限度地保护和调动法官的积极性,在不断规范审判工作的过程中不断实现审判权的正当有序运行。另一方面,要实施"参与式管理",使办案法官不仅仅是审判管理的对象,更要成为审判管理的主体。这又包含两个方面的内容:第一,办案法官在审判权运行中的主体地位决定了其与院长、庭长一样,也是审判管理的主体。

---

① 吴红艳:《审判权与审判管理权运行机制的探索——成都市法院的实践》,《人民法院报》2008 年 12 月 24 日第 5 版。
② 兰云光:《组织行为法》,复旦大学出版社 1982 年版,第 6 页。
③ [美]哈德罗·孔茨、海因茨·韦里克:《管理学》,马春光译,经济科学出版社 1995 年版,第 2 页。

办案法官就是其所承办案件的管理主体。且从广义上而言，院长、庭长其实亦都属于法官。因此，院长、庭长、办案法官均应参与到审判管理中来，在各自的职责范围内进行审判管理。院长应当对全院性的审判工作进行宏观管理，庭长应当对本庭的审判工作进行中观管理，办案法官则应当对自己承办的案件进行微观管理。而专门的审判管理部门主要是通过专业化管理为宏观、中观和微观审判管理提供服务。第二，办案法官成为审判管理的主体，还意味着其必须真正地自觉参与到审判管理中来，实现"自律"。一般意义上对法官的管理是一种外在的管理，实际上就是"他律"。而审判管理不仅仅是要实现"他律"，更重要的是要实现法官自己作为管理主体的内在自觉管理，即"自律"。审判管理不能只是在"他律"的低层次上徘徊，其发展的必由之路就是"自律"。

### （三）重要依托——提高法官素质

如前所述，审判管理是为了保障审判权的正当有序运行，而法官又是审判权运行的主体，且也应当是审判管理的主体。因此，推进审判管理，真正实现"自律"，就必须要有一支高素质的法官队伍为依托。因此，必须提高法官的素质。

一是要提高办案法官的素质。不仅要提高其业务素质，更要提高其做人的基本素质和政治素质，以实现其综合素质的提高。法官不仅需要有较高的法学理论水平和司法实践能力，即要有"才"；更需要有较高的道德文明意识和政治素养，即要有"德"。而"德"是基础。只有有"德"，"才"才能真正发挥正面作用，即实现审判权的正当有序运行；如若无"德"，不论"才"的情况如何，审判权的运行就容易偏离其正常轨道。因此，要通过提高综合素质，从主体上不断夯实法官能够实现"自律"的根基。

二是要提高从事专门审判管理工作的法官的素质。从某种意义上讲，对从事专门审判管理工作法官素质的要求要高于一般的法官。其既要具有上述一般法官所应有的素质，更要有一定的信息综合能力和信息化运用能力，以及强烈的责任心和原则性。这就要求从事专门审判管理工作的法官既要加强对业务的学习，也要有分析和发现问题的头脑；既要加强信息综合能力的培养，也要能够进行信息化管理和运用；既要强化责任心，坚持原则，不怕得罪人，也要有工作方法、策略和服务的能力和水平。

### （四）科学方法——指导和协调

对于审判管理来讲，从宏观上而言通过制度来进行管理是必然的，但是从微观而言，审判管理的科学方法则是指导和协调。现今的审判管理应是尊重审判规律的管理，因此与以往的行政化管理不同。以往的行政化管理都是通过上级指令来进行，而从审判管理十几年来的发展过程来看，现在真正意义上的审判管理已经不能再用指令的方法，而应用指导和协调的方法。"管理的本质是协调。"①例如院长是对全院的审判工作进行宏观管理，虽然现在对于案件又逐步恢复了分管院长签发的制度，但院长如有不同意见并不能直接指令合议庭或独任审判员更改裁判结果，而只能提交审委会讨论决定。作为庭长，其对案件也只能是进行业务上的指导，并通过沟通协调解决不利于审判工作开展的困难和问题，亦不能直接以行政命令的方式指定案件裁判结果。而对专门从事审判管理工作的审判管理部门来讲，其更是担负着全院审判管理的统筹协调工作。审判管理部门虽然通过制定并执行审判管理制度来进行管理，但这种制度化管理的落实也是需要协调配合来实现的，而不是由审判管理部门唱"独角戏"。"成立审判管理办公室，就是要搭建一个工作平台，由它来进行统筹规划指导、牵头组织协调，将各个审判管理环节连为一体，促进审判管理一体化运行。"②

审判管理产生的原因或者说背景并不复杂。一是从理论上来讲，审判权从本质上来讲是一种判断权，其行使必须具有独立性，然而这种独立性从另一个角度来讲就是封闭性，而这种封闭性就使得审判权在运行过程中出现了失范的可能性。二是从当前审判权运行的客观情况来看，实践中存在着审判权不规范运行的情况。而这种失范导致审判权在运行中偏离了其应有的轨道，不可避免地产生了很多问题。这些情况都可以归结为审判权未按照其自身应遵循的规律和标准运行所导致的结果。"如果不强化审判管理，司法公正和效率的主题就很难实现。"③虽然审判管理在推进和发展过程中遇到了各种阻

---

① 周三多等：《管理学——原理与方法》，复旦大学出版社 2009 年版，第 11 页。
② 公丕祥主编：《审判管理理论与实务》，法律出版社 2010 年版，第 39 页。
③ 李玉杰：《审判管理学》，法律出版社 2003 年版，第 12 页。

抗因素,但这些阻抗因素是我们能够通过努力而逐步消除的。当这些阻抗因素消除时,审判管理将进入和谐化状态,审判权也将按照其自身规律和标准自觉实现其正当有序的运行。

**（本文获"司法学论坛暨首届司法管理学研讨会"征文优秀奖）**

# "大调解"格局下人民调解的发展与完善路径

## ——以山西省贯彻执行《人民调解法》为研究样本

王文娅　刘群*

2011 年 3 月 11 日《法制日报》上刊登了一篇题为《我国提前进入"诉讼社会"》的文章,时任吉林省高级人民法院院长张文显坦言:"我国超乎预想地提前进入'诉讼社会',并由此使人民法院面临一系列深刻而严峻的挑战。"面对挑战,人民法院必须树立联动司法理念,拓展联动司法渠道,创新联动司法方法,这是整合社会资源、化解社会矛盾、创新社会管理的必由之路。可以说,在以司法能动主义为指导,在以"和谐社会"为大背景下,我们的司法面临着变革时期,判决型诉讼机制的弊端逐步显现,我们更多地强调纠纷解决方式的多元化,这种变化可以称为"后诉讼时代",体现在司法上就是"诉讼替代论"①和"调解复兴论"。因此,进一步完善人民调解制度具有十分重要的时代价值和现实意义。

## 一、人民调解的概述

### (一) 概念诠释和立法沿革

人民调解,是指人民调解委员会通过说服、疏导等方法,促使当事人在平

---

＊　王文娅,山西省高级人民法院副院长;刘群,山西省高级人民法院行政庭助理审判员。

①　诉讼替代论是指构建多元化的纠纷解决机制,有很多学者作了有益探索。如:汤维建"制定社会调解法的思考"、张卫平"我国替代性纠纷解决机制的重构"等。

等协商基础上自愿达成调解协议,解决民间纠纷的活动。① 人民调解被国际社会誉为"东方经验""东方智慧",是解决纠纷的"第一道防线",在我国具有深厚的文化根基和社会基础。② 人民调解在大调解工作体系中具有基础性地位,具有枢纽性地位,是构建和谐社会的基石和化解社会矛盾纠纷的中坚力量。随着社会格局的调整和群体观念的交替,人民调解制度经历了从推崇备至到日趋式微的过程,同时人民调解法律规制也进行了同步的立法沿革。

表1　人民调解法律制度的发展历程回顾

| 年份 | 法律文件 | 意义和作用 |
|---|---|---|
| 1941年起 | 《山东省调解委员会暂行组织条例》、《晋西北村调解暂行办法》等规定 | 调解工作制度化与法律化的重要标志,加强了调解工作的法律地位 |
| 1954 | 《人民调解委员会暂行组织通则》 | 确立人民调解工作在社会主义法制建设中的地位和作用,明确规定了人民调解委员会的性质、任务、组织、活动原则等 |
| 1982 | 《中华人民共和国宪法》、《民事诉讼法》、《继承法》、《村民委员会组织法》、《居民委员会组织法》、《人民法院组织法》 | 进一步细化调解员的任职条件和达成调解协议等规定,但是缺少对调解程序等的规定 |
| 1989 | 《人民调解委员会组织条例》 | 对人民调解工作进行了进一步规范 |
| 2002 | 最高人民法院《关于审理涉及人民调解协议的民事案件的若干规定》、《人民调解工作若干规定》 | 使人民调解纳入法治轨道 |
| 2004 | 《关于进一步加强人民调解工作切实维护社会稳定的通知》 | 肯定人民调解在化解人民内部矛盾,维护社会稳定和谐中的作用,推动人民调解工作的改革和发展 |
| 2007 | 《关于进一步加强新形势下人民调解工作的意见》、《关于进一步加强人民调解工作经费保障的意见》 | 对推动人民调解法制化、规范化建设以及财政保障提出指导意见 |

---

① 参见《中华人民共和国人民调解法》第二条,2011年1月1日起施行。

② 中国的调解渊源深远。据资料分析,调解起源于中国奴隶制时期。早在西周时期,设有"调人""胥吏",调解纠纷,定纷止争。《周礼·地官司徒·调人》中有专门记载。调解发展到明代达到高峰。明朝在乡一级专门设置了调解民间纠纷的处所"申明亭",将民间调解行为上升为法律规范。《大明律》中有相关记载。

续表

| 年份 | 法律文件 | 意义和作用 |
|------|----------|-----------|
| 2009 | 《关于建立健全诉讼与非诉讼相衔接的矛盾纠纷解决机制的若干意见》 | 完善了人民调解等非诉讼纠纷解决方式与诉讼之间的衔接机制 |
| 2010 | 《中华人民共和国人民调解法》 | 我国第一部专门、系统、完备规范人民调解工作的法律 |

### （二）人民调解制度运行的现状分析

人民调解随着法治进程的推进也经历了恢复和发展阶段，但人民调解制度的发展历程并不是呈持续繁荣的局面，而是一个曲折的过程。

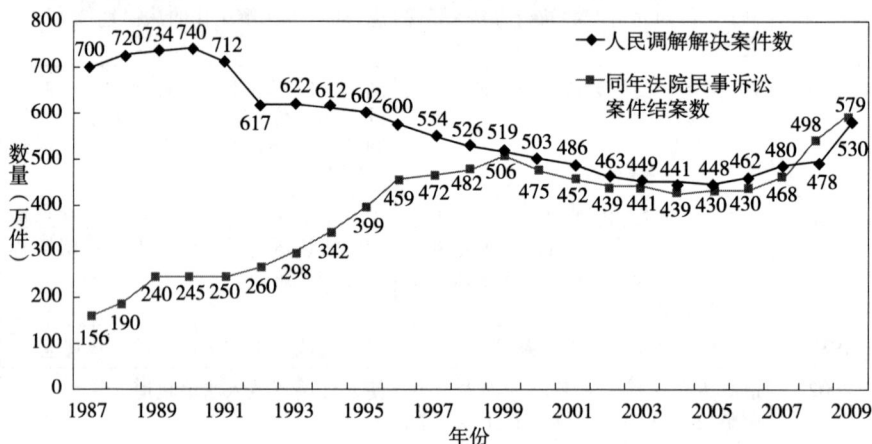

**图1  1987—2009年人民调解调处案件数与同年法院民事诉讼案件结案数曲线图**

从图1中，我们可以直观地看到，人民调解解决案件在1990年以前是呈逐年上升的趋势，但1990年以后出现下滑趋势，而同期法院民事案件结案数是基本呈上升趋势。通过图1可以发现，尽管人民调解在解决纠纷方面发挥了重要作用，但是与不断攀升的案件数相比，人民调解结案数明显呈衰微趋势，作用逐渐减弱。[①] 导致这种局面的出现是社会外部环境和人民调解制度本身内外因双重作用的结果。

---

① 有学者并不赞同此观点。如左卫民等：《中国基层纠纷解决研究》，人民出版社2010年版，第415页。

从外部原因来看,随着法治进程的推进,人民群众的法治观念不断强化,而经济发展和人口流动性促成我国由传统型的乡土熟人社会过渡到陌生人社会,纠纷解决方式也呈现多样化。司法最终救济原则决定了诉讼适应案件解决的需要,英国沃尔夫勋爵(Lord Woolf)在《接近正义》(Access to justice)中肯定了诉讼渠道解决纠纷的正当性和合理性。诉讼渠道的畅通挤压人民调解的解纷功能弱化。

从内部原因分析此种趋势,需要我们透过 2010 年出台的《中华人民共和国人民调解法》重新审视人民调解制度的内在机理。

## 二、《人民调解法》颁布后的现象解析和规制疏导: 基于调研报告的实证分析

随着我国社会结构和利益格局的变化,人民调解法律制度在现实制度运行中已捉襟见肘。为此,2010 年 8 月 28 日,十一届全国人大常委会第十六次会议审议通过了《中华人民共和国人民调解法》。《人民调解法》的正式颁布实施可以充分发挥其群众性、自治性、民间性的特点和优势,为化解社会矛盾,消除民间纠纷,维护社会稳定,促进和谐发展起到积极作用。为了全面了解和掌握《人民调解法》施行一年来全省贯彻执行情况,我们选取了山西省作为研究样本,对该省贯彻执行《人民调解法》的情况进行了专题调研。

### (一) 全省人民调解委员会设立和运行现状

#### 1. 全省人民调解委员会设立情况

人民调解工作是我国民间一种传统的、有效的纠纷解决方式,在维护社会稳定、化解社会矛盾中起到十分重要的作用。《人民调解法》实施后,在司法行政部门的指导下,在人民法院的支持配合下,我省所有的村民委员会、居民委员会、乡镇、街道全部设立了组织。同时,企事业单位、社会团体也都纷纷建立调解委员会。到目前为止,全省各级各类调解委员会已比较健全和完善,为全省人民调解工作的有效开展打下了坚实的基础。现参照省司法厅提供的数据,将情况分述如下:

(1)机构设立情况

截至 2011 年 12 月,全省共设立各类人民调解委员会 35349 个,其中,村民调解委员会 28173 个,居民调解委员会 1684 个,乡镇调解委员会 1196 个,

街道调解委员会 201 个,企事业单位调解委员会 3225 个,交通事故调解委员会 125 个,医疗纠纷调解委员会 25 个,劳动争议调解委员会 19 个,物业纠纷调解委员会 64 个,其他社会团体和组织调解委员会 637 个(表2)。

表2　全省人民调解委员会设立情况

| 项目 | 调委会总数 | 村委会调委员 | | 居委会调委会 | | 乡镇调委会 | | 街道调委会 | | 企事业单位调委会数 | 社会团体和其他组织调委会 | | | | |
|---|---|---|---|---|---|---|---|---|---|---|---|---|---|---|---|
| | | 村委会建制数 | 调委会数 | 民委会建制数 | 调委会数 | 乡镇建制数 | 调委会数 | 街道建制数 | 调委会数 | | 交通事故调委会数 | 医疗纠纷调委会数 | 劳动争议调委会数 | 物业纠纷调委会数 | 其他调委会数 |
| 单位(个) | 35349 | 29173 | 28173 | 1684 | 1684 | 1196 | 1196 | 201 | 201 | 3225 | 125 | 25 | 19 | 64 | 637 |

(2)人员组成情况

全省现有各级各类调解员 132440 人,其中,村民调解委员会调解员 101519 人,居民调解委员会调解员 5352 人,乡镇调解委员会调解员 3465 人,街道调解委员会调解员 593 人,企事业单位调解委员会调解员 16125 人,交通事故调解委员会调解员 625 人,医疗纠纷调解委员会调解员 134 人,劳动争议调解委员会调解员 67 人,物业纠纷调解委员会调解员 192 人,其他社会团体和组织调解委员会调解员 1368 人(表3)。

表3　全省人民调解委员会人员构成情况

| | 人员类别 | | | | | 社会团体和其他组织调委会人数 | | | | | 人员构成 | | | | 文化程度 |
|---|---|---|---|---|---|---|---|---|---|---|---|---|---|---|---|
| 调解员总人数 | 村调委会人数 | 居调委会人数 | 乡镇调委会人数 | 街道调委会人数 | 企事业单位调委会人数 | 专兼职 | | 推选聘任 | | | | | | | |
| | | | | | | 交通事故调委会人数 | 医疗纠纷调委会人数 | 劳动争议调委会人数 | 物业纠纷调委会人数 | 其他调委会人数 | 专职 | 兼职 | 推选 | 聘任 | 高中以上 |
| 132440 | 101519 | 5352 | 3465 | 593 | 16125 | 625 | 134 | 67 | 192 | 1368 | 35758 | 96682 | 88197 | 44243 | 107129 |

（3）经费保障情况

全省在人民调解工作上经费投入总额为 432 万元。其中,司法行政机关指导人民调解工作经费总额为 305 万元,人民调解委员会工作补助经费总额为 95 万元,人民调解员补贴经费总额为 32 万元。从经费保障情况来看,明显不足。经费投入总额与全省人民调解委员会和调解员总数明显不成比例。

**2. 全省人民调解委员会受理案件情况**

（1）纠纷调解受理情况

据司法厅提供的数据,2011 年前三季度,全省各级各类调解组织共调解各类民间纠纷 198447 件,涉及当事人 493500 人,调解成功 188574 件,调解成功率为 95%,疑难复杂案件 4426 件,调解达成协议涉及金额 5015 万元。其中,村、居调委会调解案件数达 171229 件,占到全部案件的 86%,乡镇调委会调解案件数为 16418 件,企事业单位调委会调解案件数 2912 件,社会团体和其他组织调委会调解案件数为 7888 件,调委会主动调解的案件数为 19243 件,当事人主动申请调解的案件数为 177880 件,占案件总数的 90%,调委会接受委托移送调解的案件数为 1324 件。调解成功即时履行的占调解成功总数的 93%（表 4）。注:由于司法厅四季度统计数据要在年底才出,故第四季度数据未录入。

表 4  全省人民调解委员会调解案件受理情况

| 项目\n\n时间 | 调解案件总数（件） | 涉及当事人（人） | 调解成功（件） | | 疑难复杂案件 | 协议涉及金额（万） | 不同主体调解情况 | | | | 案件来源 | | |
|---|---|---|---|---|---|---|---|---|---|---|---|---|---|
| | | | 口头协议 | 书面协议 | | | 村居调委会调解案件数（件） | 乡镇街道调解案件数（件） | 企事业单位调委会调解案件数（件） | 社会团体和其他社会组织调委会调解案件数（件） | 主动调解（件） | 依请申调解（件） | 接受委托移送调解（件） |
| 第一季度 | 62254 | 212935 | 56816 | 2325 | 2038 | 1543 | 56531 | 3937 | 665 | 1121 | 5628 | 56144 | 482 |

续表

| 项目<br><br>时间 | 调解案件总数（件） | 涉及当事人（人） | 调解成功（件） | | 疑难复杂案件 | 协议涉及金额（万） | 不同主体调解情况 | | | | 案件来源 | | |
|---|---|---|---|---|---|---|---|---|---|---|---|---|---|
| | | | 口头协议 | 书面协议 | | | 村居委会调解案件数（件） | 乡镇街道调解案件数（件） | 企事业单位调委会调解案件数（件） | 社会团体和其他社会组织调委会调解案件数（件） | 主动调解（件） | 依申请调解（件） | 接受委托移送调解（件） |
| 第二季度 | 63257 | 250735 | 55832 | 4312 | 1367 | 1573 | 53432 | 5797 | 1044 | 2984 | 6324 | 56542 | 391 |
| 第三季度 | 72936 | 29830 | 58486 | 10803 | 1021 | 1899 | 61266 | 6684 | 1203 | 3783 | 7291 | 65194 | 451 |
| 前三季度总计 | 198447 | 493500 | 171134 | 17440 | 4426 | 5015 | 171229 | 16418 | 2912 | 7888 | 19243 | 177880 | 1324 |

（2）纠纷分类情况

目前,我省人民调解委员会调解的纠纷主要有婚姻家庭纠纷、邻里纠纷、房屋宅基地纠纷、合同纠纷、生产经营纠纷、损害赔偿纠纷、劳动争议纠纷、村务管理纠纷、山林土地纠纷、征地拆迁纠纷、计划生育纠纷、环境保护纠纷、道路交通纠纷、物业纠纷、医疗纠纷等 15 类,其中,婚姻家庭纠纷、邻里纠纷、生产经营纠纷、损害赔偿纠纷 4 类占调解纠纷的 70%（表 5）。

表5　全省人民调解委员会调解案件分类情况

| 类别（件）<br><br>时间 | 婚姻家庭纠纷 | 邻里纠纷 | 房屋宅基地纠纷 | 合同纠纷 | 生产经营纠纷 | 损害赔偿纠纷 | 劳动争议纠纷 | 村务管理纠纷 | 山林土地纠纷 | 征地拆迁纠纷 | 计划生育纠纷 | 环境保护纠纷 | 道路交通事故纠纷 | 物业纠纷 | 医疗纠纷 | 其他纠纷 |
|---|---|---|---|---|---|---|---|---|---|---|---|---|---|---|---|---|
| 第一季度 | 13637 | 9581 | 2972 | 2592 | 10573 | 9249 | 2015 | 30 | 126 | 398 | 71 | 6 | 158 | 3241 | 110 | 7495 |

续表

| 类别（件）时间 | 婚姻家庭纠纷 | 邻里纠纷 | 房屋宅基地纠纷 | 合同纠纷 | 生产经营纠纷 | 损害赔偿纠纷 | 劳动争议纠纷 | 村务管理纠纷 | 山林土地纠纷 | 征地拆迁纠纷 | 计划生育纠纷 | 环境保护纠纷 | 道路交通事故纠纷 | 物业纠纷 | 医疗纠纷 | 其他纠纷 |
|---|---|---|---|---|---|---|---|---|---|---|---|---|---|---|---|---|
| 第二季度 | 11341 | 10481 | 2274 | 5591 | 9543 | 10148 | 3002 | 35 | 97 | 154 | 67 | 2 | 304 | 2741 | 323 | 7154 |
| 第三季度 | 13257 | 11478 | 3469 | 6437 | 10431 | 13748 | 7428 | 246 | 34 | 149 | 54 |  | 647 | 3762 | 306 | 1490 |
| 前三季度总计 | 38235 | 31540 | 8715 | 8335 | 30547 | 33145 | 12445 | 311 | 257 | 701 | 192 | 8 | 1109 | 9744 | 739 | 16139 |

（3）纠纷排查预防情况

人民调解委员会不仅积极调解各类民间纠纷，化解社会矛盾，而且还充分发挥自身优势，主动排查、努力预防可能引发社会矛盾的民间纠纷。2011 年前三季度，全省各级各类调解委员会排查纠纷 60021 次，预防纠纷 52148 件，防止民间纠纷引起自杀事件 223 件，挽救了 223 人的生命，防止民间纠纷转化为刑事案件 1161 件，涉案人员 1869 人，防止群体性上访 75 件，涉案人员 479 人，防止群体性械斗 410 件，涉案人员 4139 人。为构建和谐社会，保障人民群众安居乐业发挥了积极作用（表 6）。

表 6　全省人民调解委员会排查预防情况

| 单位 | 排查纠纷 | 预防纠纷 | 防止民间纠纷引起自杀 | | 防止民间纠纷转化为刑事案件 | | 防止群体性上访 | | 防止群体性械斗 | |
|---|---|---|---|---|---|---|---|---|---|---|
|  | 次 | 件 | 件 | 人 | 件 | 人 | 件 | 人 | 件 | 人 |
| 第一季度 | 18616 | 19408 | 113 | 113 | 431 | 557 | 14 | 75 | 179 | 1140 |
| 第二季度 | 22612 | 17309 | 67 | 67 | 454 | 755 | 24 | 107 | 127 | 1563 |
| 第三季度 | 18793 | 15431 | 43 | 43 | 276 | 557 | 37 | 297 | 104 | 1436 |
| 前三季度总计 | 60021 | 52148 | 223 | 223 | 1161 | 1869 | 75 | 479 | 410 | 4139 |

### 3. 抽样调查情况

在全面了解全省人民调解委员会设立和运行总体情况的基础上,我们选择了太原市迎泽区、长治市壶关县、忻州市定襄县、偏关县四个县区进行了抽样调查。通过下发调研表、召开座谈会、走访等形式,详细了解这四个县区人民调解委员会设立和运行情况。

(1)机构设立和人员构成

从抽样调研的结果看,四个县区的乡镇、街道、村民委员会、居民委员会都设立了调解委员会,但由于经济发展水平差异以及地域文化的不同,企事业单位调解委员会与行业性、专业性调解委员会设立情况就有区别,比如,迎泽区地处太原经济、文化中心,除了乡镇、村委、居委都设立调委会外,还设立了132个企事业调委会、14个行业性、专业性调委会,而壶关、定襄没有1个企事业单位调委会,且仅有一个行业性、专业性调委会,即交通调解委员会(表7)。

表7　四县区人民调解委员会设立情况

| | 调解委员会设立情况 | | | | | |
|---|---|---|---|---|---|---|
| | 乡镇调委会 | 村民调委会 | 居民调委会 | 企事业单位调委会 | 行业性专业性调委会 | 小计 |
| 迎泽 | 7 | 29 | 83 | 132 | 14 | 265 |
| 壶关 | 13 | 390 | 2 | | 1 | 406 |
| 定襄 | 9 | 55 | | | 1 | 65 |
| 偏关 | 10 | 247 | 1 | 2 | 7 | 267 |
| 合计 | 39 | 721 | 86 | 134 | 23 | 1003 |

从办公场所和印章来看,迎泽区、壶关县、定襄县的所有乡镇、村委、居委的调委会都有固定的办公场所,并都刻有印章,但一些企事业单位调解委员会一般都没有固定的办公场所,也都没刻印章。

从经费保障情况来看,乡镇、村民、居民调委会都是由本级组织提供经费,而企事业单位调委会、行业性、专业性调委会都是自筹经费,且调解员几乎没有任何补贴。

从调委会的人员构成来看,兼职调解员占71.74%,大专以下学历调解员占90.35%,男性调解员占91.44%,年龄在50岁以下的调解员占81.98%,非法律专业调解人员占 89.24%,只有在一些行业性、专业性调委会中才会有个别法律类专业人员(表8)。

表8 四县区人民调解委员会人员构成情况

| | 人数 | | 性别 | | 文化程度 | | | 年龄结构 | | 专业情况 | | 从事法律相关职业 | | 小计 |
|---|---|---|---|---|---|---|---|---|---|---|---|---|---|---|
| | 专职 | 兼职 | 男 | 女 | 大专以下 | 大专 | 本科 | 50岁以下 | 50岁以上 | 法律类 | 非法律类 | 是 | 否 | |
| 迎泽 | 356 | 1118 | 1256 | 218 | 1165 | 216 | 93 | 1056 | 418 | 384 | 1090 | 372 | 1102 | 1474 |
| 壶关 | | 1343 | 1343 | | 1300 | 30 | 13 | 1200 | 143 | 13 | 1330 | | 1343 | 1343 |
| 定襄 | 11 | 134 | 145 | | 126 | 12 | 7 | 69 | 76 | 19 | 126 | 19 | 126 | 145 |
| 偏关 | 726 | 179 | 792 | 113 | 903 | 2 | | 845 | 60 | | 905 | | 905 | 905 |
| 合计 | 1093 | 2774 | 3536 | 331 | 3494 | 260 | 113 | 3170 | 697 | 416 | 3451 | 391 | 3476 | 3867 |

(2)纠纷受理和调解情况

从四个县区各类纠纷受理和调解情况来看,调解成功率达95%以上,且大部分都能自动履行,四个县区今年只有迎泽区有1件达成调解协议后申请法院进行司法确认的案件,壶关县有6件经调解未达成协议转而向法院诉讼的案件,有6件达成协议后不履行而又提起诉讼的案件(表9)。

表9 四县区人民调解委员会案件受理情况

| | 案件数量 | 调解员履职方式 | | 调解方式 | | 调解结果 | | | | | | |
|---|---|---|---|---|---|---|---|---|---|---|---|---|
| | | | | | | 调解成功 | | | | 调解不成功 | | |
| | | 调解组织指定 | 当事人选择 | 调解组织主动调解 | 当事人申请调解 | 口头协议即时履行 | 达成调解协议 | | | 未达成协议转而申请仲裁 | 未达成协议转而诉讼 | 达成协议不履行转而诉讼 |
| | | | | | | | 自动履行 | 司法确认 | | | | |
| | | | | | | | | 自动履行 | 强制执行 | | | |
| 迎泽 | 3851 | 924 | 2927 | 836 | 3015 | 1845 | 2005 | 1 | | | | |
| 壶关 | 5067 | 2145 | 2922 | 2858 | 2209 | 2937 | 2118 | | | | 6 | 6 |
| 定襄 | 275 | 90 | 185 | 90 | 185 | 97 | 92 | | | | | |
| 偏关 | 226 | 22 | 204 | 107 | 119 | 113 | 113 | | | | | |

续表

| 案件数量 | 调解员履职方式 | | 调解方式 | | 调解结果 | | | | | |
|---|---|---|---|---|---|---|---|---|---|---|
| | | | | | 调解成功 | | | | 调解不成功 | |
| | 调解组织指定 | 当事人选择 | 调解组织主动调解 | 当事人申请调解 | 口头协议即时履行 | 达成调解协议 | | 未达成协议转而申请仲裁 | 未达成协议转而诉讼 | 达成协议不履行转而诉讼 |
| | | | | | | 自动履行 | 司法确认 | | | |
| | | | | | | | 自动履行 | 强制执行 | | |
| 合计 | 9419 | 3181 | 6238 | 3891 | 5528 | 4992 | 4328 | 1 | | 6 | 6 |

（3）调解纠纷的主要做法

在贯彻执行《人民调解法》的过程中，各县区紧密结合当地实际，立足现有条件，深入开展工作，工作进展顺利。

一是拓宽宣传渠道。比如，壶关县法院联合县乡司法行政部门，出动宣传车辆，设立咨询点，深入农村、企业、学校、社区广泛宣传《人民调解法》；迎泽区司法行政部门统一为街道、社区的调委会征订了《人民调解》杂志，还发放了《人民调解工作手册》、《人民调解法》等业务资料。同时，在省市两级新闻媒体上报道了近100篇人民调解优秀案例和典型事迹，推选出了全国优秀人民调解员张素卿。通过广泛宣传，广大群众和基层调解员对人民调解工作有了全面了解。

二是创新培训方式。迎泽区采取实地观摩法庭开庭审理的方式，从调解技巧、调解方式、适用法律条文等方面，对各街道、乡镇、社区和企事业单位525名人民调解员进行业务培训。壶关县法院充分吸收基层人民调解员进入人民陪审员队伍，参与案件审理，提高人民调解员的办案能力和调解水平。偏关县定期组织乡镇、村居调委会主任交流学习，吸收借鉴好的经验做法，提高调解人员调解纠纷的能力和技巧。

三是注重调解实效。目前正处于社会的转型期，但传统的家族社会、熟人社会、定居社会仍占主体，村、居调委会调解的纠纷又占到调解总数的86%，受传统思想的影响，大部分的调解纠纷还是要靠那些德高望重、一言九鼎的村长、老家长、族长出面进行调解，而这些人在调解过程中更加注重实效，对调解的程序和新出现的纠纷类型,其认识和能力明显不足。

通过以上对全省人民调解委员会设立和运行情况以及抽样调查情况的统计分析,总体来看,《人民调解法》施行一年来,全省各级基层组织、企事业单位,积极贯彻落实《人民调解法》,在人民调解委员会的设立和工作运行等方面取得了明显成效,表现在:一、人民调解委员会的组织建设、队伍建设日趋完善,为工作的有效开展打下坚实的基础。二、工作开展顺利。在预防群体性上访、群体性械斗事件的发生上,在妥善处理一些疑难复杂纠纷案件上,做了大量卓有成效的工作。三、通过调解纠纷、化解矛盾,为全省经济"转型跨越发展"创造了良好的发展环境。

### (二) 人民调解的内部缺失:《人民调解法》贯彻执行中存在的问题

通过调研,我们看到全省人民调解工作确实取得了明显的成效,积累了丰富的经验,但现状与形势发展的要求、人民群众的期盼之间还有很大的差距,还有一些问题与困难值得关注,需要我们从人民调解制度的内部机理和实际运行过程来解析人民调解弱化的深层次原因。

**1. 重视程度不到位**

部分领导干部对人民调解工作的重大意义认识不到位,在人、财、物上对调解工作重视和支持不够;群众对调解工作认知不够。虽然群众的法律意识在不断提高,但缺乏对人民调解"方便、快捷、高效、无偿"特点的认知,认为到法院诉讼是解决纠纷的唯一途径。各级司法行政部门对此重视不够。普遍认为,人民调解委员会是群众性组织,对调委会的设立与运行不应过多干预,工作也仅停留在对调解组织设立、运行情况的统计工作上,指导力度不够。

**2. 经费保障不全面**

人民调解属于公益性的活动,调解纠纷不收取任何费用,调委会的工作经费和调解员的补贴经费,要靠县、乡(镇)、村(居)三级共同落实,而财政预算中有限的经费保障也只能落实到县一级,各乡(镇)、村(居)对此项费用没有单独列支,因而,调委会工作经费、调解员补助等便无法保障。另外,企事业单位、行业性、专业性调委会的经费完全是自筹,在一定程度上也影响了调解工作的有效开展。2010 年,全省在人民调解工作上经费投入总额为 432 万元。其中,司法行政机关指导人民调解工作经费总额为 305 万元,占到投入经费总额的 70%,而人民调解委员会工作补助经费总额为 95 万元,人民调解员补贴经费总额为 32 万元。经费投入总额与调解委员会、调解员总数明显不成比例。据统计,虽然全省乡镇、村民、居民调委会都有比较固定的工作场所,但基本上又都是与村委会、居委会数个职能部门同在一间办公室,没有相对独立的调解室,连凳子都不能满足,工作无法开展。而一些企事业单位、行业性、专业性调委会的情况更糟,工作人员连比较固定的工作场所都没有,有了纠纷,临时找个地方进行调解,有失调解的严肃性,有失调解工作的信任度。

**3. 调解员队伍建设不健全**

我国现行人民调解机构覆盖纠纷范围过窄,而且调解员素质参差不齐。目前,从全省来看,调解员队伍比较庞大,现有各级各类调解员 132440 人,呈现以下几个特点:

(1)村民调解委员会调解员比例较大。全省村民调委会现有调解员 104519 人,占调解员总数的 79%,村民调解员大多文化程度偏低,专业化程度不高。(2)兼职调解员比例较大。全省现有兼职调解员 96682 人,占调解员总数的 73%,兼职调解员的主要精力不能集中于人民调解工作。(3)调解员更换频繁不固定。目前整个社会的人员流动性比较大,特别是城市的城区,比如太原的迎泽区,外来人口所占比例比较大,这样就导致调解员不固定,时常更换。同时,《人民调解法》规定,调解委员会每三年进行换届选举。这样就会出现调解委员刚刚开始熟悉调解工作、掌握调解方法技巧就面临换届的问题。

从目前调解员的几个特点来看,能力素质总体水平不高,多数调解员由于文化素质偏低、法律法规知识欠缺,对调解的程序不熟,更谈不上使用技巧,因而,事倍功半,重复劳动,纠纷调而不解的情况时有发生。同时,调解文书制作的不规范,也给日后的执行工作埋下隐患。

**4. 调诉对接机制不完善**

《人民调解法》首次规定"调解协议可以申请法院进行司法确认"的程序。这就要求调解工作与法院的司法确认进行有效对接。目前,调诉对接机制还不够完善。表现在:

(1)通报制度不健全。《人民调解法》第十条规定:县级人民政府司法行政部门应当对本行政区域内人民调解委员会设立情况进行统计,并且将人民调解委员会以及人员组成及调整情况及时通报所在地的人民法院,但就目前来看,全省大部分县区都没有建立这一通报制度,不利于法院对调解协议进行有效地司法确认。

(2)协调机制不健全。《人民调解法》第五条规定:县级以上地方人民政府司法行政部门负责指导本行政区域的人民调解工作。基层人民法院对人民调解委员会调解民间纠纷进行业务指导。这就需要基层司法行政部门与基层人民法院进行有效地协调配合。但目前,这一协调机制还没有建立起来,基层人民法院对人民调解委员会调解民间纠纷指导力度不够。

(3)司法确认程序不健全。《人民调解法》第二十九条第二款规定,调解协议书自各方当事人签名、盖章或按手印,人民调解员签名并加盖人民调解委员会印章之日起生效。第三十二条规定,经人民调解委员会调解达成调解协议后,双方当事人认为有必要的,可以自调解协议生效之日起三十日内共同向人民法院申请司法确认。由于司法行政部门和法院案件统计标准不统一,截至 2011 年年底,司法行政部门统计调解协议经司法确认的近 4000 件,而法院统计司法确认的调解协议案件还不到 100 件,两者相差很大。这说明,无论是司法行政部门,还是法院,目前对调解协议申请司法确认的标准、程序等都没有统一明确的规定。

(4)人民调解协议的效力问题仍然没有得到彻底解决。2011 年颁布的《人民调解法》明确了调解协议经司法确认后可申请法院强制执行,《最高人民法院关于人民调解协议司法确认程序的若干规定》对司法确认的具体程序问题进行了规范,但由于司法确认程序缺乏具体的操作程序,加上对调解协议的效力问题讳莫如深,实践中的执行情况大打折扣。

## 三、人民调解制度的完善路径:推进《人民调解法》 贯彻执行的对策和建议

"差一点的调解也胜过完美的诉讼"(better a bad settlement than a successful law suit),调解被认为在利益协调和化解矛盾方面比诉讼更有优势,同时受到西方国家发展 ADR 法律发展战略的影响,我国也应该加强对人民调解工作的规范和引导,推动"大调解"格局的构建,坚持"调防结合,以防为主,多

种手段,协同作战"的方针,充分发挥人民调解基础性、自治性、民间性的特点与优势,不断促进人民调解工作的深入开展。

### (一) 强化思想认识,为《人民调解法》的贯彻执行奠定坚实的认知根基

在"大调解"机制架构背景下,可以将人民调解工作纳入党建经济一体化目标,统一管理、统一考核,建立相应的奖惩机制和问责机制,可以组织相关部门联席会议的召开和衔接制度的运作。着力提升各级党政领导干部对人民调解工作的认识。它是我们党和政府密切干群关系,提高执政能力建设的基础性工作,在化解矛盾、维护社会稳定中,占有极其重要的地位,起着不可替代的作用。人民调解是一项高效益、低成本、投入少、见效快的措施,它可以有效地把大量的一般性民间纠纷解决在基层,可以把重大疑难矛盾纠纷纳入视线,引导到适当的解决渠道,从而把人民内部矛盾的无序性、盲目性流动纳入到总体控制、合理分流、依法解决的轨道上来。同时,我们应该加大对人民调解组织的宣传工作,积极发挥其在社区中的作用,奠定人民调解组织在纠纷解决中的重要地位。

### (二) 拓宽经费来源渠道,为《人民调解法》贯彻执行提供坚实的物质保障

人民调解实行不收费原则,国家财政对人民调解工作也没有专门投入,从目前人民调解工作开展情况来看,经费保障问题成为制约工作有效开展的瓶颈之一。

1. 县级以上地方政府要在财政预算中,为人民调解工作安排专项经费,或者是适当增加人民调解工作的财政支出比例,以保证正常工作所需。同时,县级以上地方人民政府要足额保障所属司法行政部门指导人民调解工作的业务经费,同时可以给调解员适当发放补助和补贴经费。

2. 各级司法行政部门作为法律明确规定的指导机关,也应把人民调解委员会工作场所的建设、人民调解员的培训,放在重要工作之列,思想关注基层,精力倾向基层,经费倾斜基层。因为大量的民间纠纷都是在村民调委会和居民调委会的调解工作中解决的。

（三）建立人民调解员责任制度，加强调解员队伍建设，为《人民调解法》的贯彻执行提供有力的人才配备

目前我们正处于社会转型期，各种矛盾凸显，传统的民间纠纷趋向多样，因而，队伍建设就越显重要。为此，我们建议：

1. 重视调解的选任工作，提高任职条件，建立一支专业化的调解队伍。积极鼓励、动员那些专业从事法律工作的人员，比如律师、高校法学院教师等投身人民调解工作之中。积极鼓励和动员离退休干部、教师、科技专家充实到调解队伍中来，进一步优化人民调解员的队伍结构，提高处置专业纠纷的水平。

2. 注重多元培训，提高专业化水平。目前，世界上除了澳大利亚建立了调解人统一资格准入制度和各国家事调解资格准入制度外，还有一些国家建立了类似制度。我国《人民调解法》对调解员的培训工作已作出规定，实践中各级司法行政部门要高度重视人民调解员队伍的培训工作，建立多层次的培训网络，加强与人民法院的协作，利用公开审判的机会，组织调解员参加旁听，邀请基层法院和派出法庭中有丰富调解工作经验的法官有针对性地对调解员进行业务指导，提高调解员的业务能力。

3. 完善激励机制，政府建立相应的身份保障和经济保障机制。笔者建议，建立调解员司法豁免制度，调解员不因客观原因所致的调解错误受处罚，保证调解员依法独立行使职权而没有后顾之忧。同时保证调解员有固定的且较高的收入，以解决调解员的后顾之忧，使其能够全身心地投入工作，减少权力寻租，防止腐败现象的发生，保证调解的公正性。

4. 建立调解员保密机制。在调解过程中，调解员全程参与，熟知案件调解的全部情况，因此有必要建立调解员保密机制，包括调解过程保密和调解信息保密，并建立相应的问责机制，从而减少当事人的后顾之忧。

（四）完善配套措施，为《人民调解法》的贯彻执行建立可靠的制度保证

1.《人民调解法》的颁布实施使人民调解工作步入了法制化的轨道，但法律的规定不具体，需要逐步完善一些制度，使人民调解委员会的设立、人员的选任、案件的受理、程序的规定更加规范。比如，研究制定《村（居）调解委员会设立制度》、《企事业单位人民调解委员会设立制度》、《行业性、专业性调解委员会设立制度》、《人民调解委会经费保障制度》、《人民调解委员会工作场

所建设制度》、《人民调解委员会印章审批管理制度》、《人民调解员推选制度》、《人民调解员培训计划》、《人民调解员办案补贴规定》、《人民调解程序规定》等。

2. 扩大人民调解的范围,拓宽调解化解争议的渠道。建议首先可以重新界定调解组织的范围,将诸如消费者协会调解委员会和一些带有地域性、行业性的调解委员会纳入人民调解组织的范围,进一步增加调解组织的多样性;其次,《人民调解工作若干规定》第二十条对人民调解委员会的受案范围作了进一步扩大性规定,但与现实需求还有一定差距。结合我国审判实际现状,可以将一些情节轻微、危害不大的刑事案件纳入人民调解的范围,增加基层化解案件的能力。

3. 借鉴域外经验,设置人民调解前置程序,使调解成为化解纠纷的第一道防线。日本的家事审判法规定,对部分家庭纠纷设立调解前置程序;挪威的纠纷调解法也规定,所有民事纠纷在提交法院起诉前都必须经过调解委员会调解,特殊重大纠纷除外。我们可以借鉴域外经验,对权利义务关系明确简单的继承、婚姻、相邻关系、农村土地承包等纠纷设置人民调解前置程序,先由人民调解组织进行调解,调解成功制定调解协议,调解不成转入诉讼程序,由人民法院审查立案。我国上海等地逐步探索对特定类型纠纷实行人民调解前置,包括诉前调解和审前调解。上海长宁区法院联合人民调解委员会在法院设立人民调解窗口,在征得当事人同意的前提下,法院的立案庭可以暂缓立案,由人民调解窗口先行调解,可以分流法院的办案压力,取得了不错的实践效果。

**(五) 理顺人民调解与诉讼程序、行政程序的制度衔接,为《人民调解法》的贯彻执行建立联动司法机制**

"衔接"的概念不是指各种制度本身的混同,而只是制度间的配合和程序间的交接,在考虑各自特点的基础上,实现优势互补。从而理顺人民调解与诉讼等纠纷解决机制之间的关系,实现多种纠纷解决机制的合理衔接。

1. 设立法院预立案制度。当事人起诉到法院,后经双方同意将案件转入人民调解程序,此时可以对案件进行预立案,从而产生诉讼时效中断的效力,如果一旦人民调解不成功可以立即转入诉讼程序。

2. 借鉴台湾的审查机制,对人民调解协议建立强制的审查机制。我国台湾地区建立了一个独立的针对人民调解协议审查的机制。具体做法是把涉及一定范围内的调解协议进行强制审查,通过法院审查从而确定调解协议的强制力,界定人民调解和诉讼纠纷解决的重合范围,便于法院对确定的调解协议进行强制执行。

3. 完善人民调解和诉讼调解制度衔接。①强化通报制度。县级人民政府司法行政部门应当对本行政区域内人民调解委员会设立情况进行统计,并且将人民调解委员会以及人员组成及调整情况及时通报所在地的人民法院,为业务指导及司法确认奠定基础。②规范调解协议。调解协议不仅要当事人自愿达成,而且要符合形式要件,即当事人签名、盖章或按手印,调解员签名并加盖调委会公章。③完善司法确认程序。对司法确认的案件,原则上进行程序审查,但对其内容违反法律规定,损害国家、集体、他人合法权益的要进行实体审查,以确保协议的客观、公正性。

4. 明晰人民调解协议的性质,赋予人民调解协议法律效力和强制执行力。关于人民调解协议的性质,理论界有法律文书说、非法律文书说、调解文书说、民事程序合同说、特殊民事合同说等学说。笔者认为,将人民调解协议的性质界定为民事合同符合最高人民法院《关于审理涉及人民调解协议的民事案件的若干规定》第一条的规定①,而且人民调解协议是特殊的民事合同,区别于一般民事合同。

关于人民调解协议的法律效力和强制执行力问题。笔者主张赋予人民调解协议具有法律效力,这样可以使人民法院审理此类案件时仅审查人民调解协议是否符合法律效力,一旦法院确认了调解协议的效力,当事人就可以申请法院强制执行调解协议的内容,此种做法符合诉讼经济的原理,简化了法院的诉讼程序,降低了诉讼成本,提高了诉讼效率,同时可以进一步强化人民调解的功能。在北京、上海一些法院已经开始承认人民调解协议的法律效力,并在民事审判中将调解协议作为证据使用,法院只进行形式审查。

**(本文获"司法学论坛暨首届司法管理学研讨会"征文优秀奖)**

---

① 《中华人民共和国人民调解法》第一条规定:"经人民调解委员会调解达成的、有民事权利义务内容,并由双方当事人签字或者盖章的调解协议,具有民事合同性质"。

# 编 后 记

中共十八届四中全会明确了全面推进依法治国的重大任务。全会提出，公正是法治的生命线，必须完善司法管理体制和司法权力运行机制；完善确保依法独立公正行使审判权和检察权的制度，建立健全司法人员履行法定职责保护机制，优化司法职权配置；创新法治人才培养机制，形成完善的中国特色社会主义法学理论体系、学科体系、课程体系。司法改革的深入与扩展，离不开理论的引导与支持；司法实践的需要，呼唤着司法学学科的兴起与完善。可以说，在"法治中国"与"司法改革"的大背景下，司法学具有无限的发展前景和重大的现实意义。

司法学是一门探索司法观念、司法制度与司法实践的学科，而司法管理学是其中一个子学科，该学科尤其注重对审判管理进行研究。近几年来，我们一直倡导司法学学科建设，并强调研究司法管理特别是审判管理的重要性。2012年年底，在北京组织召开了"司法学论坛暨首届司法管理学研讨会"，会议主题为"司法学学科建设及司法管理学研究"，就学科的基础理论和司法管理等问题展开了研讨。会议征文共收到来自理论界与实务界的稿件三百余篇。经过前后三轮严格公正地评审，共评出一百二十篇获奖论文，其中一、二等奖三十篇，优秀奖九十篇。现以"审判管理"为主题，特选出部分获奖论文，其中一等奖6篇，二等奖7篇，优秀奖6篇，汇编成集，定名为《审判管理研究》，以展示理论界与实务界对"司法学"这一新学科的期待以及对审判管理改革的支持。

崔永东

2015 年 4 月

责任编辑:张 立
装帧设计:周涛勇
责任校对:方雅丽

**图书在版编目(CIP)数据**

审判管理研究/崔永东 主编. -北京:人民出版社,2015.9
ISBN 978 - 7 - 01 - 015123 - 6

Ⅰ.①审… Ⅱ.①崔… Ⅲ.①审判-管理-研究-中国 Ⅳ.①D925.04

中国版本图书馆 CIP 数据核字(2015)第 178187 号

**审判管理研究**

SHENPAN GUANLI YANJIU

崔永东 主编

人民出版社 出版发行
(100706 北京市东城区隆福寺街 99 号)

北京市大兴县新魏印刷厂印刷 新华书店经销

2015 年 9 月第 1 版 2015 年 9 月北京第 1 次印刷
开本:710 毫米×1000 毫米 1/16 印张:18.75
字数:305 千字

ISBN 978 - 7 - 01 - 015123 - 6 定价:52.00 元

邮购地址 100706 北京市东城区隆福寺街 99 号
人民东方图书销售中心 电话 (010)65250042 65289539